TEXAS WOMAN'S UNIVERSITY
3 9351 00832625

D1531114

F. de Saussure

TROISIEME COURS DE LINGUISTIQUE GENERALE (1910–1911)

SAUSSURE'S THIRD COURSE OF LECTURES ON GENERAL LINGUISTICS (1910–1911)

LANGUAGE & COMMUNICATION LIBRARY
Series Editor: Roy Harris, *University of Oxford*

Vol. 5 POYATOS - New Perspectives in Nonverbal Communication
Vol. 6 BAILEY - Developmental Mechanisms of Language
Vol. 7 BOTHA - Morphological Mechanisms
Vol. 8 McGREGOR - Language for Hearers
Vol. 9 TAYLOR & CAMERON - Analysing Conversation
Vol. 10 WILSON - On the Boundaries of Conversation
Vol. 11 HUTTON - Abstraction & Instance
Vol. 13 HARRÉ & HARRIS - Linguistics and Philosophy

Related Pergamon journals

Language & Communication*
An Interdisciplinary Journal
Editors: Roy Harris, *University of Oxford,* and Talbot Taylor, *College of William & Mary*

The primary aim of the journal is to fill the need for a publicational forum devoted to the discussion of topics and issues in communication which are of interdisciplinary significance. It will publish contributions from researchers in all fields relevant to the study of verbal and non-verbal communication. Emphasis will be placed on the implications of current research for establishing common theoretical frameworks within which findings from different areas of study may be accommodated and interrelated. By focusing attention on the many ways in which language is integrated with other forms of communicational activity and interactional behaviour it is intended to explore ways of developing a science of communication which is not restricted by existing disciplinary boundaries.

English for Specific Purposes*
Editors: Tony Dudley-Evans, Ann M Johns and John Swales

Language Sciences*
Editor: Paul Hopper

System*
Editor: Norman F Davies

* Free specimen copy available on request.

F. de Saussure

TROISIEME COURS DE LINGUISTIQUE GENERALE (1910–1911)

d'après les cahiers d'Emile Constantin

SAUSSURE'S THIRD COURSE OF LECTURES ON GENERAL LINGUISTICS (1910–1911)

From the notebooks of Emile Constantin

French text edited by
EISUKE KOMATSU
Gakushûin University, Tokyo

English translation by
ROY HARRIS
University of Oxford

PERGAMON PRESS
OXFORD · NEW YORK · SEOUL · TOKYO

UK Pergamon Press Ltd, Headington Hill Hall,
Oxford OX3 0BW, England

USA Pergamon Press Inc., 660 White Plains Road,
Tarrytown, New York 10591-5153, USA

KOREA Pergamon Press Korea, KPO Box 315, Seoul 110-603

JAPAN Pergamon Press Japan, Tsunashima Building Annex,
3-20-12 Yushima, Bunkyo-ku, Tokyo 113, Japan

First edition 1993

Library of Congress Cataloging in Publication Data
A catalogue record for this book is available from the Library of Congress

British Library Cataloguing in Publication Data
A catalogue record for this book is available from the British Library

ISBN 0-08-041922 4

Printed in Great Britain by B.P.P.C. Wheatons Ltd, Exeter

Contents

Foreword

No text has proved to be more central than the *Cours de linguistique générale* to contemporary discussions of language and literary theory. This is amply attested by the work of such thinkers as Derrida, Lacan and Lévi-Strauss, to mention but three. Had there been no posthumous publication, Saussure would today have been just one linguist among many others, remembered only for his *Mémoire sur le système primitif des voyelles dans les langues indo-européennes*. But his most important ideas about language were eventually handed down to posterity only through a complex process of rewriting and modification by other people.

It is not difficult to notice, even when reading the *Cours* at one remove in translation, that there is something artificial and heterogeneous about its composition. What is the source of this impression? It comes from the fact that the whole book is not cut from the same cloth. In stylistics, a text is often compared to a fabric. A woven design on a surface, seen from a distance, appears to be all of the same colour. But on closer inspection, threads of various colours are revealed. So it is with the *Cours*. The main aim of a publication such as the present one is to disentangle threads, to examine one of the components that went into the weaving of the text that Saussure's editors brought out in 1916.

It was in December 1906, fifteen years after his return to Geneva, that Saussure succeeded Joseph Wertheimer as holder of the chair of general linguistics. It was only on 16 January 1907 that he began his lectures on general linguistics, which were to continue until July 1911. When Saussure accepted his new appointment, what constituted general linguistics was something of an open question in Switzerland as well as in France; except perhaps that it was assumed to be something different from the general linguistics of the *Grammaire générale et raisonnée* of Port-Royal. The latter work is based on the twin notions that language reflects human thinking (which is why the grammar was called 'rational') and that Latin and Greek express human thinking in all its universality (which is why it was called 'general'). It reflects the logocentric situation inherited from Aristotle and Descartes. On taking the chair of general linguistics at Geneva, Saussure had no fixed ideas on the subject. But he was able to make full use of the knowledge of historical linguistics that he had accumulated, and wanted if possible to be able to propose generalizations of a 'semiological' nature. The principal merit of

Saussure's teaching, in my view, lay in its practical effectiveness in combining the results of a lifelong study of historical linguistics with general reflections on language. But in this respect the *Cours* is perhaps not, after all, so unlike the work of Lancelot and Arnauld.

The editors of the *Cours*, Bally and Sechehaye, were well acquainted with their master's ideas and had been to his earlier lectures. But unfortunately they could not attend his course on general linguistics because of their academic duties at the same university. Sechehaye, regretting his inability to attend, asked his young friend Riedlinger to lend him his notes in order to make a complete hand-written copy of the first and second courses. All these copied notes are now available at the Bibliothèque Publique et Universitaire in Geneva. For the third course, matters were a little different. Riedlinger did not attend, and Sechehaye was obliged to compile his own notes, based on those of Dégallier, Mme Sechehaye and Joseph. This 'collation' has not yet been published.

In their preface to the *Cours*, the editors say the book was based mainly on the third course. There is no doubt that they made Sechehaye's collation the first draft of their work. Constantin's notes for the third course came to light only in 1958. But since Constantin certainly used Dégallier's notes to supplement his own, it is possible - although difficult to prove - that Dégallier likewise used Constantin's, in which case one might even regard Constantin's notes as an indirect source on which the editors unwittingly drew.

For the first and second courses, Riedlinger's notes are excellent. For the third course, Constantin's are by far the most complete. Are the other students' notes at all useful? Sometimes they are, in spite of their defects. For the third course we have four students' notebooks. Mme Sechehaye seems to have been able to make little of what Saussure said in class, but at least copied down what Saussure wrote on the blackboard. Her notes give us the titles and dates of the lectures. Dégallier's and Joseph's notes are sketchy. Saussure's own surviving lecture notes are few, since he normally threw them away after each lecture. But in any case it seems that he did not simply read out what he had prepared. (One can compare, for example, Saussure's own draft for the lecture of 8 November 1910 with the students' versions.) How well did the students follow what Saussure said? He clearly drew on a wider range of examples than they were familiar with. When he cited examples of historical changes in Latin and Greek, they on the whole wrote these down correctly; but they were at a loss if the example was Sanskrit, and could scarcely manage a Romanized transcription.

To give a general idea of the interest to be derived from comparing the various sources, I shall cite the opening passage of the published *Cours* and the versions given in three sources.

A. *Cours de linguistique générale,* 1916.

(1) COURS DE LINGUISTIQUE GÉNÉRALE

(2) INTRODUCTION

(3) CHAPITRE PREMIER. COUP D'ŒIL SUR L'HISTOIRE DE LA LINGUISTIQUE

(4) ________

(5) La science qui s'est constituée autour des faits de langue a passé par trois phases successives avant de reconnaître quel est son véritable et unique objet.

On a commencé par faire ce qu'on appelait de la «grammaire». Cette étude, inaugurée par les Grecs, continuée principalement par les Français, est fondée sur la logique et dépourvue de toute vue scientifique et désinteressée sur la langue elle-même; elle vise uniquement à donner des règles pour distinguer les formes correctes des formes incorrectes; c'est une discipline normative, fort éloignée de la pure observation et dont le point de vue est forcément étroit.

B. Sechehaye's collation, 1913.

(1) Linguistique Générale

(2) Introduction

(3) ________

(4) ________

(5) La science qui a la langue pour objet a passé par trois phases avant de distinguer cet objet nettement. On a commencé par faire de la *Grammaire*. Inaugurée par les Grecs, continuée sans grand perfectionnement par les Français, cette science fondée sur la logique fut dépourvue de toute vue philosophique sur la langue elle-même. En outre la grammaire veut donner les règles des formes correctes pour les distinguer des formes incorrectes. C'est une discipline normative, très éloignée de la simple observation scientifique. Son point de vue est très étroit.

C. Dégallier, 1910.

(1) Notes — linguistique générale.

(2) __________

(3) __________

(4) 28 octobre 1910.

(5) La Linguistique. 3 phases ayant vu dans études de langue un objet, sans le distinguer nettement. Première phase, grammaire, inventée par Grecs, et continuée sans grand perfectionnement par les Français. Eut intérêt logique, mais pas vue philosophique sur langue elle-même. Toute grammaire est normative (distinction du correct et de l'incorrect). Pas point de vue assez élevé.

D. Constantin, 1910.

(1) Linguistique générale

(2) Chapitre d'introduction.

(3) <Coup d'œil sur l'histoire de la linguistique.>

(4) Semestre d'hiver 1910-11.

(5) Le cours traitera la linguistique proprement dite, et non la langue et le langage. Cette science a passé par des phases défectueuses. On reconnaît 3 phases, soit 3 directions suivies historiquement par ceux qui ont vu dans la langue un objet d'étude. Après est venue une linguistique proprement dite, consciente de son objet.

La première de ces phases est celle de la grammaire, inventée par les Grecs et se continuant sans changement chez les Français. Elle n'eut jamais de vues philosophiques sur la langue elle-même. Ça intéresse plutôt la logique. Toute la grammaire traditionnelle est une grammaire normative, c'est-à-dire dominée par la préoccupation de dresser des règles, de distinguer entre un certain langage dit correct et un autre dit incorrect, ce qui exclut depuis le principe une vue supérieure sur ce qu'est le phénomène de la langue dans son ensemble.

We have only to compare these passages to appreciate the value of D: it is fuller, more explicit and more carefully nuanced than the others.

Although Saussure's editors said their text was based mainly on the third course, that was not in fact the order of presentation they

followed, which ran: (1) Introduction, (2) Phonology, (3) General principles of signs, (4) Synchronic linguistics, (5) Diachronic linguistics, (6) Geographical linguistics, and (7) Conclusion. Since what is dealt with under (2) is physiological phonetics, the internal linguistics of (1), (3), (4) and (5) is in effect opposed to the external linguistics of (6). In fact Saussure began the third course with (6) and it was not until the second term that he proceeded to a general theory of the linguistic sign, after completing a historical survey of known language families. The schedule he had announced on 4 November 1910, dividing the course into (i) *les langues*, (ii) *la langue*, and (iii) *faculté et exercice du langage chez les individus*, was never completed.

What are we to make of the editors' fundamental reorganization of topics in the *Cours*? Much has been written concerning influences on Saussure's thought. Names frequently mentioned in this connexion are Durkheim, Whitney, Tarde, Taine and Gabelentz. As regards the *Cours* itself, it is worth adding to these the name of Husserl; not that Saussure himself had necessarily read Husserl, but Bally and Sechehaye were in all probability acquainted with the views of the German philosopher, whose work was made known in Switzerland by Anton Marty. The structure of the published text of the *Cours* seems to be in some respects significantly Husserlian. In particular, Husserl insists that experience cannot be reduced to a sum of material (hylic) data. Consider the process of visual recognition. The object as hylic data appears on the retina, but this alone does not reveal its meaning. We interpret the data by an act of conscious judgment. For Husserl, the material data, the act of thought and the object as represented by the transcendental ego are called respectively *hyle*, *noesis* and *noemis*. The linguistic act follows the same pattern. The 'linguistic object' can be recognized only by bringing in all three.

The structure of the *Cours* adopted by Bally and Sechehaye fits in with this perspective. It accounts for why the section entitled *Principes de Phonologie* is inserted immediately after the Introduction. This section deals with hylic data and has a markedly empirical flavour. (For example, the invitation to the reader to pronounce the sequence *appa* aloud, in order to note the difference between the first *p* and the second.) But then we proceed in later sections to situate these hylic facts of speech in the context provided by the *signifiant* and the *signifié*; and this leads to a recognition of their transcendental value in the Husserlian sense. The acoustic aspect of the sound is now explained from the point of view of a subject involved in the conscious production of meaning. The progress,

clearly, is from a physical starting point to, eventually, the idea of differential opposition, guided by the consciousness of the transcendental ego.

Whatever the validity of this suggestion may be, it remains a fact that Constantin's notebooks provide us with the clearest picture available of Saussure's mature teaching on language, before it underwent its transformation at the hands of Bally and Sechehaye. These notebooks deserve study in their own right, even if the material they offer may in some measure dispel the enchantment of the influential book on which Saussure's posthumous reputation was built.

* * *

I owe a debt of gratitude to a number of colleagues and friends, among whom I would like to mention especially Professors N. Miyake and T. Shimomiya of Gakushûin University, and Professor H. Abe of Tohoku University, who taught me what I know of the Romance and Germanic languages.

E.K.

The Constantin Notebooks

The claim that the Constantin notebooks have on the attention of Saussurean scholars is based on two facts: (i) they contain by far the fullest record we have of Saussure's third and last course of lectures on general linguistics, given in 1910-11, and (ii) they were not among the material utilized by Bally and Sechehaye for the 1916 edition of the *Cours*. In fact, their existence seems to have been forgotten until Emile Constantin, who had become a teacher and taught at the Collège de Genève, himself offered them to the Bibliothèque Publique et Universitaire in 1958. Their importance was immediately recognized by the late Robert Godel, at that time one of the leading authorities on Saussure, (R. Godel, 'Nouveaux documents saussuriens: les cahiers E. Constantin', *Cahiers Ferdinand de Saussure*, t.16, 1958-9, pp.23-32) and they were utilized by Rudolf Engler in his critical edition of the *Cours* (Ferdinand de Saussure, *Cours de linguistique générale*. Edition critique par Rudolf Engler, Wiesbaden: Harrassowitz, 1968). This latter publication, however, fragments Constantin's text in order to juxtapose relevant passages to the text of the 1916 edition; and since Bally and Sechehaye had decided upon a complete rearrangement of topics, it is difficult for the reader to gain any clear impression of the actual presentation and sequence of ideas in Saussure's final course of lectures. For that reason alone, it was clear that a new edition of the Constantin material was desirable.

The notes are written in a set of blue-covered school notebooks (22cm × 18cm), on ruled paper of indifferent quality. There are altogether eleven notebooks devoted to the course given in 1910-11 (currently BPU Ms fr. 3972). The pages have been numbered consecutively from 1 to 407, although Constantin had originally numbered the pages of each notebook separately and on the recto only.

The notes are written in ink (now faded in places) and have been revised both in ink and in pencil, with numerous additions in the margins.

The early sections of the text appear, from the writing and the small number of corrections, to be a fair copy. A second fair copy of Cahier I has also been made, but we have not included this reduplicated material in the present edition. Later sections of the text (from at least Cahier VIII onwards) appear to be the actual notes taken in class, of which no fair copy was made.

We have followed previous editorial practice in omitting Saussure's long but sketchy survey of various language families as extraneous to the course on general linguistics proper. Bally and Sechehaye note:

> les nécessités du programme l'obligèrent à consacrer la moitié de chacun [de ses cours] à un exposé relatif aux langues indo-européennes, leur histoire et leur description; la partie essentielle de son sujet s'en trouva singulièrement amoindrie. (*Préface de la première édition.*)

One can only add that this requirement was all the more regrettable in that it effectively prevented Saussure from completing the envisaged third course on general linguistics, since in the event he did not have time to give the promised lectures dealing with the *faculté du langage.*

This leaves two main sets of lectures. The first, delivered in October, November and December 1910, includes a detailed discussion of linguistic variation and proposes an articulatory phonetic classification of speech sounds, based on degrees of aperture. These lectures are recorded by Constantin in Cahier I, Cahier II, and the first three pages of Cahier III.

The second set comprises the lectures delivered by Saussure between Easter and early July 1911. These include his most important theoretical pronouncements about *la langue* and are recorded by Constantin in Cahiers VII-X.

There is no indication in the notebooks themselves where individual lectures began and ended, but the dates and approximate divisions can be reconstructed from other sources. These have been included in square brackets in the present edition. (An asterisk indicates that the date suggested is conjectural.)

The manuscript makes extensive use of abbreviations, which have been expanded in the text presented here. Trivial errors of spelling and punctuation, together with obvious slips of the pen, have been corrected without special indication, but errors and corrections which are of any interest are shown as such. (Thus, for example, Constantin does not appear to have been sufficiently familiar with English to know how to spell the Saussurean term *intercourse*, and he confuses the Romance scholar Diez with Diehls.) Marginal notes which merely provide topic headings or summaries of points in the main body of the text have been omitted; but all which contain additional material or significant variations of wording are included in angle brackets. Underlining is retained only where it occurs in ink in the original.

Although an assiduous note-taker, Constantin does not always seem to have made sense of the lecture material or taken down examples correctly. He evidently consulted Dégallier's notes in order to check points which puzzled him, and has occasionally added this material in parentheses, followed by the initials *D* or *G.D.* However, much interpolated material that is clearly borrowed from Dégallier is not acknowledged in this way.

The reading of the text given in our edition differs in various points of detail from Engler's. No attempt has been made to improve the erratic paragraphing of the original, but the punctuation has been regularized in order to assist comprehension.

We should like to acknowledge here the help we have received from Professor Rudolf Engler, whose critical edition of the *Cours* is an indispensable instrument for all Saussurean scholars; from M. Philippe Monnier of the Bibliothèque Publique et Universitaire de Genève; and from Rita Harris, whose patience with a difficult manuscript and its diagrams has been stoic and whose numerous suggestions have been invaluable.

E.K.
R.H.

Editorial abbreviations and conventions

[ ] Text enclosed in square brackets has either been supplied by the present editors or, when followed by a *(b.)*, been crossed out in the original manuscript.

< > Text enclosed in angle brackets is a marginal or interlinear addition.

(b.) (= *biffé*) indicates that the immediately preceding word or words in square brackets have been crossed out in the original manuscript. In the translation, this has been noted by *(corr.)* (= *corrected*).

Translator's Preface

The problems encountered in translating Saussurean technical terminology into English are well known. Readers of my translation of the *Cours de linguistique générale* (F. de Saussure, *Course in General Linguistics*, London: Duckworth, 1983) will observe that for the present text a somewhat different range of solutions has been adopted.

Three considerations which led to this decision were the following. (i) The translation of the *Cours* and the translation of Constantin's notes envisage quite different readerships. Whereas the former was intended for students making their first acquaintance with a key text in the history of linguistics, the latter is unlikely to be read except by those sufficiently well acquainted with Saussurean ideas to be interested in the detailed study of how the *Cours* came to be written and what its sources were. (ii) The two texts themselves are quite different. The editors of the *Cours* attempted an overall synthesis of various sources in which the terminology employed was by no means uniform; whereas Constantin's notes are the record of a single course of lectures in which a fairly consistent terminology was used throughout. (iii) By the time Saussure gave the third course, he had himself resolved certain terminological problems and offers comments on terminological points which do not appear in the 1916 edition.

Taking these factors into account does not at one stroke remove the difficulties a translator faces, but it at least puts them in a different perspective. It is clear, for instance - and this is probably the most important single point - that Saussure originally intended to organize the whole of the third course of lectures on the basis of the threefold distinction between *les langues*, *la langue* and *le langage*. But he also saw the problem that these three terms do not in practice correspond to three quite distinct sets of facts or observations. The procedure he proposed - but did not, in the event, consistently carry through - was to use the heading *la langue* to subsume what he envisaged as a set of generalizations abstracted by the linguist from a study of *les langues*. Arguably, this is a strategy which is not strictly consistent with his own linguistic epistemology; but that is a matter which cannot be pursued here. Of more immediate relevance is that it leads to a certain hesitation over the choice between singular (*langue*) and plural (*langues*), depending on whether the fact in question is presented as an intrinsic feature of language systems as such, or as an empirically observable characteristic found across a range of cases.

For a translator, the salient fact is that in this third course Saussure repeatedly - although not invariably - seems to have used *la langue* as a generic singular (corresponding to the English generic singular of *The lion is a carnivore*). The trouble is that this generic usage, although perfectly acceptable in French, can be awkward or even obscure in English, since the corresponding English noun *language* is not very commonly used in this way. The difficulty is further complicated by the fact that in English such generalizations can also be - and perhaps more usually are - couched in the plural, or by using the singular with an indefinite article (cf. *The lion is a carnivore; Lions are carnivores; A lion is a carnivore*). But since Saussure wishes to insist on a difference of epistemological status between *la langue* and *les langues*, the use of an English plural in such cases becomes potentially ambiguous or misleading.

However, many of the important theoretical statements in the third course are cast in the form of predications about *la langue*, and this itself causes problems. Thus, for example, Saussure identifies *diversité* as a feature of *la langue*. Constantin's text uses both the phrases *diversité de la langue* and *diversité des langues*. In English, the expression 'diversity of the language' risks giving the impression (cf. *English is a very diverse language*) that what is under discussion is the phenomenon of a single language having many different varieties - a notion which, if transferred to *la langue*, is fundamentally in conflict with the holistic conception of Saussurean structuralism. On the other hand, resorting to the English plural ('the diversity of languages') does not entirely capture Saussure's formulation of the point about *diversité de la langue*, a formulation which seems designed to stress that the diversity in question is neither deliberate nor adventitious (as e.g. in the differences between various makes of motor car) but is a necessary 'natural' feature of this particular type of semiological system. For Saussure, if we are to trust Constantin's notes, *diversité des langues* is only one manifestation of *diversité de la langue*.

Difficulties of this order do not admit neat solutions. The general policy followed in the case of the present translation has been to lean in favour of echoing Saussure's formulation (as transmitted by Constantin), even where so doing reads somewhat awkwardly in English, provided this awkwardness does not itself risk misleading or puzzling the reader; but, on the other hand, to render the point in the simplest English possible wherever it seems that no terminological subtlety is at stake. Thus, for instance, Cahier I begins with an introductory statement to the effect that the course will deal with

linguistics, not *la langue* or *le langage.* Since the lecturer has not yet explained his differentiation of the two terms, nor introduced his distinction between *la langue* and *les langues*, it seems safe to conclude that his point here is intended to be simply that his lectures will focus on *how* to study linguistic phenomena, rather than on the linguistic phenomena themselves, and therefore to translate the phrase *non la langue et le langage* by 'not languages and language'. To translate scrupulously as 'not the language and language', although keeping closer to the letter of the text, immediately alters a perfectly perspicuous statement into a quite opaque one for the English reader.

The result of this policy, the reader should be warned, is that fixed translation equivalences are avoided and each occurrence of any given term is treated on its own contextual merits. In one case, however, for rather special reasons, a term Saussure uses constantly is aways rendered by the same English equivalent, even though the equivalent in question is arguably not the term currently in use in that sense in linguistics. This exception concerns the term *acoustique*, which is rendered by 'acoustic'. Had Saussure been lecturing today, he would doubtless have replaced *acoustique* by *auditive*. (For a discussion of the problems associated with the expression *image acoustique*, see pp. xiv-xv of the Introduction to my 1983 translation.)

My earlier aversion to the translationese terms 'signifier' and 'signified' as renderings of *signifiant* and *signifié*, widely used by British and American commentators, remains undiminished. In the present instance I have preferred the English expressions 'signifying element' and 'signified element', borrowing these from the alternative formulations that are actually employed in Constantin's text. This solution has the additional advantage of reminding us of a point that is implicit in the French participial terms and stressed explicitly by Saussure: namely, that the *signifiant* and the *signifié* exist only as co-relatives and have no independent status.

The labour of translating Saussurean material into a language which has no etymologically related pair of terms corresponding to *langue* and *langage* makes one realize that Saussure's bold terminological claim to have defined things - not words - must be viewed with some scepticism. (It is in any case a claim that is in certain respects very unSaussurean. The mental grid imposed by the language one is using is not so easily set aside.) A translator may well wonder whether Saussure's convictions concerning the basic theoretical distinctions to be drawn in linguistics were not in large measure fostered - or at least reinforced - by certain lexical peculiarities of the language he happened to be using, i.e. French.

In fact, one of the major obstacles in the way of making theoretically valid generalizations about language and languages is that the terms in which such matters can be discussed are deeply culture-bound. Saussure may not have taken this sufficiently into account. It seems that he believed these problems were trivially metalinguistic and could be sidestepped by focussing on the basic nature of the linguistic sign as a bi-partite entity. (But in believing this he may simply have been falling into a more sophisticated version of the same trap.) Be that as it may, he certainly spared no effort in attempting to show that the lexical distinction available in French through the existence of the words *langue* and *langage* coincided with precisely the division that it would be theoretically necessary to stake out in order to establish linguistics as a science. He furthermore claimed that the conceptual gap between *langue* and *langage* was more or less neatly covered by a third French term: *parole*. Thus, *mirabile dictu*, French turned out to be the ideal language for twentieth-century linguistics, just as it had proved to be the ideal language for eighteenth-century politics.

For any English translator all this is too much of a coincidence to be taken without a pinch of salt. Particularly when the process of translation highlights certain points at which the specifically Saussurean distinctions pivoting on the term *langue* begin to encounter conceptual difficulties or even to break down, possibly in ways Saussure himself had not realized. An attentive reader will find signs of these tensions in the translation. These are matters which merit fuller treatment than can be given here, but they deserve note in passing because they point to the fact that the necessary infidelities of translation can make a positive contribution to the intellectual analysis of a text. A translation must be an interpretation before it can be a rendering.

Thus a fourth consideration must be added to the three already mentioned as dictating a translation strategy different from that of my earlier English version of the *Cours*. And this fourth consideration, in my view, takes precedence over the other three, even though it involves trespassing into territory which many may not regard as the legitimate or traditional province of a translator. Saussurean material deserves translation not simply because it holds interest for many who, without assistance, might be defeated by the French, but more importantly because translation happens to be an excellent intellectual instrument for elucidating, probing and engaging with Saussure's ideas.

The Saussure of Constantin's rambling notebooks is in some ways a more interesting figure than the Saussure of Bally and Sechehaye's well organized text. In the notebooks we glimpse a

theorist who is quite consciously experimenting, pushing certain distinctions to the limits of their viability and occasionally beyond. Where exactly those limits lie every translator must judge for himself, unless he wishes to saddle Saussure gratuitously, albeit implicitly, either with the charge of talking nonsense or else with that of not quite knowing what he was about.

A theoretical text demands a theoretically sensitive translation. But such a translation cannot itself somehow be theory-neutral. A rough guide to the theoretical assumptions underlying the present translation can be found by any reader who takes the trouble to look for the variations in the translation of the term *langue*. These variations will show, more or less, where the translator thinks Saussure was pressing his own technical term too hard.

It seems difficult to avoid the conclusion that some of the assertions that Saussure (according to Constantin) boldly presented in the summer of 1911 as propositions about *langue* should have been formulated in terms of *langues*. When one is translating this becomes obvious, although it is far from obvious in the French text, where the grammar of the definite article makes it so easy to slip from the generic to the particular and vice versa without even realizing that one has done so. And questions of some moment sometimes turn on such points. For instance, whereas *les langues* by definition have histories, it is unclear in what sense *la langue* has any history at all; and therefore equally unclear to what extent diachronic studies can actually belong to *linguistique de la langue*. (Saussure's chess analogy, far from resolving the problem, compounds it if taken seriously.) Saussure was no Condillac. When he speaks of *l'évolution de la langue* as one of the main branches of linguistics, he is patently referring to *l'évolution des langues*, and not to the evolution of the species as such (cf. *the evolution of the horse*).

Nor can one be anything but puzzled by the fact that in the section of the course specifically devoted to *les langues* no less than three of the five chapter headings use the noun *langue* in the singular. Is this merely terminological inconsistency? Or should these chapters have found their proper place in Part II?

The former possibility seems to be indicated when we consider a pronouncement like *La langue et l'écriture sont deux systèmes de signes dont l'un a pour mission <uniquement> de représenter l'autre.* Now if we see the definite article here as doing the same work with the noun *langue* as with the noun *écriture* there is a problem. For in spite of the apparently deliberate use of the singular, Saussure shows no sign of intending to claim that writing developed - or ever became - a

method of representing the set of abstract relations that define for the Saussurean linguist the semiological species *langue*. On the contrary, all Saussure's examples relate written signs to very specific languages, and even to particular pronunciations current within those languages. So the translator has a choice between trying to fudge the issue or trying to elucidate it. But the latter option in turn amounts to declining to foist on Saussure a proposition which he would almost certainly have rejected, and sacrificing superficial fidelity to the form of wording in the text - a fidelity which could have had seriously misleading implications.

A related difficulty arises with the celebrated Saussurean antithesis between *immutabilité* and *mutabilité*. In Constantin's text, both properties are ascribed to *la langue* and they are discussed in Part II. But in fact it is clear from Saussure's own argument that the only thing that is *immuable* in the sense required for this opposition is not *la langue* but *une langue*; whereas *mutabilité*, on the other hand, depends on an intrinsic feature of *la langue*, namely the arbitrariness of the sign. Here we see the linguistic nicety turning on the fact that French (like English) can use the definite article for hypothetical assertions with implied specificity (cf. *le gouvernement en serait responsable* = the government [sc. as such], or the government [sc. of the day]), thus making it possible to blur the distinction between truly generic statements and statements about particular (albeit typical) cases. The whole discussion of *immutabilité* and *mutabilité* relies heavily on this usage. (This is not to imply that here we have a clear case of the theorist falling victim to his language. One suspects rather that Saussure's well known penchant for paradox triumphed over his theoretical acumen.)

It is ironic that, having made a great issue of this distinction between *langue* and *langues*, Saussure should have proceeded to trip himself up with it, thus providing - apart from headaches for translators - an unwitting demonstration that setting up one's own metalinguistic framework is a risky business even for - and perhaps especially for - linguistic theorists. Doubly ironic, since Saussure explicitly warned his audience of the danger that sometimes in linguistics *nous nous laissons prendre aux expressions dont nous nous servons*.

Saussure himself does not seem to have escaped this danger. The unfortunate result is a pervasive ambiguity obscuring some sections of Constantin's text, and a translator has to cope with it as best he can - in effect, by proposing interpretations for which there is no very clear evidence in the original, but which give Saussure the benefit of the doubt wherever possible.

These, of course, are matters of critical judgment; but a translator can hardly avoid such judgments if he wishes to make sense of what Saussure is reported to have said to his students. And here a knowledge of the Saussurean corpus as a whole may sometimes weigh against this or that reading which, on the face of it, the text seems to support. Furthermore, in making such judgments the translator runs no greater risk of misleading his readers than he would do if he tried to avoid making them. Especially when, as here, the reader has the original text on the opposite page for comparison. When text and translation are published together, all the cards are on the table and it is futile to pretend that translating involves anything less than a critical analysis.

A minor stylistic detail worth mentioning is that Constantin's notes regularly attribute to Saussure the 'editorial' or 'royal' use of the first person plural pronoun, where it seems clear that Saussure was making a comment about his own point of view. Whether Saussure was actually given to this mannerism is not clear, but it sounds impossibly affected when transposed into the classroom language of present-day English. Therefore I have preferred to render *nous* in such cases by 'I'. The text thus gains a certain immediacy appropriate to oral presentation. Furthermore, if I am right in supposing that in this third course Saussure was quite consciously breaking new ground, it would be disingenuous to suppose that his listeners - and here one must bear in mind that this was not the first time that Constantin had attended Saussure's course - failed to appreciate all the contextual nuances of the first person plural.

Finally, no attempt has been made to turn the text into readable English prose. Constantin's notes, even as revised by their author, retain the infelicities, repetitions, abruptnesses - occasionally incoherences - that betray the circumstances of their origin.

R.H.

I

1 Cahier I

Linguistique générale **I** Emile Constantin
(Cours de Mr. Prof. de Saussure) candidat littéraire
semestre d'hiver 1910-11

[28 octobre 1910]

Chapitre d'introduction: <(Coup d'œil sur l'histoire de la linguistique)>

Le cours traitera la linguistique proprement dite, et non la langue et le langage. Cette science a passé par des phases défectueuses. On reconnaît trois phases, soit trois directions suivies historiquement par ceux qui ont vu dans la langue un objet d'étude. Après est venue une linguistique proprement dite, consciente de son objet.

La première de ces phases est celle de la grammaire, inventée par les Grecs et se continuant sans changement chez les Français. Elle n'eut jamais de vues philosophiques sur la langue elle-même. Ça intéresse plutôt la logique. Toute la grammaire traditionnelle est une grammaire normative, c'est-à-dire dominée par la préoccupation de dresser des règles, de distinguer entre un certain langage dit correct et un autre dit incorrect, ce qui exclut depuis le principe une vue supérieure sur ce qu'est le phénomène de la langue dans son ensemble.

Plus tard et seulement au début du 19e siècle, si nous voulons parler d'un grand mouvement (en laissant de coté les précurseurs: <école «philologique» à Alexandrie>) il y eut <2°)> le grand courant philologique de la philologie classique, qui se continue jusqu'à nos jours. En 1777, Friedrich <August> Wolf, comme étudiant, voulut être nommé philologue. La philologie apportait ce nouveau principe: la méthode de l'esprit critique en présence des textes. La langue n'était qu'un des multiples objets se trouvant dans le cercle de la philologie et par conséquent tombant sous cette critique. Les études de langue n'étaient plus désormais une simple recherche de la correction grammaticale. Il fallait, par le principe critique, voir ce qu'apportait par exemple la différence des époques, commencer dans une certaine mesure à faire de la linguistique historique. Ritschl procédant au remaniement du texte de Plaute peut passer pour faisant un travail de linguiste. D'une manière générale, le mouvement philologique a ouvert mille sources intéressant la langue, qui fut traitée dans un tout autre esprit que celui de la grammaire traditionnelle, par exemple l'étude des inscriptions et de leur langue. Mais ce n'était pas encore l'esprit de la linguistique.

General linguistics I Emile Constantin
(Prof. de Saussure's course) arts student
winter semester 1910-11

[28 October 1910]

Introductory chapter: <(Brief survey of the history of linguistics)>

The course will deal with linguistics proper, not with languages and language. This science has gone through phases with shortcomings. Three phases may be distinguished, or three successive approaches adopted by those who took a language as an object of study. Later on came a linguistics proper, aware of its object.

The first of these phases is that of grammar, invented by the Greeks and carried on unchanged by the French. It never had any philosophical view of a language as such. That's more the concern of logic. All traditional grammar is normative grammar, that is, dominated by a preoccupation with laying down rules, and distinguishing between a certain allegedly 'correct' language and another, allegedly 'incorrect'; which straight away precludes any broader view of the language phenomenon as a whole.

Later and only at the beginning of the 19th century, if we are talking of major movements (and leaving out the precursors, <'philological' school at Alexandria>), came <2)> the great philological movement of classical philology, carrying on down to our own day. In 1777, Friedrich <August> Wolf, as a student, wished to be enrolled as a philologist. Philology introduced a new principle: the method of critical examination of texts. The language was just one of the many objects coming within the sphere of philology, and consequently subjected to this criticism. Henceforth, language studies were no longer directed merely towards correcting grammar. The critical principle demanded an examination, for instance, of the contribution of different periods, thus to some extent embarking on historical linguistics. Ritschl's revision of the text of Plautus may be considered the work of a linguist. In general, the philological movement opened up countless sources relevant to linguistic issues, treating them in quite a different spirit from traditional grammar; for instance, the study of inscriptions and their language. But not yet in the spirit of linguistics.

Troisième phase, où l'on ne voit pas encore cet esprit de la linguistique: c'est la phase sensationnelle où l'on découvrit qu'on pouvait comparer entre elles les langues, qu'il y avait un lien, un rapport entre des langues souvent séparées géographiquement par de grandes distances, où l'on découvrit qu'à côté des langues, il y avait aussi de vastes familles de langues, surtout celle qui reçut le nom de famille indo-européenne.

Chose étonnante, jamais on ne se fit une idée plus défectueuse et plus absurde de ce qu'est la langue que dans les trente années qui suivirent cette découverte de Bopp (1816). En effet, dès lors des savants s'essayèrent comme à un jeu de comparer les différentes langues indo-européennes entre elles, et à la longue il était impossible qu'ils ne se demandent pas ce que représentaient au juste ces rapports, comment il faudrait les traduire au point de vue des phénomènes concrets. Presque jusque vers 1870, ils pratiquèrent ce jeu sans se préoccuper des conditions où la langue vit.

La phase très féconde par le nombre des ouvrages est différente des précédentes parce qu'elle porte son attention sur une grande multiplicité de langues et sur leurs relations entre elles, mais elle est dénuée autant que les précédentes d'un point de vue sur la langue, en tout cas d'un point de vue juste, approuvable et raisonnable. Elle est purement comparative. On ne peut pas condamner complètement l'attitude plus ou moins hostile de la tradition philologique contre les comparateurs, car ceux-ci n'apportaient pas en fait un renouvellement produit sur les principes mêmes et qui fît voir immédiatement un bienfait dans l'élargissement de l'horizon matériel qui est certainement à leur actif. A quel moment reconnut-on que la comparaison n'est en somme qu'une méthode à employer lorsque nous n'avons pas de façon plus directe de connaître les faits, et à quel moment la grammaire comparée fit-elle place à une linguistique comprenant la grammaire comparée et lui donnant une autre direction?

Ce fut principalement l'étude des langues romanes qui conduisit à des vues plus saines les Indo-Européanistes eux-mêmes et fit entrevoir ce que devait être en général l'étude de la linguistique. Sans doute le mouvement d'études vers les langues romanes, inauguré par [Diehls *(b.)*] Diez, fut un développement des règles de Bopp du côté des langues indo-européennes. Dans le cercle des langues romanes, on se trouva vite dans d'autres conditions; en premier lieu: présence positive du prototype de chaque forme; grâce au latin, que nous connaissons, les Romanistes ont devant eux depuis l'origine ce prototype, tandis que

A third phase in which this spirit of linguistics is still not evident: this is the sensational phase of discovering that languages could be compared with one another; that a bond or relationship existed between languages often separated geographically by great distances; that, as well as languages, there were also great language families, in particular the one which came to be called the Indo-European family.

Surprisingly, there was never a more flawed or absurd idea of what a language is than during the thirty years that followed this discovery by Bopp (1816). In fact, from then on scholars engaged in a kind of game of comparing different Indo-European languages with one another, and eventually they could not fail to wonder what exactly these connexions showed, and how they should be interpreted in concrete terms. Until nearly 1870, they played this game without any concern for the conditions affecting the life of a language.

This very prolific phase, which produced many publications, differs from its predecessors by focussing attention on a great number of languages and the relations between them, but, just like its predecessors, has no linguistic perspective, or at least none which is correct, acceptable and reasonable. It is purely comparative. You cannot altogether condemn the more or less hostile attitude of the philological tradition towards the comparativists, because the latter did not in fact bring any renewal bearing on the principles themselves, none which in practice immediately opened up any new horizons, and with which they can clearly be credited. When was it recognized that comparison is, in short, only a method to employ when we have no more direct way of ascertaining the facts, and when did comparative grammar give way to a linguistics which included comparative grammar and gave it a new direction?

It was mainly the study of the Romance languages which led the Indo-Europeanists themselves to a more balanced view and afforded a glimpse of what the study of linguistics was to be in general. Doubtless the growth of Romance studies, inaugurated by [Diehls *(corr.)*] Diez, was a development of Bopp's rules for the Indo-European languages. In the Romance sphere, other conditions quickly became apparent; in the first place, the actual presence of the prototype of each form; thanks to Latin, which we know, Romance scholars have this prototype in front of them from the start, whereas

pour les langues indo-européennes nous devons reconstruire par hypothèse le prototype de chaque forme. En second lieu, avec les langues romanes il y a une grande possibilité, au moins dans certaines périodes, de suivre la langue de siècle en siècle par les documents, de voir de près par conséquent comment les choses se passaient. Ces deux circonstances qui diminuent la sphère conjecturale donnèrent une autre physionomie à la linguistique romane qu'à la linguistique indo-européenne. Il faut dire également que le domaine germanique aussi joua le même rôle dans une certaine mesure. Le prototype là n'existe pas, mais le domaine germanique renferme de longues périodes historiques qu'on peut suivre.

La perspective historique, qui manquait aux Indo-européanisants parce qu'ils voyaient tout sur le même plan, s'imposa aux romanistes. Et par la perspective historique vint l'enchaînement des faits. De là résulta la très heureuse influence exercée par les romanistes. Un des grands défauts communs, au point de vue de l'étude, à la philologie et à la phase comparative, c'est d'être resté servilement attaché à la lettre, à la langue écrite, ou à ne pas distinguer nettement entre ce qui pouvait être de la langue parlée réelle et son signe graphique. Par là, il arrive que le point de vue littéraire se confond plus ou moins avec le point de vue linguistique, mais en outre, plus matériellement, le mot écrit est confondu avec le mot parlé; deux systèmes superposés de signes qui n'ont rien à faire entre eux, graphiques et parlés, sont mêlés. La linguistique peu à peu préparée ainsi est une science dont nous empruntons la définition au Dictionnaire de Hatzfeld, Darmstetter [sic] et Thomas: «<u>étude scientifique des langues</u>», ce qui est satisfaisant, mais c'est dans ce mot *scientifique* qu'est la distinction avec toute étude antérieure.

Qu'a-t-elle devant soi: 1°) comme matière 2°) comme objet ou tâche [?] 1°) une étude scientifique aura pour matière toute espèce de modification du langage humain; elle ne fera pas un choix entre telle ou telle période plus ou moins éclatante au point de vue littéraire, ou plus ou moins célèbre à cause de son peuple. Elle donnera son attention à n'importe quel idiome, obscur ou fameux, et de même à n'importe quelle période, ne donnant pas une préférence par exemple à ce qu'on appelle une «période classique», mais donnant un intérêt égal aux périodes dites de décadence ou archaïques. De même au sein d'une époque quelconque, elle ne pourra pas se permettre de choisir la langue la plus cultivée, mais elle s'occupera à la fois des formes populaires plus ou moins opposées à la langue dite cultivée ou

for the Indo-European languages we have to reconstruct hypothetically the prototype of each form. Second, with the Romance languages it is perfectly possible, at least in certain periods, to follow the language from century to century through documents, and so inspect closely what was happening. These two circumstances reduce the area of conjecture and made Romance linguistics look quite different from Indo-European linguistics. It must also be said that Germanic studies to some extent played the same role as well. There the prototype does not exist, but in the case of Germanic there are long historical periods that can be followed.

The historical perspective that the Indo-Europeanists lacked, because they viewed everything on the same level, was indispensable for the Romance scholars. And the historical perspective revealed how the facts were connected. Thus it came about that the influence of Romance studies was very salutary. One of the great defects, from a scholarly point of view, which is common to philology and the comparative phase is a servile attachment to the letter, to the written language, or a failure to draw a clear distinction between what might pertain to the real spoken language and what to its graphic sign. Hence, it comes about that the literary point of view is more or less confused with the linguistic point of view, and furthermore, more concretely, the written word is confused with the spoken word; two superimposed systems of signs which have nothing to do with each other, the written and the spoken, are conflated. The linguistics which gradually developed in this way is a science for which we can take the definition given by Hatzfeld, Darmstetter [sic] and Thomas's Dictionary: '<u>the scientific study of languages</u>', which is satisfactory, but it is this word *scientific* that distinguishes it from all earlier studies.

What does it take: 1) as its subject matter 2) as its object or task [?]
1) a scientific study will take as its subject matter every kind of variety of human language: it will not select one period or another for its literary brilliance or for the renown of the people in question. It will pay attention to any tongue, whether obscure or famous, and likewise to any period, giving no preference, for example, to what is called a 'classical period', but according equal interest to so-called decadent or archaic periods. Similarly, for any given period, it will refrain from selecting the most educated language, but will concern itself at the same time with popular forms more or less in contrast with the so-called educated or literary language, as well as the forms of the

littéraire, et des formes de la langue dite cultivée ou littéraire. La linguistique s'occupe donc du langage à toute époque et dans toutes les manifestations qu'il revêt.

Forcément, comme il fallait le remarquer, pour avoir des documents autant que possible sur toute époque, la linguistique devra s'occuper continuellement de la langue écrite, et souvent elle aura à emprunter ses lumières à la philologie pour se diriger mieux au milieu de ces textes écrits; mais elle fera toujours la différence entre le texte écrit et ce qu'il recouvre; elle n'y verra que l'enveloppe, ou la façon extérieure de se faire connaître, de son véritable objet, qui est la langue parlée uniquement.

2°) La matière, la tâche ou l'objet de l'étude scientifique des langues, ce sera si possible <1°)> faire l'histoire de toutes les langues connues. Naturellement, ce n'est possible que dans une mesure infime et pour un très petit nombre d'elles.

En essayant de faire l'histoire d'une langue, on arrivera très vite à être obligé de faire l'histoire d'une famille de langues. Au-delà du latin, on se trouve dans une période commune au grec et au slave. Ça implique donc l'histoire des familles de langues, lorsqu'il s'en présente devant nous.

Mais en second lieu <2°)>, ce qui est fort différent, il faudra que de cette histoire de toutes les langues elles-mêmes, se dégagent les lois les plus générales. La linguistique aura à reconnaître les lois qui sont en jeu universellement dans le langage et d'une façon absolument rationnelle, séparant les phénomènes généraux de ceux qui sont particuliers à telle ou telle branche de langues. Il y a des tâches plus spéciales qu'on pourrait rattacher; elles concernent les rapports que la linguistique doit avoir vis-à-vis de certaines sciences. Les unes sont en rapport pour lui emprunter des renseignements, des données, et les autres au contraire pour lui en fournir et l'aider dans sa tâche. Il arrive souvent que le domaine respectif de deux sciences n'apparaît pas avec une grande clarté dès le premier moment; en tout premier lieu, il faut citer les rapports entre la linguistique et la psychologie - qui sont souvent difficiles à délimiter.

C'est une des tâches de la linguistique de se définir, de reconnaître ce qui est dans son domaine. Dans les cas où elle dépendra de la psychologie, elle en dépendra indirectement, elle restera indépendante.

Une fois la linguistique ainsi conçue, c'est-à-dire ayant devant elle le

so-called educated or literary language. Thus linguistics deals with language of every period and in all the guises it assumes.

Necessarily, it should be pointed out, in order to have documentation for all periods, as far as possible, linguistics will constantly have to deal with the written language, and will often have to rely on the insights of philology in order to take its bearings among these written texts; but it will always distinguish beween the written text and what lies underneath; treating the former as being only the envelope or external mode of presentation of its true object, which is solely the spoken language.

2) The business, task or object of the scientific study of languages will if possible be <1)> to trace the history of all known languages. Naturally this is possible only to a very limited extent and for very few languages.

In attempting to trace the history of a language, one will very soon find oneself obliged to trace the history of a language family. Before Latin, there is a period which Greek and Slavic share in common. So this involves the history of language families, as and when relevant.

But in the second place <2)>, and this is very different, it will be necessary to derive from this history of all the languages themselves laws of the greatest generality. Linguistics will have to recognize laws operating universally in language, and in a strictly rational manner, separating general phenomena from those restricted to one branch of languages or another. There are more special tasks to add; concerning the relations between linguistics and various sciences. Some are related by reason of the information and data they borrow, while others, on the contrary, supply it and assist its work. It often happens that the respective domains of two sciences are not obvious on first inspection; in the very first place, what ought to be mentioned here are the relations between linguistics and psychology - which are often difficult to demarcate.

It is one of the aims of linguistics to define itself, to recognize what belongs within its domain. In those cases where it relies upon psychology, it will do so indirectly, remaining independent.

Once linguistics is conceived in this way, i.e. as concerned with

langage dans toutes ses manifestations, un objet qui est aussi large que possible, on comprend pour ainsi dire immédiatement ce qui n'était peut-être pas clair à toute époque: l'utilité de la linguistique, ou le titre qu'elle peut avoir à figurer dans le cercle des études qui intéressent ce qu'on appelle la «culture générale».

Tant que l'activité des linguistes se bornait à comparer entre elles les langues, on peut dire que cette utilité générale devait échapper à une grande partie du public et qu'en somme il s'agissait là d'une étude si spéciale qu'il n'y avait pas de raison véritable pour supposer qu'elle pût intéresser les cercles plus étendus du public. Ce n'est que depuis que la linguistique est plus consciente de son objet, c'est-à-dire l'aperçoit dans toute son étendue, qu'il est évident que cette science a son mot à dire dans une foule d'études qui intéresseront pour ainsi dire n'importe qui. Elle n'est pas indifférente par exemple pour quiconque doit manier des textes. Il est utile à l'historien entre autres d'avoir une vue sur les formes les plus usuelles des différents phénomènes phonétiques, morphologiques ou autres, sur la manière dont le langage vit, se continue, s'altère avec le temps. D'une façon plus générale, il est évident que le langage joue dans les sociétés humaines un rôle si considérable, c'est un facteur d'une importance telle <à la fois> pour l'individu humain et la société humaine, qu'il est impossible de supposer que l'étude d'une partie aussi notable de la nature humaine doive rester purement et simplement l'affaire de quelques spécialistes; tout le monde est appelé, semble-t-il, à prendre une idée aussi correcte que possible de ce que représente ce côté des manifestations humaines en général. Et cela d'autant plus que les idées réellement rationnelles, approuvables, la conception à laquelle la linguistique a fini par arriver, n'est nullement de celles qui s'offrent dès le premier coup d'œil. Il n'y a aucun domaine qui, plus que la langue, ait donné lieu à des idées chimériques et absurdes. Le langage est un objet de mirages de toutes espèces. Les erreurs faites par le langage sont ce qu'il y a de plus intéressant, psychologiquement parlant. Chacun laissé à lui-même se fait une idée très éloignée de la vérité sur les phénomènes qui se produisent dans le langage.

Il est donc également de ce côté-là légitime à la linguistique qu'elle puisse aujourd'hui se croire en état de rectifier beaucoup d'idées, de porter la lumière là où la généralité des hommes d'étude seraient très facilement enclins à se tromper, à commettre les erreurs les plus graves.

Nous avons laissé de côté la question de la langue et du langage pour parler de l'objet de la linguistique et de son utilité possible.

language in all its manifestations, an object of the broadest possible scope, we can immediately, so to speak, understand what perhaps was not always clear: the utility of linguistics, or its claim to be included among those studies relevant to what is called 'general culture'.

As long as the activity of linguists was limited to comparing one language with another, this general utility cannot have been apparent to most of the general public, and indeed the study was so specialized that there was no real reason to suppose it of possible interest to a wider audience. It is only since linguistics has become more aware of its object of study, i.e. perceives the whole extent of it, that it is evident that this science can make a contribution to a range of studies that will be of interest to almost anyone. It is by no means useless, for instance, to those who have to deal with texts. It is useful to the historian, among others, to be able to see the commonest forms of different phenomena, whether phonetic, morphological or other, and how language lives, carries on and changes over time. More generally, it is evident that language plays such a considerable role in human societies, and is a factor of such importance <both> for the individual human being and human society, that we cannot suppose that the study of such a substantial part of human nature should remain simply and solely the business of a few specialists; everyone, it would seem, is called upon to form as correct an idea as possible of what this particular aspect of human behaviour amounts to in general. All the more so inasmuch as really rational, acceptable ideas about it, the conception that linguistics has eventually reached, by no means coincides with what at first sight seems to be the case. There is no sphere in which more fantastic and absurd ideas have arisen than in the study of languages. Language is an object which gives rise to all kinds of mirage. Most interesting of all, from a psychological point of view, are the errors language produces. Everyone, left to his own devices, forms an idea about what goes on in language which is very far from the truth.

Thus it is equally legitimate in that respect for linguistics today to claim to be able to put many ideas right, to throw light on areas where the general run of scholars would be very liable to go wrong and make very serious mistakes.

I have left on one side the question of languages and language in order to discuss the object of linguistics and its possible utility.

[4 novembre 1910]

Divisions générales du cours:

1°) Les langues 2°) La langue 3°) Faculté et exercice du langage chez les individus.

Sans séparer immédiatement les mots de langue et de langage, où trouvons-nous le phénomène concret <complet>, intégral de la langue ou du langage? C'est-à-dire, où trouvons-nous l'objet devant lequel nous avons à nous placer? Avec tous ses caractères provisoirement contenus en lui et non analysés? C'est une difficulté qui n'existe pas dans telle ou telle autre discipline que ne pas avoir devant soi la matière devant laquelle on doit se placer. Ce serait une erreur de croire que c'est en prenant ce qu'il y a de plus général qu'on aura cet objet intégral, complet. L'opération de généralisation suppose justement l'abstraction, suppose qu'on a déjà pénétré dans l'objet à étudier de manière à en tirer ce qu'on déclare être ses traits généraux. Ce qu'il y a de général dans le langage, ce ne sera pas ce que nous cherchons, c'est-à-dire l'objet immédiatement donné. Mais il ne faut pas se mettre non plus devant quelque chose de partiel.

Ainsi, il est clair que l'appareil vocal a une importance qui peut attirer l'attention plus ou moins exclusive, et quand on aura étudié ce côté phonatoire de la langue, on s'apercevra vite qu'à ce côté répond un côté acoustique. Et cela n'est encore que purement matériel. On n'a pas abordé ce que c'est que le mot, l'union de l'idée avec ce produit phonatoire; mais si l'on prend l'union de l'idée et du signe vocal, il faut se demander si c'est dans l'individu qu'on étudie ou dans une société, dans une masse sociale; on se voit toujours dans quelque chose d'incomplet. Ainsi de suite en avançant, on voit qu'on ne prend la langue que par un bout au hasard, on n'est loin encore d'avoir tout le phénomène devant soi. Il <peut> sembler après avoir abordé l'étude de plusieurs côtés à la fois que la langue ne se présente pas d'une façon homogène, mais comme un assemblage de choses composites (articulation d'un son, idée qui s'y rattache) qu'il faut étudier par ses différentes pièces sans qu'on puisse en étudier l'objet intégral.

Voici la solution que nous pouvons adopter:

Il y a chez chaque individu une faculté que nous pouvons appeler la faculté du langage articulé. Cette faculté nous est donné d'abord par des organes, et puis par le jeu que nous pouvons obtenir d'eux. Mais

[4 November 1910]

Main sections of the course:

1) Languages 2) The language 3) The language faculty and its use by the individual.

Without for the moment distinguishing terminologically between languages and language, where do we find the linguistic phenomenon in its concrete, <complete>, integral form? That is: where do we find the object we have to confront? With all its characteristics as yet contained within it and unanalysed? This is a difficulty which does not arise in many other disciplines - not having your subject matter there in front of you. It would be a mistake to believe that this integral, complete object can be grasped by picking out whatever is most general. The operation of generalization presupposes that we have already investigated the object under scrutiny in such a way as to be able to pronounce upon what its general features are. What is general in language will not be what we are looking for; that is, the object immediately given. But nor must we focus on what is only part of it.

Thus, it is clear that the vocal apparatus has an importance which may monopolize our attention, and when we have studied this articulatory aspect of languages we shall soon realize that there is a corresponding acoustic aspect. But even that does not go beyond purely material considerations. It does not take us as far as the word, the combination of the idea and the articulatory product; but if we take the combination of the idea and the vocal sign, we must ask if this is to be studied in the individual or in a society, a corporate body: we still seem to be left with something which is incomplete. Proceeding thus, we see that in catching hold of the language by one end at random we are far from being able to grasp the whole phenomenon. It <may> seem, after approaching our study from several angles simultaneously, that there is no homogeneous entity which is the language, but only a conglomerate of composite items (articulation of a sound, idea connected to it) which must be studied piecemeal and cannot be studied as an integral object.

The solution we can adopt is this:

In every individual there is a faculty which can be called the faculty of articulated language. This faculty is available to us in the first instance in the form of organs, and then by the operations we can perform with

ce n'est qu'une faculté et il serait matériellement impossible de l'exercer sans une autre chose qui est donnée à l'individu du dehors: la langue; il faut que ce soit l'ensemble de ses semblables qui lui en donne le moyen par ce qu'on appelle la langue; nous voyons ainsi entre parenthèses la démarcation peut-être la plus juste à établir entre langage et langue. La langue est forcément sociale, le langage ne l'est pas [spécialement *(b.)*] forcément. Il pourra être spécialement indiqué en parlant de l'individu. C'est quelque chose d'abstrait et qui suppose pour se manifester l'existence humaine. Cette faculté qui existe chez les individus serait peut-être comparable à d'autres: l'homme a la faculté de chanter, par exemple; peut-être qu'il n'inventerait pas un air si le corps social ne le dirigeait pas. La langue suppose chez tous les individus l'existence des organes. Quand on a séparé la langue de la faculté du langage, on a séparé: 1°) ce qui est social de ce qui est individuel, 2°) ce qui est essentiel de ce qui est plus ou moins accidentel. En effet, on verra plus loin que c'est l'union de l'idée avec un signe vocal qui suffit à constituer toute la langue. L'exécution phonatoire, voilà ce qui rentre dans la faculté individuelle, c'est là ce qui est dévolu à l'individu. Mais c'est comparable à l'exécution d'un chef-d'œuvre musical par un instrument; beaucoup peuvent l'exécuter, mais ce morceau est parfaitement indépendant de ces diverses exécutions.

L'image acoustique liée à une idée, c'est là l'essentiel de la langue. C'est dans l'exécution phonatoire que sont contenus tous les accidents, car la répétition inexacte de ce qui était donné, c'est là l'origine de cet immense ordre de faits, les changements phonétiques, qui sont de nombreux accidents.

3°) En séparant ainsi la langue de la faculté du langage, nous voyons qu'on peut donner à la langue le nom de «produit»; c'est un «produit social», nous l'avons dégagé du jeu de l'appareil vocal qui, lui, est une action permanente. On peut se représenter ce produit d'une façon très juste - et on aura devant soi pour ainsi dire matériellement la langue - en prenant ce qui est virtuellement dans le cerveau d'une somme d'individus <(appartenant à une même communauté)> même à l'état de sommeil; on peut dire que dans chacune de ces têtes se trouve tout le produit que nous appelons la langue. On peut dire que l'objet à étudier, c'est le trésor déposé dans notre cerveau à chacun, ce trésor, sans doute, si on le prend de chaque individu, ne sera nulle part parfaitement complet. Nous pouvons dire que le langage se manifeste toujours au moyen d'une langue; il est inexistant sans cela. La langue à

those organs. But it is only a faculty, and it would be a material impossibility to utilise it in the absence of something else - a language - which is given to the individual from outside: it is necessary that the individual should be provided with this facility - with what we call a language - by the combined effort of his fellows; here we see, incidentally, perhaps the most accurate way of drawing a distinction between language and languages. A language is necessarily social: language is not [especially *(corr.)*] necessarily so. The latter can be defined at the level of the individual. It is an abstract thing and requires the human being for its realization. This faculty which exists in individuals might perhaps be compared to others: man has the faculty of song, for example; perhaps no one would invent a tune unless the community gave a lead. A language presupposes that all the individual users possess the organs. By distinguishing between the language and the faculty of language, we distinguish 1) what is social from what is individual, 2) what is essential from what is more or less accidental. As a matter of fact, we shall see later on that it is the combination of the idea with a vocal sign which suffices to constitute the whole language. Sound production - that is what falls within the domain of the faculty of the individual and is the individual's responsibility. But it is comparable to the performance of a musical masterpiece on an instrument; many are capable of playing the piece of music, but it is entirely independent of these various performances.

The acoustic image linked to an idea - that is what is essential to the language. It is in the phonetic execution that all the accidental things occur; for inaccurate repetition of what was given is at the root of that immense class of facts, phonetic changes, which are a host of accidents.

3) By distinguishing thus between the language and the faculty of language, we see that the language is what we may call a 'product': it is a 'social product'; we have set it apart from the operation of the vocal apparatus, which is a permanent action. You can conjure up a very precise idea of this product - and thus set the language, so to speak, materially in front of you - by focussing on what is potentially in the brains of a set of individuals <(belonging to one and the same community)> even when they are asleep; we can say that in each of these heads is the whole product that we call the language. We can say that the object to be studied is the hoard deposited in the brain of each one of us; doubtless this hoard, in any individual case, will never turn out to be absolutely complete. We can say that language always works through a language; without that, it does not exist. The language, in

son tour échappe absolument à l'individu, elle ne saurait être sa création, elle est sociale de son essence, elle suppose la collectivité. Enfin elle n'a d'essentiel que l'union du son et de l'image acoustique avec l'idée. (L'image acoustique c'est l'impression qui nous reste <impression latente en notre cerveau (D.)>) Il n'est pas besoin de se la <(la langue)> représenter comme nécessairement parlée à tout moment.

Passons aux détails; considérons la langue comme produit social. Parmi les produits sociaux, il est naturel qu'on se demande s'il y a un autre qui puisse être mis en parallèle avec la langue.

Le linguiste américain Whitney qui, vers 1870, a exercé une grande influence par son livre «Les principes et la vie du langage» a étonné en comparant la langue à une institution sociale, en disant qu'elle rentrait d'une façon générale dans la grande classe des institutions sociales. En cela il suivait la voie juste; il est d'accord avec nos idées. «C'est en somme par hasard, disait-il, que les hommes se sont servis du larynx, des lèvres, de la langue pour parler. Ils ont trouvé que c'était plus commode, mais s'ils s'étaient servis de signes visuels, ou avec les mains, la langue resterait parfaitement la même dans son essence. Il n'y aurait rien de changé.» C'était juste car il faisait bon marché de l'exécution. Cela revient à ce que nous disions: le seul changement c'est que les images acoustiques dont nous parlions seraient remplacées par des images visuelles. Whitney voulait extirper l'idée qu'il y eût dans la langue une faculté naturelle; en effet institution sociale s'oppose à institution naturelle.

Toutefois, on ne voit pas d'institution sociale qui se place à côté de la langue et soit comparable à elle. Il y a de très nombreuses différences. La situation toute particulière que la langue occupe entre les institutions est très sûre, mais on ne peut pas y répondre d'un seul mot; ce sont plutôt des différences qui éclateraient à cette comparaison. D'une manière générale, des institutions comme les institutions juridiques, ou par exemple un ensemble de rites, une cérémonie instituée une fois pour toutes, ont beaucoup de caractères qui les rapprochent de la langue, et les transformations qu'elles subissent dans le temps rappellent beaucoup les transformations de la langue. Mais il y a des différences énormes.

1°) Aucune autre institution ne concerne tous les individus à tous les instants; aucune autre n'est livrée à tous de manière que chacun y ait sa part et naturellement son influence.

turn, is quite independent of the individual; it cannot be a creation of the individual; it is essentially social; it presupposes the collectivity. Finally, its only essential feature is the combination of sound and acoustic image with an idea. (The acoustic image is the impression that remains with us <the latent impression in the brain (D.)>). There is no need to conceive it <(the language)> as necessarily spoken all the time.

Let us come down to details; let us consider the language as a social product. Among social products, it is natural to ask whether there is any other which offers a parallel.

The American linguist Whitney who, about 1870, became very influential through his book *The principles and the life of language*, caused astonishment by comparing languages to social institutions, saying that they fell in general into the great class of social institutions. In this, he was on the right track; his ideas are in agreement with mine. 'It is, in the end, fortuitous,' he said, 'that men made use of the larynx, lips and tongue in order to speak. They discovered it was more convenient; but if they had used visual signs, or hand signals, the language would remain in essence exactly the same: nothing would have changed.' This was right, for he attributed no great importance to execution. Which comes down to what I was saying: the only change would be the replacement of the acoustic images I mentioned by visual images. Whitney wanted to eradicate the idea that in the case of a language we are dealing with a natural faculty; in fact, social institutions stand opposed to natural institutions.

Nevertheless, you cannot find any social institution that can be set on a par with a language and is comparable to it. There are very many differences. The very special place that a language occupies among institutions is undeniable, but there is much more to be said; a comparison would tend rather to bring out the differences. In a general way, institutions such as legal institutions, or for instance a set of rituals, or a ceremony established once and for all, have many characteristics which make them like languages, and the changes they undergo over time are very reminiscent of linguistic changes. But there are enormous differences.

1) No other institution involves all the individuals all the time; no other is open to all in such a way that each person participates in it and naturally influences it.

2°) La plupart des institutions sont susceptibles d'être reprises, corrigées à certains moments, réformées par un acte de volonté, alors qu'au contraire dans la langue nous voyons que cette action est impossible, que même les académies ne peuvent au moyen de décrets changer le cours que prend l'institution dite la langue, etc.

Avant d'aller plus loin, il faut interposer une autre idée: c'est celle des faits sémiologiques dans les sociétés. Reprenons la langue considérée comme un produit du travail social: c'est un ensemble de signes fixés par un accord des membres de cette société; ces signes évoquent des idées, mais par les signes ça a quelque chose de commun avec les rites par exemple.

Presque toutes les institutions, pourrait-on dire, ont à la base des signes, mais ils n'évoquent pas directement les choses. Il se passe dans toutes les sociétés ce phénomène que, pour différents buts, des systèmes de signes évoquant directement les idées que l'on veut se trouvent établis; il est évident que la langue est un de ces systèmes et que c'est de tous le plus important, mais il n'est pas l'unique, et par conséquent nous ne pouvons pas laisser de côté les autres. Il faudrait donc faire entrer la langue dans les institutions sémiologiques; celle des signaux maritimes par exemple (signes visuels), les signaux de trompette militaires, le langage par signes des sourds-muets, etc. L'écriture est également un vaste système de signes. Il y aura une psychologie des systèmes de signes; cette psychologie sera une partie de la psychologie sociale, c'est-à-dire ne sera que sociale; il s'agira de la même psychologie qui est applicable à la langue. Les lois de transformations de ces systèmes de signes auront souvent des analogies tout à fait topiques avec les lois de transformations de la langue. C'est une observation facile à faire pour l'écriture, - quoique ce soit des signes visuels - qui subit des altérations comparables à des phénomènes phonétiques.

Après avoir assigné ce caractère à la langue d'être un produit social que la linguistique doit étudier, il faut ajouter que le langage de l'ensemble de l'humanité se manifeste par une diversité de langues infinie: la langue est le produit d'une société, mais les différentes sociétés n'ont pas la même langue. D'où vient cette diversité? Tantôt c'est une diversité relative, tantôt c'est une diversité absolue, mais enfin nous avons trouvé l'objet concret dans ce produit que l'on peut supposer déposé dans le cerveau de chacun. Mais ce produit, suivant qu'on se place à tel endroit du globe, est différent; la <chose> donnée, ce n'est pas seulement la langue mais les langues. Et le linguiste est

2) Most institutions can be improved, corrected at certain times, reformed by an act of will, whereas on the contrary we see that such an initiative is impossible where languages are concerned, that even academies cannot change by decree the course taken by the institution we call the language, etc.

Before proceeding further, another idea must be introduced: that of semiological facts in societies. Let us go back to the language considered as a product of society at work: it is a set of signs fixed by agreement between the members of that society; these signs evoke ideas, but in that respect it's rather like rituals, for instance.

Nearly all institutions, it might be said, are based on signs, but these signs do not directly evoke things. In all societies we find this phenomenon: that for various purposes systems of signs are established that directly evoke the ideas one wishes; it is obvious that a language is one such system, and that it is the most important of them all; but it is not the only one, and consequently we cannot leave the others out of account. A language must thus be classed among semiological institutions; for example, ships' signals (visual signs), army bugle calls, the sign language of the deaf-and-dumb, etc. Writing is likewise a vast system of signs. Any psychology of sign systems will be part of social psychology - that is to say, will be exclusively social; it will involve the same psychology as is applicable in the case of languages. The laws governing changes in these systems of signs will often be significantly similar to laws of linguistic change. This can easily be seen in the case of writing - although the signs are visual signs - which undergoes alterations comparable to phonetic phenomena.

Having identified the language as a social product to be studied in linguistics, one must add that language in humanity as a whole is manifested in an infinite diversity of languages: a language is the product of a society, but different societies do not have the same language. Where does this diversity come from? Sometimes it is a relative diversity, sometimes an absolute diversity, but we have finally located the concrete object in this product that can be supposed to be lodged in the brain of each of us. But this product varies, depending on where you are in the world; what is given is not only the language but languages. And the linguist has no other choice than to study

dans l'impossibilité d'étudier autre chose au début que la diversité des langues. Il doit étudier d'abord les langues, le plus possible de langues, il doit étendre son horizon autant qu'il peut. C'est ainsi que nous procéderons. Par l'étude, l'observation de ces langues, il pourra tirer des traits généraux, il retiendra tout ce qui lui paraît essentiel et universel, pour laisser de côté le particulier et l'accidentel. Il aura devant lui un ensemble d'abstractions qui sera la langue. C'est ce qu'on peut résumer dans cette seconde division: la langue. Dans «la langue», nous résumons ce que nous pouvons observer dans les différentes langues.

3°) Il reste cependant à s'occuper de l'individu parce qu'il est clair que c'est bien le concours de tous les individus qui crée les phénomènes généraux. Il nous faut par conséquent jeter un coup d'œil sur le jeu du langage chez l'individu. Cette exécution du produit social par l'individu ne rentre pas dans l'objet que nous avons défini. Ce troisième chapitre fait pour ainsi dire voir les dessous, le mécanisme individuel, qui ne peut pas manquer de se répercuter à la fin d'une façon ou d'une autre sur le produit général, mais qu'il ne faut pas mêler, dans l'étude, avec le produit général, qui est à part du produit lui-même.

[8 novembre 1910]

Première partie: Les langues

Ce titre s'oppose à celui du second chapitre: la langue. Il n'y a pas d'avantage à préciser plus et le sens contenu dans ces deux titres opposés s'offre suffisamment de lui-même. Ainsi, quoi qu'il ne faille pas abuser des comparaisons avec les sciences naturelles, il y aurait un sens qui, de même, serait clair d'emblée à opposer dans une étude d'histoire naturelle: «la plante» et «les plantes» (cf. aussi «les insectes» opposé à «l'insecte»).

Ces divisions correspondraient assez bien par le contenu même à ce que nous aurons en linguistique en séparant «la langue» et «les langues»; il y a des carrières entières de botanistes ou de naturalistes qui se déroulent dans l'une ou l'autre de ces directions. Il y a des botanistes qui classent des plantes sans s'occuper de la circulation de la sève, etc., c'est-à-dire sans s'occuper de «la plante».

Ce qui concerne la langue (et également dans une certaine mesure les langues) nous conduira à considérer les langues par le côté externe,

initially the diversity of languages. He must first study languages, as many languages as possible, and widen his horizons as far as he can. So this is how we shall proceed. From the study and observation of these languages, the linguist will be able to abstract general features, retaining everything that seems essential and universal, and setting aside what is particular and accidental. He will thus end up with a set of abstractions, which will be the language. That is what is summarized in the second section: the language. Under 'the language' I shall summarize what can be observed in the different languages.

3) However, there is still the individual to be examined, since it is clear that what creates general phenomena is the collaboration of all the individuals involved. Consequently we have to take a look at how language operates in the individual. This individual implementation of the social product is not a part of the object I have defined. This third chapter reveals, so to speak, what lies underneath - the individual mechanism, which cannot ultimately fail to have repercussions in one way or another on the general product, but which must not be confused, for purposes of study, with that general product, from which it is quite separate.

[8 November 1910]

Part One: Languages

This heading contrasts with that of my second chapter: the language. There is no point in giving a more detailed specification and the meaning of these two contrasting headings is sufficiently self-evident. Just as, although comparisons with the natural sciences must not be abused, it would likewise be immediately evident what was meant in a work on natural history by contrasting 'the plant' with 'plants' (cf. also 'insects' versus 'the insect').

These divisions would correspond reasonably well even in content to what we shall get in linguistics if we distinguish between 'the language' and 'languages'. Some botanists and naturalists devote their entire careers to one approach or the other. There are botanists who classify plants without concerning themselves with the circulation of the sap, etc., that is to say, without concerning themselves with 'the plant'.

Considerations relevant to the language (and equally to some extent to language<u>s</u> as well) will lead us to consider languages from an external

sans en faire l'analyse interne; mais ce n'est pas absolu, car dans «les langues» rentre <parfaitement> l'étude détaillée de l'histoire d'une langue ou d'un groupe de langues et cela suppose son analyse interne. Dans une certaine mesure aussi, on pourrait dire que la seconde partie «la langue» pourrait se développer dans le titre «la vie de la langue», que cette seconde partie contiendrait des choses ayant une valeur pour caractériser la langue et que ces choses font toutes partie d'une vie, d'une biologie. Mais il y en a d'autres qui n'y rentreraient pas, entre autres toute la face logique de la langue dépend de données immuables que le temps ou les limites géographiques n'atteignent pas. Les langues, c'est l'objet concret qui s'offre sur la surface du globe au linguiste; la langue, c'est le titre qu'on peut donner à ce que le linguiste aura su tirer <de général> de l'ensemble de ses observations à travers le temps et à travers l'espace.

<u>1er chapitre</u>: <u>Diversité géographique de la langue</u>. <u>Différentes espèces et degrés dans cette diversité</u>.

Il y a différentes espèces et différents degrés dans cette diversité. La pluralité des formes de langue sur le globe, la diversité de ce qui se parle quand nous passons d'un pays à un autre, ou simplement d'un district à un autre, c'est la constatation primordiale au milieu des faits de langage, c'est celle qu'il est à portée de tout le monde de faire immédiatement. Nous laissons de côté les hypothèses sur les causes possibles du phénomène. Cette diversité géographique est le premier fait qui s'impose soit au linguiste, soit en général à quiconque. Tandis que la variation de la langue dans le temps échappe à l'observateur, il n'en est pas de même de la variété dans l'espace, celle-ci s'impose. L'observateur est toujours placé dans une génération déterminée et il ne sait rien au début de ce qu'a pu être la langue pour les générations précédentes. Il n'a pas l'occasion de s'apercevoir de la variation dans le temps; au contraire, le fait de la diversité géographique dans l'espace s'offre d'emblée et sans autre. Même les tribus sauvages ont cette notion, parce qu'il leur arrive forcément d'être en contact avec d'autres tribus n'ayant pas le même parler, et c'est par là qu'on peut dire que tout peuple prend le mieux conscience de la langue, même placé assez bas dans l'échelle de la civilisation. C'est le contact avec les alloglosses qui lui ouvre l'esprit sur le fait de la langue lui-même. Le vieux mythe de la tour de Babel montre que le problème s'est posé de tout temps: d'ou vient que nous ne parlons pas tous de la même façon? Remarquons que les peuplades primitives sont enclines à concevoir le fait de cette diversité, et leur conception n'est pas sans intérêt: d'une

point of view, without making any internal analysis; but the distinction is not hard and fast, for the detailed study of the history of a language or of a group of languages is <perfectly well> accommodated under the heading 'languages', and that presupposes internal analysis. To some extent one could also say that in my second part 'the language' could be expanded to read 'the life of the language', that this second part would contain things of importance for the characterization of the language, and that these things are all part of a life, a biology. But there are other things that would not be included: among others, the whole logical side of the language, involving invariables unaffected by time or geographical boundaries. Languages constitute the concrete object that the linguist encounters on the earth's surface; 'the language' is the heading one can provide for whatever <generalizations> the linguist may be able to extract from all his observations across time and space.

Chapter One: Languages and geographical diversity. Different kinds and degrees in this diversity.

There are different kinds and degrees in this diversity. The plurality of forms languages may take throughout the world, the diversity of what is spoken when we move from one country to another, or merely from one district to another, is the fundamental finding that emerges from the facts of language, and it is this which everyone grasps immediately. I shall not bother with hypotheses about the possible causes of the phenomenon. This geographical diversity is the first fact which strikes the linguist, or anyone else. Whereas linguistic variation in time escapes observation, this is not true of variation in space: it commands attention. The observer is always situated within a given generation and initially knows nothing about what the language may have been in preceding generations. He has no opportunity of noticing variation across time; by contrast, the fact of geographical diversity in space is immediately apparent and undeniable. Even primitive tribes have this concept, because they come unavoidably into contact with other tribes who speak differently, and it is in this way, one may say, that the language is most effectively brought to the notice of any people, even on the lower rungs of civilization's ladder. It is contact with foreign speakers which alerts people's minds to the existence of languages as such. The old myth of the tower of Babel shows that the problem has always been recognized: how does it come about that we do not all speak the same? Let us note that primitive peoples are disposed to recognize this diversity as a fact, and their conception of it is not without interest: for one thing, it is what

part, c'est ce qui distingue au plus haut point des autres, <des> voisins. Ce caractère de la langue, auquel ils sont forcés de faire attention, devient un de ceux par lesquels ils se sentent opposés à une population voisine. Et de quelle façon se représentent-ils la chose? Comme étant une habitude différente qu'ils assimileront à l'habitude différente de l'habillement, de la coiffure, de l'armement: c'est tout à fait juste. Ça concorde avec ce qui a été dit précédemment. Ils sont dans le vrai <(en rapprochant d'habillement, mœurs, etc.)>, pourvu qu'ils n'aillent pas jusqu'à <assimiler cela à> la couleur de la peau, à la différence de stature, <(jusqu'à comparer avec couleur de la peau, constitution de race, etc.)>; ça c'est de l'anthropologie.

De là vient notre terme «idiome». C'est la langue considérée dans ses caractères spéciaux, dans les caractères qui sont propres à un peuple. Le mot grec *ἰδίωμα* a les deux sens: l'habitude d'une nation, qu'elle soit relative spécialement au parler ou bien à une habitude quelconque.

Régulièrement chaque peuple donne la supériorité à son parler à lui, et même pour les peuples primitifs, celui qui parle autrement est ordinairement considéré comme bègue. *βάρβαρος* est très probablement le même mot que le latin *balbus*. De même chez les Hindous on dit «mlêchâs» les bègues, les gens qui ne savent pas parler. Ici nous trouvons un trait général partagé par les nations civilisées: c'est que partout on nourrit sur chaque phénomène de langue des idées fausses; le fait de parler autrement considéré comme une incapacité de parler, voilà une <de ces idées fausses>.

Pour la linguistique, c'est bien le fait primordial que la diversité des langues. Il n'y a eu de linguistique que lorsque l'attention s'est portée sur cette diversité qui a donné lieu de plus en plus à la comparaison et de progrès en progrès à l'idèe générale d'une linguistique. Il est vrai que les Grecs avaient abordé la langue par un autre bout; à aucun moment, ils n'avaient accordé une attention suivie au fait de cette diversité de langue, de sorte que lorsqu'ils se mirent au travail, pour des raisons pratiques à l'origine, ils se sont mis à la grammaire. Sur un seul point en effet les Grecs avaient déjà donné de l'attention à la variété linguistique: ils ont reconnu les différents dialectes qu'ils parlaient eux-mêmes, mais ils ne s'en sont occupés qu'autant qu'ils intéressaient leur littérature.

Il faut placer ici deux observations incidentes.

1) D'abord, pour ce qui concerne ce que nous venons de dire, c'est une

distinguishes them most sharply from others, from their neighbours. This feature of their language, which they cannot help but notice, becomes one of the features they recognize as differentiating them from a neighbouring people. And how do they conceive of this? As a different custom, comparable to different customs in clothing, hair styles, weaponry: and that is quite right. That tallies with my previous remarks. They are right <(in this comparison with clothing, customs, etc.)>, provided they do not go as far as treating it like colour of the skin, difference in stature <(comparing it to skin colour, racial constitution, etc.)>. That's anthropology.

Hence our term 'idiom'. This is the language considered as having special characteristics, characteristics which are peculiar to a given people. The Greek word *ἰδίωμα* has both senses: a national custom, relating either specifically to speech or to any practice whatsoever.

Every people regularly treats its own speech as superior, and even among primitive peoples anyone who speaks differently is ordinarily considered as having a speech defect. *βάρβαρος* is probably the same word as Latin *balbus*. Similarly, the Hindu term is *mlêchâs*, stammerers, stutterers, people who cannot speak properly. Here we find a general feature which civilized nations also share. Erroneous ideas about all kinds of linguistic phenomena are universal: the fact of speaking differently is construed as an inability to speak - this is one <such error>.

As far as linguistics is concerned, the diversity of languages is indeed the fundamental fact. There was no linguistics until attention focussed on this diversity, which gradually led to comparison and step by step towards the general idea of linguistics. It is true that the Greeks had approached the language from a different perspective and never examined linguistic diversity in any detail, with the result that when they set to work, originally for practical reasons, they engaged in grammar. On just one point the Greeks had indeed already paid attention to linguistic variation: they recognized the different dialects which they themselves spoke, but their concern with this was restricted to its relevance for their literature.

Two incidental observations must be interpolated here.

1) First, in connexion with what has just been said, the opportunity

occasion de remarquer entre mille la multiplicité infinie des faces sous lesquelles la langue se présente. En effet, il n'y a pas de rapport immédiat entre cet aspect que nous déclarons le premier, la diversité des langues et cette autre chose: la grammaire des Grecs. A première vue, on se demanderait si les deux choses relèvent de la même science, car la langue est attaquée de deux bouts différents. Il a fallu bien des circuits pour les joindre.

2) Autre observation. Si la langue se donne tout de suite comme une chose géographiquement diverse, ne doit-on pas la considérer comme ethniquement diverse? Cette question est très complexe. L'idée de race a cette différence constatée dans le parler. Sans doute on pourrait aller au-delà de la diversité géographique, mais les rapports entre la langue et l'ethnisme sont beaucoup plus complexes. Dès qu'il est question de la langue comme caractère de race, nous faisons intervenir le principe de variation dans le temps ou de relative résistance à la variation dans le temps; ce n'est que par la persistance de la langue qu'elle peut être plus ou moins un caractère de race.

Déjà à cause de cela on mêlerait des considérations qui ne sont pas immédiatement offertes. Après le fait tout à fait fondamental de la diversité linguistique, le second fait qui frappe, c'est celui de la ressemblance, de l'analogie plus ou moins forte entre deux idiomes, constatation qui est beaucoup plus simple qu'on se figurerait en voyant tout le temps qu'il a fallu pour que quelqu'un s'occupât de grammaire comparée. Il est curieux de voir que les paysans les plus frustes font beaucoup d'observations à cet égard dans les pays où le patois s'est conservé, observations sur la différence de leur patois avec celui des villages voisins.* C'est un fait qui frappe même les foules; il est vrai que ces observations sont quelquefois très fausses. Il n'y a pas besoin d'être savant pour reconnaître l'analogie entre le français et l'italien d'une part, le français et l'allemand d'autre part.
(*Les Grecs eux-mêmes virent bien que beaucoup de leurs mots ressemblaient à ceux du latin, mais ils ne scrutèrent pas scientifiquement cette observation.)

La ressemblance, si elle est trouvée sérieuse, mène à la notion de parenté, permet de l'affirmer. Parenté suppose généalogie, filiation et par là retour dans le passé vers une source; une idée d'origine et d'origine commune se mêle alors immédiatement à celle de <la> ressemblance une fois qu'elle a été contrôlée. C'est pourquoi il est impossible de démêler de suite la parenté dans tous ses détails; puisqu'il faut recourir à un principe antérieur, nous avons forcément

must not be lost to point out the infinite multiplicity of facets which languages present. In fact, there is no immediate connexion between the aspect I claim to be primary, the diversity of languages, and this other thing, the grammar of the Greeks. At first sight you might wonder whether the two things belong to the same science, for they tackle a language in two different ways. Linking them up required many circuitous efforts.

2) Another observation. If languages present themselves in the first instance as being geographically diverse, should they not also be considered ethnically diverse? This is a very complex question. The concept of race corresponds to differences in speech. Doubtless one could go beyond geographical diversity, but relations between languages and ethnicity are much more complex. As soon as the question of a language as a racial characteristic is raised, it involves the principle of variation over time or relative resistance to variation over time; for only the continuity of the language allows it to be seen more or less as a racial characteristic.

Already, consequently, considerations not immediately obvious have to be brought into the picture. After the absolutely fundamental fact of linguistic diversity, the second striking fact is that of similarity, of correspondence to a greater or smaller degree between two tongues - something far easier to recognize than one would imagine from the length of time it took for anyone to become interested in comparative grammar. It is interesting to observe that the least sophisticated of country folk pass many comments on this subject in places where patois survives, comments on the difference between their patois and that of neighbouring villages.* It is a fact that strikes even the masses; although it is true that these comments are sometimes quite erroneous. It does not take a scholar to recognize the similarity between French and Italian on the one hand, and French and German on the other.
(* The Greeks themselves saw that many of their words resembled Latin words, but did not subject this observation to scientific scrutiny.)

Similarity, if found to be substantial, leads to the concept of - and allows claims to be made about - relationship. Relationship presupposes genealogy, affiliation, thus going back to a source in the past; a notion of origin and common origin is immediately associated with that of <the> similarity, once it has been established. That is why it is impossible to elucidate the relationship straight away in all its details; since we must appeal to a prior principle, it necessarily

une étude devant nous et nous voulons seulement dire que le fait, que le principe de la parenté est posé.

Les différents groupes parents pourront être appelés des familles de langues. A leur tour, ces familles pourront être comparées entre elles, mais on arrivera à une limite qui apparaît comme infranchissable; après avoir fait des groupes plus ou moins considérables, nous atteindrons une limite au-delà de laquelle aucune analogie, aucune parenté n'est plus statuable.

Nous avons donc deux cadres: 1) diversité dans la parenté, 2°) diversité hors de toute parenté reconnaissable.

Quelle est la situation de la linguistique devant ces deux genres de diversité? En ce qui concerne la diversité absolue sans parenté reconnaissable, le point qu'il faut accentuer est que la linguistique se trouve devant un nombre énorme de familles de ce genre, c'est-à-dire de familles irréductibles les unes aux autres.

1°) Y a-t-il à espérer que l'on finira par franchir ces limites absolues? Y a-t-il à compter qu'elles doivent plus tard cesser d'être absolues c'est-à-dire que des familles qui ne semblaient offrir aucune provenance commune nous apparaissent comme en ayant une? Quoique les essais faits dans ce sens soient fort nombreux, il y en a auxquels on n'a jamais renoncé; encore récemment des tentatives ont été faites pour jeter un pont entre la famille sémitique et la famille indo-européenne. Un linguiste italien Trombetti a essayé de montrer dans un ouvrage récent que toutes les langues du globe ont une parenté finale les unes avec les autres.

Mais dans tout essai de ce genre, et sans rien préjuger, il faut avant tout se souvenir du fossé très grand entre ce qui peut être vrai et ce qui est démontrable. En jetant les yeux sur la façon dont s'opèrent les changements des langues, on voit que, <même si> la parenté de toutes les langues du globe serait un fait vrai, il serait mathématiquement impossible de le démontrer, tant les changements survenus sont grands. Il n'y a pas à espérer qu'on puisse franchir ces limites absolues.

2°) Une fois deux familles de langues irréductiblement séparées ainsi, tout travail de rapprochement, de comparaison est-il supprimé pour le linguiste? Non: toute comparaison pour établir des liens historiques est en effet supprimée, mais il reste un intéressant terrain de comparaison entre langues n'ayant aucune parenté visible, aucune origine

involves research and I will do no more than raise the question posed by the fact or principle of relationship.

The various related groups may be called language families. In turn, these families may be compared with one another, but a limit will be reached beyond which it seems you cannot go; after establishing more or less extensive groupings, we shall come to a limit beyond which no similarity, no relationship can be established.

So we have two categories: 1) diversity within relationship, 2) diversity beyond all recognizable relationship.

What is the position of linguistics with regard to these two types of diversity? As regards absolute diversity with no recognizable relationship, the point to be stressed is that linguistics is faced with an enormous number of families of this type, i.e. families which cannot be amalgamated.

1) Is it to be hoped that in the end these absolute limits will yield? Can we expect that they will eventually cease to be absolute, that is to say that families which looked as if they had no common source may appear to us as having one? Although very many efforts have been made in this direction, some have never been abandoned: quite recently attempts have been made to bridge the gap between the Semitic and the Indo-European families. An Italian linguist, Trombetti, has tried to show in a recent publication that all the languages in the world are ultimately related.

But in every attempt of this kind, without prejudging the issue, it is above all necessary to bear in mind the great gulf between what may be true and what is demonstrable. When you look at the way linguistic changes operate, you see that, even if it were true that all the languages in the world were related, it would be mathematically impossible to demonstrate that fact, because of the extent of the changes that have occurred. It is not plausible to envisage going beyond these absolute limits.

2) Given two irreducibly separate language families, must the linguist renounce any attempt at comparison or correlation? No: any comparison with a view to establishing historical connexions is indeed ruled out, but there remains an interesting field of comparison between languages having no visible relationship, no common origin:

commune: c'est le travail de comparaison de l'organisme grammatical <comparaison des différents contrats possibles entre pensée et langue>. Il est possible que des langues nullement parentes réalisent un mécanisme grammatical tout à fait semblable.

Toute différente est l'étude au sein des groupes reconnus comme liés par une parenté et entre les groupes non parents au sein des familles reconnues, et quand même on ne dépasserait point cet objet, le champ est immense. Dans chacun de ces groupes se présentera alors le fait qui est impossible, bien entendu, d'un groupe à l'autre: le fait du degré de diversité. Outre l'analogie qui est facile à constater, il y aura toute une échelle dans la diversité. Le grec et le latin peuvent passer pour être plus voisins l'un de l'autre qu'ils ne le sont réciproquement du sanscrit par exemple. Et ainsi de suite, en descendant jusqu'à ce qu'on appelle *les dialectes*. Mais en prononçant ce mot, nous ajoutons tout de suite qu'il ne faut attacher aucune idée absolue au terme de «dialecte» par rapport à celui de «langue». Il n'y a aucun point précis où intervienne le nom de «dialecte» au lieu du nom de «langue». Nous verrons comment ce qui est d'abord dialecte arrive à une différence suffisante pour qu'on puisse l'appeler «langue». A aucun moment, il n'y a à établir dans l'échelle des crans absolus qui demanderont le nom de «dialecte» plutôt que celui d'«idiome».

Différents faits compliquent souvent les formes où se présente cette diversité géographique. Ce chapitre est intercalaire, il tient du précédent et du suivant. Nous pourrons l'intituler:

Chapitre II. «De différents faits qui peuvent entrecroiser le fait de la diversité géographique»

[11 novembre 1910]

Nous avons supposé à cette diversité sa forme la plus simple parce qu'en effet les complications ne sont pas essentielles pour le fait général. En effet, nous avons parlé d'une diversité linguistique par région, comme si le fait correspondait à une diversité de territoire seulement. Il est vrai qu'il n'y a rien de positivement à reprendre dans une telle donnée, car d'une manière ou d'une autre, c'est bien toujours à une différence de lieu que remonte une différence de langue. Mais la langue se transporte avec les hommes et l'humanité est très mouvante. Ainsi ce fait de la coexistence de langues diverses sur un même territoire n'est nullement exceptionnel. L'unité de langue que nous avions supposée comme réciproque dès qu'il s'agit d'une certaine

this is the comparative study of the grammatical organism <comparison of the different possible contracts between thought and the language>. It is possible that languages in no way related may employ quite similar grammatical mechanisms.

The study of groups recognized as connected by relationship is quite different from that of groups not related within recognized families; and even without going further than this the field is immense. In each of these groups a fact will emerge which cannot, of course, hold as between one group and the other: the fact that there are degrees of diversity. Apart from similarity, which is easily recognized, there will be a whole scale of diversity. Greek and Latin would seem to be closer to each other than either is to Sanskrit, for instance. And so on, going down as far as what are called *dialects*. But, having uttered this word, I must immediately add that one must not attach any hard and fast notion to the term 'dialect' as distinct from 'language'. There is no exact point at which the term 'dialect' takes over from 'language'. We shall see how what is at first a dialect acquires sufficient difference to be called a 'language'. The progression never admits the establishment of fixed divisions requiring the term 'dialect' rather than 'idiom'.

Various facts often add complications to the form taken by this geographical diversity. This chapter links the previous one to the following, which might have as its title:

Chapter II. 'On various facts which may complicate geographical diversity'

[11 November 1910]

I have envisaged this diversity in its simplest form because as a matter of fact complications have no essential bearing on the general case. I have indeed been speaking of regional linguistic diversity as if it were solely a question of territorial diversity. It is true that there is nothing in that which stands in need of correction, because in one way or another language difference always involves a difference of place. But languages move around with men and humanity moves around a great deal. Therefore the situation in which there are different languages occupying the same territory is by no means exceptional. The linguistic unity I had assumed as extending over any given area is

étendue, cette unité se trouve très souvent démentie dans le fait. C'est à cette réalité qu'il faut au moins donner une mention, quand même il sera permis d'en faire abstraction dans le chapitre ultérieur comme dans le précédent.

On ne parle pas du mélange des idiomes, car il s'agit là d'un phénomène linguistique qui atteint intérieurement la forme de langue. On n'entend pas non plus, bien entendu, le cas où deux idiomes se trouvent coexister dans les limites politiques d'un pays, tout en étant séparés territorialement; c'est le cas de la Suisse. On ne parle que du cas où les idiomes sont à la fois distincts et superposés territorialement l'un à l'autre, vivant l'un en face de l'autre. Ce cas, en apparence anormal, constitue un fait courant à travers l'histoire. C'est de deux ou trois manières assez diverses que nous assistons à l'importation sur le même territoire de deux ou plusieurs idiomes concurrents et souvent l'histoire ne permet pas même de dire de quelle manière se sont créés ces liens de coexistence. Le plus souvent, il s'agit de la langue des colonisateurs ou des dominateurs étrangers d'un pays qui se superpose à la langue des habitants autochtones.

Ainsi au Transvaal, on parle des dialectes nègres, le hollandais, l'anglais, - ces deux derniers par colonisation. On parle l'espagnol au Mexique, etc.

Ce n'est pas seulement le cas de notre époque; déjà dans l'antiquité cela se produisait et il s'est produit dans toutes les époques.

Sur la carte présente de l'Europe nous voyons que l'Irlande est un pays où il se parle celtique et anglais, avec beaucoup d'habitants qui parlent les deux langues.

En Bretagne <(française)>, on parle le français et le breton.

Dans la région basque: le basque, l'espagnol, le français.

En Finlande: le suédois, et finnois, puis le russe.

En Courlande et Livonie: le russe, l'allemand et le letton (les colons allemands arrivés au moyen âge sous les auspices de la ligue hanséatique).

En Lithuanie: le lithuanien, le polonais et la russe.

Dans la province prussienne de Posnanie, on parle polonais et allemand.

often not borne out by the facts. This reality at least deserves a mention, although it will be legitimate to ignore it in the following chapter, as in the previous one.

What is under discussion here is not language blending, for that is a linguistic phenomenon which affects the internal form of the language. Nor of course is it the situation where two tongues coexist within the political boundaries of a country, but are territorially separate, as in the case of Switzerland. I am considering only the cases where the tongues are distinct but at the same time share the same territory, living side by side. This state of affairs, seemingly abnormal, is common throughout history. We find that, in two or three quite different ways, two or more competing tongues are introduced into the same area, and often it is even impossible to say historically how these bonds of coexistence became established. In most instances, it is a case of the language of colonists or foreign conquerors superimposed on the language of the indigenous inhabitants.

Thus in the Transvaal, negro dialects are spoken, Dutch, English - the latter two through colonization. Spanish is spoken in Mexico, etc.

This is not only a modern phenomenon; it had occurred already in antiquity and has done at all periods.

On the present-day map of Europe we see that Ireland is a country where Celtic and English are spoken, with many inhabitants speaking both languages.

In <(French)> Brittany, French and Breton are spoken.

In the Basque country: Basque, Spanish, French.

In Finland: Swedish and Finnish - also Russian.

In Courland and Livonia: Russian, German and Lettish (German colonists came in the Middle Ages under the auspices of the Hanseatic League).

In Lithuania: Lithuanian, Polish and Russian.

In the Prussian province of Poznan, Polish and German are spoken.

En Bohême: coexistence entre le tchèque et l'allemand.

En Hongrie, la coexistence des langues est telle que seuls les habitants peuvent dire quelle langue on parle dans tel ou tel village (en Transylvanie): magyar, roumain, croate, allemand.

En Macédoine, coexistent toutes les langues possibles: turc, bulgare, serbe, roumain, grec, albanais.

Souvent la coexistence des langues reste plus ou moins localisée, répartie sur territoire, par exemple entre ville et campagne. Mais la localisation <n'est> pas toujours nette.

Quelquefois concurrence pas amenée par peuple plus fort; ainsi on voit des populations nomades élire domicile dans un pays. Ainsi les Tziganes sont fixés particulièrement en Hongrie et forment villages compacts. Or c'est <probablement> une population de l'Inde, venue on ne sait quand. C'est un cas en dehors de conquête et colonisation.

Aussi dans le sud de la Russie et dans la Dobroudja, il y a au milieu d'un pays roumain des villages tatars éparpillés.

La carte linguistique de l'Empire romain, si nous l'avions, nous offrirait des exemples semblables de langues coexistant[es] et même nous y trouverions des choses plus étonnantes encore.

Par exemple, un cas simple: que se parlait-il à Naples, et dans la région avoisinante, vers la fin de la république[?] Il s'y parlait sûrement: 1°) l'osque (cf. inscriptions de Pompéi qui sont en partie osques), 2°) le grec (langue de la colonie eubéenne de Naples), 3°) le latin, 4°) l'étrusque (par conquête) avait régné dans la même région avant l'arrivée des Romains.

A Carthage, on parlait le latin depuis une certaine époque, la langue punique (phénicienne) survivait, - si bien qu'en 700 les Arabes reconnurent là un parler parent du leur. Et le numide était certainement répandu dans la région.

Dans l'antiquité les régions avoisinant la Méditerranée où ne se parlait qu'une seule langue étaient peu nombreuses.

<u>Les langues littéraires</u>. La langue de beaucoup de pays est double dans un autre sens et en vertu d'un autre genre de phénomènes. C'est la

In Bohemia: coexistence of Czech and German.

In Hungary, the coexistence of languages is such that only the inhabitants can say which language is spoken in any particular village (in Transylvania): Magyar, Romanian, Croat, German.

In Macedonia, all possible languages coexist: Turkish, Bulgarian, Serbian, Romanian, Greek, Albanian.

Often the coexistence of languages remains more or less localized, being territorially divided, for instance, between town and country. But the localization <is> not always clear-cut.

Sometimes rival language not brought by conquerors: you find nomadic populations choosing to settle in a country. Thus the Gypsies have settled particularly in Hungary and form compact villages. But they are <probably> a people come from India, no one knows when. This is not a case of conquest or colonization.

Also in the south of Russia and in Dobruja in the midst of Romanian territory there is a scattering of Tartar villages.

The linguistic map of the Roman Empire, if we had it, would show us similar examples of coexisting languages, and we should find even more astonishing things.

For example, a simple case: what was spoken in Naples and the adjacent region towards the end of the Republic [?] Certainly 1) Oscan (cf. inscriptions of Pompeii which are partly Oscan), 2) Greek (language of the Euboean colony of Naples), 3) Latin, 4) Etruscan (by conquest) had predominated in the same region before the arrival of the Romans.

At Carthage, Latin was spoken from a certain period on, the Punic language (Phœnician) survived - with the result that in 700 the Arabs recognized there a form of speech related to theirs. And Numidian was certainly widely spoken in the region.

In antiquity, the areas around the Mediterranean where only one language was spoken were few.

<u>Literary languages</u>. The language of many countries is dual in another sense, because of a quite different type of phenomenon. This

superposition d'une langue littéraire à la langue naturelle de même source, toutes deux vivant l'une vis-à-vis de l'autre. Ce phénomène est lié à un certain état de civilisation, mais il se répète presque infailliblement si les circonstances politiques s'y prêtent.

Une langue littéraire pourra mériter tantôt ce nom, tantôt un autre (langue officielle, langue cultivée, langue commune, κοινή des Grecs.) Il s'agit finalement du même fait: besoin d'avoir un instrument, dont la nation entière puisse se servir.

Dans une langue naturelle, il n'y a que des dialectes; une langue laissée à elle-même est vouée au fractionnement indéfini. Mais beaucoup de besoins conduisent alors à choisir un certain dialecte existant dans cette pluralité, qui sera le véhicule de tout ce qui intéresse la nation dans son ensemble, - dialecte que désigne telle ou telle circonstance. Ce sera le dialecte de la province la plus avancée en civilisation, celle qui a le pouvoir, celle qui est le siège d'une autorité, d'un gouvernement, ou d'une cour princière.

Ce dialecte devenu langue littéraire reste rarement pur, devient composite, avec apports d'autres provinces. Mais en général, il est possible de reconnaître son lieu d'origine. C'est ainsi que le français représente le dialecte de l'Ile-de-France.

Comme les autres dialectes persistent, il s'ensuit que le pays devient tout naturellement bilingue et beaucoup d'individus sont bilingues; ils parlent leur idiome local (patois) et le dialecte choisi comme langue générale. C'est le cas en France (Savoie, <etc.>). Le français est une langue importée à Marseille, Genève et Besançon.

Il en est de même en Allemagne, où se conservent mieux les dialectes locaux, tandis qu'en France, ils tendent à disparaître. Aussi en Angleterre, où se conservent les dialectes locaux. En Italie aussi, à Naples on ne comprend une pièce donnée en dialecte milanais.

Le fait s'est passé pour le grec qui peu à peu a développé un dialecte reposant sur l'ionien: la κοινή. Les inscriptions grecques nous révèlent une foule de parlers locaux, pas analogues à la κοινή. On croit pouvoir distinguer aussi une langue officielle babylonienne.

Ce fait est inséparable d'un certain degré de développement.

Mais la langue générale suppose-t-elle forcément l'écriture?

is where a literary language has been superimposed upon a natural language of the same stock, both living side by side. This phenomenon is connected with a certain stage in civilization, but recurs almost invariably if political conditions are conducive to it.

A literary language may sometimes deserve this designation, sometimes another (official language, educated language, common language, Greek κοινή). In the end it comes down to the same thing: need for an instrument the whole nation can use.

In a natural language there are only dialects; a language left alone is doomed to endless fragmentation. But many needs then lead to the selection of one among this plurality of dialects as the vehicle for everything relating to the nation as a whole, a dialect determined by the circumstances of the case. It may be the dialect of the most civilized province, or the most powerful, or the seat of some authority, a government, or the court of a prince.

This dialect, having become a literary language, rarely retains its purity, becomes composite, taking contributions from other provinces. But in general it is possible to recognize its place of origin. Thus French represents the dialect of the Ile-de-France.

As the other dialects survive, it follows that the country becomes quite naturally bilingual, and many individuals are bilingual; they speak their local idiom (patois) and the dialect chosen as the general language. This is the case in France (Savoy <etc.>). French is an imported language in Marseille, Geneva and Besançon.

The same is the case in Germany, where local dialects survive better, whereas in France they tend to disappear. Also in England, where local dialects survive. In Italy too; in Naples, a play in the dialect of Milan will not be understood.

This occurred in Greek, which gradually developed a dialect based on Ionic: the κοινή. Greek inscriptions reveal a host of local forms of speech, quite unlike the κοινή. An offical Babylonian language is also believed to have been identified.

This result follows automatically from a certain degree of development.

But does a general language necessarily presuppose writing?

La langue homérique est une langue poétique, une langue de convention, destinée à être comprise d'un plus grand cercle de gens. <Or> à cette époque, on usait très peu de l'écriture.

Dans la suite, nous ne nous embarrasserons plus de ces cas. Que se parle-t-il pour nous à Bruxelles? Ainsi pour nous, nous compterons Bruxelles dans pays flamand, parce que cette ville est dans la région flamande de la Belgique. Le français est importé et est pour nous inexistant. A Liège, il est importé comme à Genève. Nous ne considérerons que ce qui s'est développé en dehors de la langue littéraire. De même tout le nord de l'Allemagne (Berlin) est pour nous une contrée bas-allemande bien qu'on y parle le haut-allemand.

Nous nous plaçons devant la diversité géographique dépouillée des faits secondaires, dépouillée de l'état extérieur actuel.

Nous aborderons le procédé de genèse de la diversité géographique.

[15 novembre 1910]

Chapitre III. <la> Diversité géographique de la langue envisagée au point de vue de ses causes

Nous avons vu que ce fait de la diversité géographique était celui qui frappe tout d'abord. Comment les choses se passent-elles pour que ce fait se produise [?] Si nous nous plaçons I) devant la diversité absolue, nous sommes en face d'un problème: l'irréductibilité des langues du globe. C'est un problème qui est placé sur le terrain spéculatif, qui nous transporte dans des périodes inaccessibles et qui touche à d'autres questions: l'origine du langage. Nous laisserons ce problème de côté.

Il en est autrement <II)> de la diversité dans la parenté. Nous sommes placés ici sur le terrain de l'observation. Il nous est donné d'assister à la production de cette diversité et nous pourrons donner des résultats certains. Nous pouvons voir comment s'est créée par exemple la diversité du français et du provençal, du français et de l'espagnol.

On peut envisager 1°) le cas où une langue ayant été transportée à distance aura pris un développement particulier dans son nouveau foyer. (Ainsi le cas de l'anglo-saxon à l'origine identique au germanique continental - ou le cas du français du Canada, <etc.>) - en un mot le cas de la discontinuité géographique. Ce phénomène ne

The language of Homer is a language of poetry, a language of convention, intended to be understood by a wider audience. <For> at that period writing was very little used.

In what follows I shall not bother with these cases. What do I take to be spoken in Brussels? As far as I am concerned, Brussels counts as Flemish, because the town is in the Flemish region of Belgium. French is an import and has no existence there in my view. In Liège it is an import, as it is in Geneva. I shall only consider what has developed apart from the literary language. Similarly, all the northern part of Germany (Berlin) I treat as a Low German area, even though High German is spoken there.

I shall examine geographical diversity leaving aside secondary facts, leaving aside its current external state.

I shall deal next with the process by which geographical diversity arises.

[15 November 1910]

Chapter III. Languages and geographical diversity considered with reference to its causes.

We have seen that this fact of geographical diversity is what is immediately striking. What happens to bring it about [?] If we consider I) absolute diversity, we face a problem: the languages of the world are irreducibly different. It is a problem of a speculative nature, which takes us back into inaccessible periods and touches on other questions: the origin of language. I shall leave this problem on one side.

It is different in the case of <II)> diversity within relationship. Here we can stand on firm ground, that of observation. We can watch the production of this diversity and we can reach firm conclusions. We can see how, for example, the diversity of French and Provençal, French and Spanish, was brought about.

We can envisage 1) the case of an emigrant language having developed in a special way in its new habitat. (E.g. the case of Anglo-Saxon, originally identical with the Germanic of the Continent - or the case of Canadian French, <etc.>) - in short the case of geographical discontinuity. This phenomenon cannot be brought about otherwise

peut être amené autrement que par émigration. Ainsi le roumain, qui est le résultat d'un isolement (le rameau roumain est enclavé dans les langues slaves).

Nous verrons que la discontinuité ne crée pas un cas théorique vraiment important. Il est fort malaisé de juger des conditions de l'isolement, de juger l'influence exacte de l'isolement. Mais il peut paraître plus net d'avoir deux morceaux bien nettement localisés sur la carte et nous nous placerons devant un de ces faits.

Au bout d'un certain temps de cette séparation géographique, on relèvera des différences survenues entre l'idiome placé d'un côté de la mer et le rameau qui s'en est détaché, maintenant séparé par la distance. Ces différences seront de tout ordre; il est assez juste de les classer en différences de vocabulaire ou lexicologiques (de mots différents), différences grammaticales et différences phonétiques (ou différences de prononciation).

Dès le début remarquons qu'il ne faut pas s'imaginer que c'est l'idiome transporté qui se modifiera et que l'autre restera immobile, et ce n'est pas non plus l'inverse. Mais il arrivera que pour chaque détail, ce sera tantôt l'un, tantôt l'autre qui aura innové <(ou tous les deux)> et cela suffit pour faire la différence.

A Ⓐ   A Ⓐ   A Ⓐ

A Ⓑ   B Ⓐ   B Ⓒ

Il serait vain de croire qu'on ait à étudier la particularisation de l'idiome de l'île; mais il faut étudier la différence <(la particularisation)> des deux.

Dans les choses phonétiques, il y a tel cas où le parler géographique de l'île (anglo-saxon) a innové; ainsi *a* a pris le timbre *ä (Mann →Men).* Ici, c'est la colonie qui a innové. Ailleurs c'est le contraire, les Anglais conservent le son θ <(*þ*)> qu'ils marquent *th*, tandis que toute l'Allemagne l'a transformé en *t* [sic]. C'est le continent qui a innové.

De même pour le *w* anglais, le son primitif est resté dans l'île, tandis que les Allemands en ont fait *v (Wind).*

<primitif>
wife = *Weib*

Qu'est-ce qui a créé ces différences? Est-ce que c'est la différence de lieu (la distance dans l'espace)[?] Nous sommes portés à nous le figurer. Mais il suffit de réfléchir pour voir que ces différences ne sont

than by emigration. For instance Romanian, which is the result of isolation (the Romanian branch forms an enclave amid Slavic languages).

We shall see that discontinuity does not constitute a case of real theoretical importance. It is very difficult to assess conditions of isolation, to judge exactly what effect isolation has. But dealing with two fragments very clearly located on the map may seem simpler, and I will consider such a case.

Some time after this geographical separation, differences will become apparent between what is spoken on one side of the sea and the branch which has split off and is now some distance away. These differences will be of all kinds, but can be properly classified as vocabulary or lexicological differences (different words), grammatical differences and phonetic differences (or differences in pronunciation).

The point must be made straight away that you must not suppose that it is the tongue in exile which will alter while the other remains unchanged; nor vice versa. But it will turn out that for each detail sometimes one and sometimes the other <(or both)> will have introduced an innovation and that is enough to differentiate them.

A Ⓐ A Ⓐ A Ⓐ

A Ⓑ B Ⓐ B Ⓒ

It is no use thinking that what needs to be studied is the particularization of the tongue spoken on the island: what must be studied is the differentiation <(the particularization)> of both.

In the area of phonetics, sometimes the speech of the island (Anglo-Saxon) innovated: thus *a* acquired the timbre *ä* (*Mann* → *Men*). Here it is the colony that produced the innovation. In other cases the opposite happens: the English keep the sound *θ* <(*þ*)> which they write *th*, while the whole of Germany changed it to *t* [sic]. Here the continent produced the innovation.

Likewise for the English *w*, the original sound remained on the island, while the Germans made it *v* (*Wind*).

<original>
wife = *Weib*

What gave rise to these differences? Is it the difference of place (distance in space)[?] We tend to imagine that it is. But one need only reflect in order to realize that these differences are brought about just

amenées que par le temps. Changement implique temps écoulé. Les Saxons et Angles, au lendemain de leur débarquement, parlaient la même langue qu'ils parlaient la veille sur le continent. C'est par une sorte de figure de langage que nous mettons séparation sur le compte du fait géographique. Comme le facteur temps se trouve des deux côtés, nous le supprimons par abréviation et nous nous laissons prendre aux expressions dont nous nous servons. Il faut dire plus, c'est uniquement le temps qui a agi pour produire la différence.

Ainsi *mejo/medzo*, voilà une différence géographique. On n'a jamais passé de *mejo* à *medzo* ou inversement de *medzo* à *mejo*. Mais où a-t-on passé de l'unité à la diversité? Il faut rétablir un primitif *medio*. Le passage s'est fait de *medio* à *mejo*, et de *medio* à *medzo*. Cela nous donne le schéma de différenciation géographique:

Ce schéma va dans deux sens: il y a deux axes. L'axe vertical est celui du temps, l'axe horizontal est celui de l'espace.

Lorsque nous sommes devant la différenciation géographique, nous ne saisissons que le produit d'un phénomène, son résultat, mais le phénomène est ailleurs. C'est comme si nous voulions juger d'un volume par une surface. Il faut avoir la profondeur, l'autre dimension.

On voit que le phénomène n'est pas dans l'espace mais entièrement dans le temps. La différenciation géographique ne reçoit son complet schéma que quand on la projette dans le temps. La différenciation géographique est réductible directement à une différence de temps et doit y être réductible. Le phénomène doit être classé dans la colonne du temps. Même erreur que quand on dit qu'un fleuve monte, comme si l'eau montait du fond à la surface, au lieu de couler.

Note - Remarque. On dira: cependant n'est-il pas naturel de supposer que ce sont les différences de milieu (différences comme celles du climat, des habitudes que crée le genre de pays (montagne, mer)) qui ont pu influer et ne supprimons-nous pas un peu légèrement cette influence de la diversité géographique? Peut-être y a-t-il là certains rapports, des actions de ce genre, mais elles sont à classer dans les impondérables, très vagues, insaisissables à définir pour le moment.

by time. Change implies lapse of time. The Saxons and Angles, the day after landing, spoke the same language as they had done the day before on the continent. It is a kind of figure of speech which allows us to attribute divergence to geography. Seeing that the time factor occurs on both sides, we take a short cut and omit it, letting ourselves be taken in by the expressions we use. Furthermore, the action of time alone is responsible for the difference.

For instance, *mejo*/*medzo*: this is a geographical difference. There was never any transition from *mejo* to *medzo*, nor vice versa from *medzo* to *mejo*. So where did unity give way to diversity? We have to go back to an earlier form *medio*. It was *medio* that became *mejo* and *medio* that became *medzo*. So we can tabulate the geographical differentiation:

↓	*medio*		*medio*	↓
	mejo	/	*medzo*	

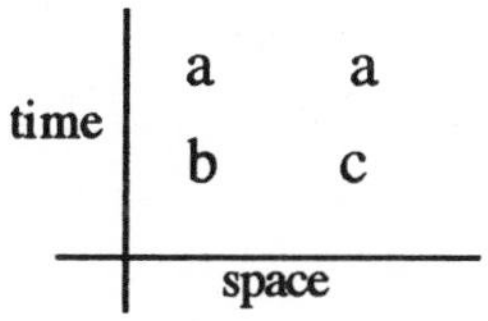

time	a	a
	b	c
	space	

This table reads both ways: there are two axes. The vertical axis is that of time: the horizontal axis is that of space.

When we look at geographical differentiation we grasp only what has been produced, the result; but the phenomenon lies somewhere else. It is like judging by a surface in order to estimate a volume. We need the depth too, the other dimension.

We see that it is not a spatial phenomenon but entirely a temporal one. Geographical differentiation can be fully tabulated only by projecting it in time. Geographical differentiation can be - and must be - reduced directly to difference in time. The phenomenon must be placed in the time column. Same mistake as saying that a river rises, as if the water rose from the depths to the surface, instead of flowing.

Note - Observation. It will be said: nevertheless, is it not natural to suppose that environmental differences (differences such as climate, habits fostered by the type of country (mountain, sea)) were what counted, and am I not dismissing too easily this influence of geographical diversity? Perhaps there are certain connexions or effects of this kind, but they are imponderable factors, very vague, impossible to define at present. Perhaps the decisive movement in one

Peut-être le mouvement déterminant dans tel ou tel sens peut être mis au compte du milieu, mais on ne peut jamais prévoir le sens que prendra telle ou telle différence.

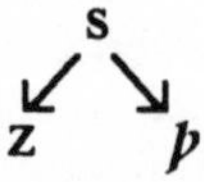

s
↙ ↘
z þ

Mais il reste que sur chaque point géographique il n'y a d'autre modification que celles du temps. La différenciation géographique appelle l'idée d'unité. Où se trouve cette unité? Elle se trouve dans le passé, à moins de la laisser toujours abstraite.

unité
↗ ↗ ↖ ↖

Par cela nous sommes transportés sur un domaine que nous ne prévoyions pas pour le moment. Au lieu de différences géographiques nous avons des différences évolutives.

L'évolution de la langue est une des grandes parties de la linguistique. Différenciation géographique n'est qu'application <particulière> des faits d'évolution; elle doit s'y résoudre complètement.

Mais ce qu'il y a de plus important à dire sur la combinaison de la géographie et de l'histoire est en dehors du cas précédent. Il nous faut voir le cas normal: l'évolution dans la continuité géographique.

[18 novembre 1910]

<u>L'Evolution dans la continuité géographique. Cas à considérer comme le cas normal et le cas central</u>.

Considérons maintenant une surface continue où à un moment donné règne le même idiome, en supposant une population sédentaire. Ainsi le territoire de la Gaule pris vers 250, à un moment où le latin est solidement établi. Ce territoire peut être regardé comme ayant langue uniforme.

Premier fait certain et regardant le temps seul: on peut affirmer en toute sérénité que cette langue ne sera plus identique à elle-même au bout d'un certain laps de temps. D'où le savons-nous? Parce que c'est

direction or another is to be attributed to the environment, but you can never predict which direction a given difference will take.

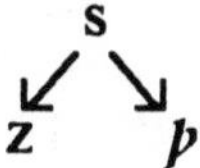

But it is still the case that at each geographical point there are no other changes than those of time. Geographical differentiation conjures up the idea of unity. Where do we find this unity? It is to be found in the past; unless it is to be left as an abstraction.

This takes us to an area into which I shall not venture for the moment. Instead of geographical differences we have evolutionary differences.

The evolution of languages is one of the major concerns of linguistics. Geographical differentiation is only <particular> application of the facts of evolution; it has to be completely contained therein.

But the most important observations on the combination of geography and history do not concern the type of case I have been considering. We must look at the normal case: evolution with geographical continuity.

[18 November 1910]

Evolution with geographical continuity, considered as the normal and central case.

Let us now consider a continuous area over which, at a given moment, the same tongue is spoken by a settled population. Take the land of Gaul about the year 250, at a time when Latin is firmly established. This territory may be considered as having a uniform language.

The first certainty, as far as time alone is concerned: we can say with perfect assurance that this language will no longer be identical at the end of a certain period of time. How do we know? Because that is

l'expérience universelle qui nous permet de le faire. N'importe quel exemple confirme ce fait. Pas d'exemple d'immobilité absolue. Ce qui est absolu, c'est le mouvement dans le temps; rien ne peut l'arrêter, il est inévitable. Mouvement plus ou moins rapide ou accentué. Peut-être que les périodes de guerre, de crises nationales arrivent à accélérer le mouvement, mais c'est indifférent pour le principe. Ces causes ne peuvent que précipiter le mouvement.

Le fait de ce mouvement continuel nous est souvent voilé, parce que nous ne voyons d'abord que les langues littéraires, qui sont les premières qui se présentent à l'esprit.

En effet, toute langue littéraire une fois qu'elle a réussi à se former offre des garanties pour sa conservation, en vertu de certaines circonstances (dépendance de la langue écrite, fixée par l'écriture). Cela ne peut nous renseigner sur le mouvement de la langue vivante.

De même que la langue littéraire est un produit superposé à la langue vulgaire, elle est soumise à d'autres conditions. Nous nous plaçons pour le moment uniquement devant le développement libre, dégagé de canon littéraire.

Il faut ajouter comme deuxième point et fait certain que la forme de la langue ne sera pas modifiée de la même façon sur tout le territoire.

Il faut opposer ces deux degrés des faits que nous reconnaissons:

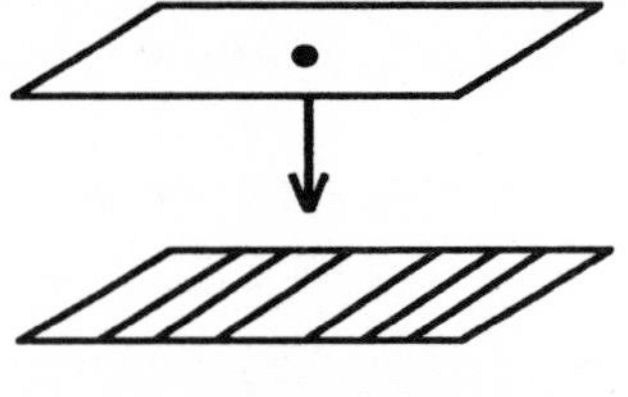

cas inconnu

(évolution dans le temps avec résultat identique sur tous les points du territoire)

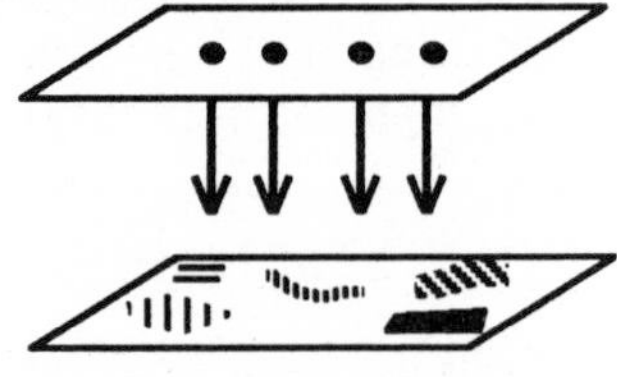

cas réel

(évolution dans le temps avec résultats divers sur la surface)
(résultats divers d'endroits en endroits)

Le temps, même réduit à un seul point, produira des modifications.

Les changements n'en sont pas moins, comme nous l'avons vu, uniquement à rapporter au temps.

what universal experience confirms. Any example we care to take supports this. No example of exceptionless immobility. What is exceptionless is movement in the course of time; nothing can halt it; it is inevitable. But more or less rapid or pronounced. Perhaps periods of war, of national crisis, contribute to accelerating the movement, but this does not affect the principle. These factors can only hasten the movement.

The fact that there is this continual movement is often hidden from us because initially we see only the literary languages, which are the first to attract our attention.

The fact is that every literary language, once it has succeeded in taking shape, is guaranteed of preservation, in virtue of certain circumstances (dependence on written language, fixed by writing). That tells us nothing about the movement of the living language.

Since the literary language is a product superimposed on the colloquial language, it is subject to different conditions. I am considering for the moment only the free development, which is independent of the literary canon.

A second certainty must be added to this; that the form of the language will not change in the same way throughout the territory.

These two possibilities that we recognize must be placed in contrast:

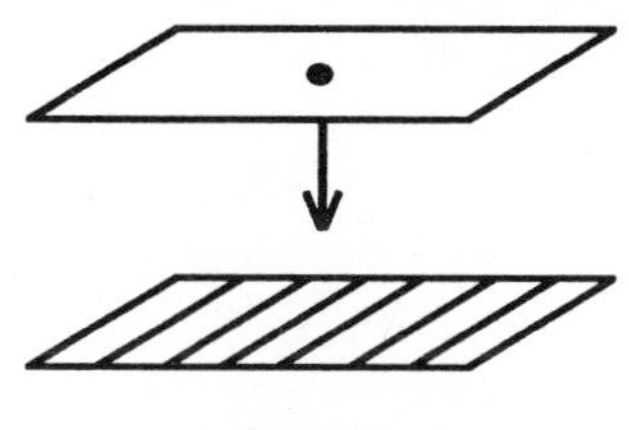

unknown case

(evolution in time with identical results throughout the area)

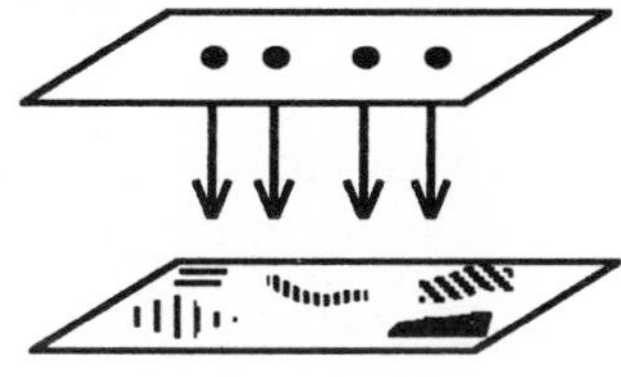

real case

(evolution in time with different results throughout the area) (results differing from place to place)

Even confined to a single point, time will bring change.

Changes are nonetheless, as we have seen, solely attributable to time.

Il faut aborder un second point de vue: comment débutera et comment se dessinera la variété qui peut aboutir à la présence d'innombrables formes dialectales? Ce point peut sembler plus simple qu'il n'est.

Le changement sur chaque point se fera:

1°) par innovations successives, précises, constituant autant de détails, qu'on peut définir. On peut distinguer les éléments petits ou grands, éléments qui peuvent être très divers. Dans l'ordre morphologique: *gëbames, gebamês* [sic] ou bien dans l'ordre phonétique *s* → *z*.

2°) En second lieu, chacune de ces innovations aura tout naturellement ce qu'on appelle son *aire*, c'est-à-dire s'accomplira sur une somme de territoire déterminée.

De deux choses l'une: ou bien a) elle couvrira tout le territoire, et ce cas, qui est peut-être le plus rare, tout en modifiant la langue, ne crée rien qui prépare une différence, ou bien b) l'aire ne comprend qu'un territoire limité, c'est le cas le plus fréquent. C'est là le nœud de tout ce qui regardera les différences de dialectes. Chaque événement aura son aire.

Ainsi en Gaule grand phénomène des *a* placés en syllabes atones comme *pórta* devenant *e* muets (*pórta* → *porte*). Cette innovation ne porte pas sur toute la région rhodanienne (*fenna* - une femme).

Cette aire ne peut être déterminée d'avance. On ne peut que constater quelle a été l'aire envahie. En fait, comme elles <(les aires)> forment des dessins fort divers, elles forment des superpositions dans la carte fort compliquées.

Il peut arriver que juste un angle soit épargné. Ainsi si nous prenons le changement du latin *ca* en *tša, š* (en français: le *chant* de *cantus*, le *char* de *carrus*), ce fait occupe tout le nord de la France mais pas le sud. Cependant l'extrême angle nord-ouest (dialecte picard, Normandie) n'en a pas été touché (*vacca* - *vaque*).

A second point of view must be taken into account: how will the variation which may eventually result in innumerable dialect forms begin and take shape? This may seem simpler than it is.

The change at each point will come about:

1) by successive, specific innovations, resulting in a number of details that can be defined. We can distinguish minor and major elements, elements that may be very varied. In morphology: *gĕbames*, *gebamês* [sic], or in phonetics: $s \rightarrow z$.

2) Secondly, each of these innovations will quite naturally have what is called its *area*, i.e. will occur over a given stretch of territory.

One of two things will happen: either a) it will extend over the whole territory, which is perhaps the least usual case, and alter the language without introducing anything leading to a difference, or else b) the area comprises a limited territory only, which is the most usual case. That is the crux of the matter as regards dialect differences. Each event will have its own area.

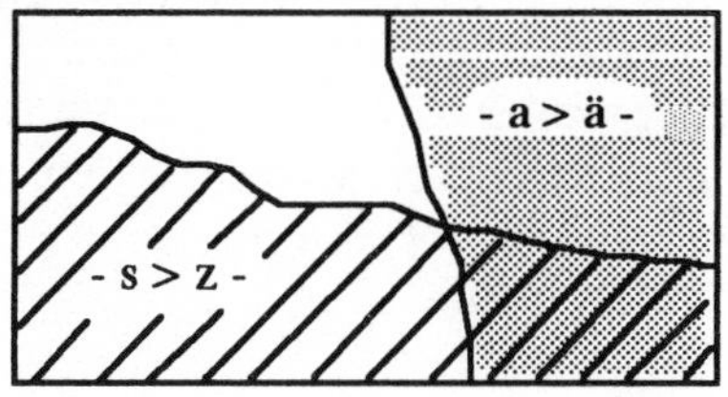

So in Gaul, major phenomenon of *a*'s in atonic syllables like *pórta* becoming mute *e*'s (*pórta* → *porte̲*). This innovation does not affect the whole Rhône valley region (*fenna* - a woman).

The area cannot be determined in advance. One can only register the fact that it has been invaded. In fact, as they <(the areas)> make very varied patterns, they form highly complex layers on the map.

It may happen that just one corner is spared. So, if we take the change of Latin *ca* to *tša*, *š* (in French: *chant* from *cantus*, *char* from *carrus*), this covers the whole of northern France, but not the south. However, the far north-west corner (Picard dialect, Normandy) remained unaffected (*vacca* - *vaque*).

De là est venu le mot français *cage* (au lieu de *chage*) et *rescapés* (catastrophe de Courrières) au lieu de *reschappés*:

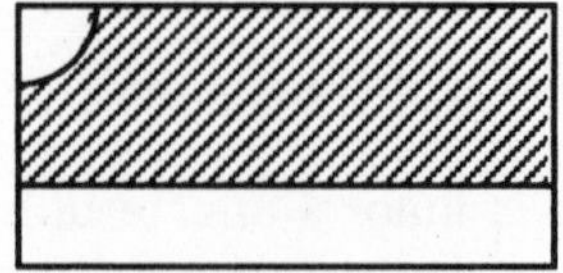

En entendant par dialectes série de types linguistiques fermés, déterminés, circonscrits, cela va-t-il fonder des dialectes correspondant à des régions distinctes? Est-ce des dialectes que nous aurons comme résultat?

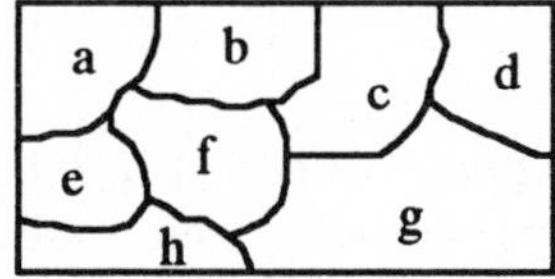

Ce sera très simple comme cela. Mais la notion de dialecte est battue en brèche. Nous sommes obligés de lui substituer une notion plus compliquée, depuis étude des aires de chaque phénomène. Ce sera donc très trouble. Mais voici <ce> qu'on pourra dire: au bout de 500 ans ou 1000 ans par exemple, les deux extrémités du territoire ont toute chance de ne plus se comprendre. Mais en revanche, étant pris un point quelconque, dans ce point on ne cesse de pouvoir s'entendre avec toute la région environnante.

[Fig. en marge]

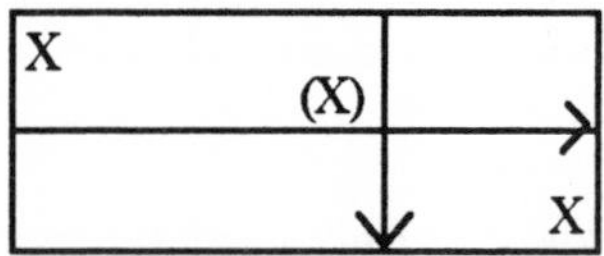

Un voyageur allant d'une extrémité à l'autre, mettant chaque jour au point son dialecte, ne rencontrerait que de faibles modifications sur sa route et passerait insensiblement dans la langue qu'il ne comprendrait plus.

Voici quelques localités et en allant de l'une à l'autre on franchira certaines frontières indiquant quelques caractères nouveaux. Mais la somme totale des caractères <(des innovations)> ne varie jamais extrêmement tant qu'on ne va pas trop loin du centre.

Hence the French word *cage* (instead of *chage*) - and *rescapés* (Courrières disaster) instead of *reschappés*:

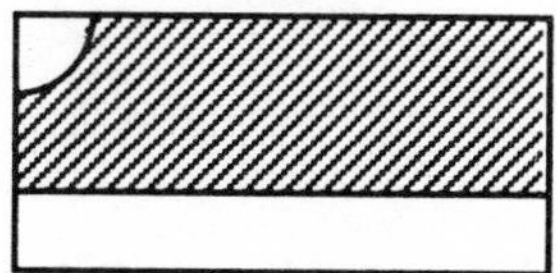

If we understand by dialects a series of closed, determinate, circumscribed linguistic types, does this give us dialects corresponding to distinct regions? Do we get dialects as a result?

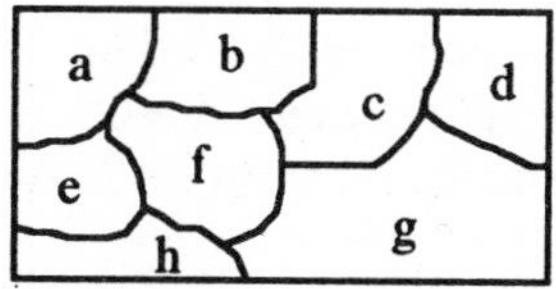

It would be very simple if it were so. But the notion of dialect falls apart. We are forced to substitute a more complicated notion, now that areas covered by each phenomenon have been studied. So it will get very complex. But <what> you can say is this: after 500 or 1000 years, say, the two opposite ends of the territory are very likely no longer to understand each other. But on the other hand, given any one point, at that point speakers can still understand the whole neighbouring region.

[Fig. in margin]

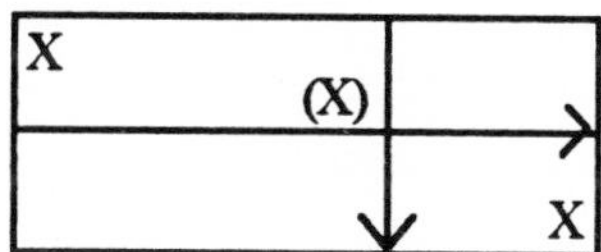

A traveller, going from one end to the other, adjusting his dialect every day, would find only slight modifications on the way and would slip imperceptibly into a language he could no longer understand.

Here are a few localities: going from one to the other you will cross certain frontiers indicating new features. But the sum total of features <(of innovations)> never varies to extremes as long as you do not go too far from the centre.

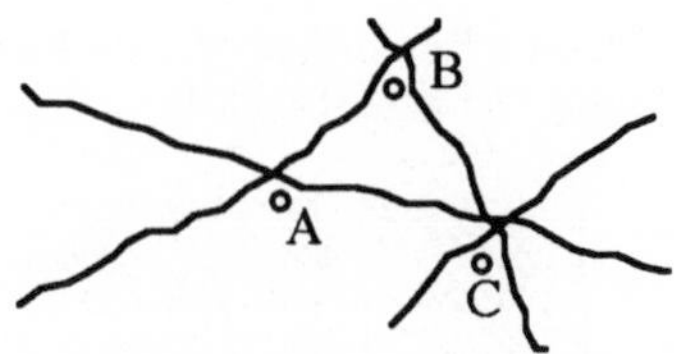

Revenons à observation géographique pure (c'est par là qu'il a fallu commencer). Se plaçant dans un village déterminé, on relèvera certaines particularités. Chacune de ces particularités sera retrouvée dans les localités voisines mais sans qu'on puisse jamais dire jusqu'à quelle distance.

Ainsi à Douvaine, on remarque le *ð* dans un mot comme *ðenva* (*Genève*). Je puis aller dans les deux directions en France et jusqu'en Valais, mais si je traverse le lac, je trouve à la place *dz*.

Il ne faudrait pas croire qu'on a affaire à un seul et même dialecte d'un côté du lac. On dit pour *deux*:

à Douvaine: *dauë* [sic]
déjà près du Salève: *dűe*.

Certains phénomènes sont très vastes, tandis que d'autres sont fort circonscrits.

Ce qui en résulte: nous pouvons tracer des frontières nettes de caractères dialectaux, mais pour tracer les frontières d'un dialecte, c'est impossible. «Il y a des caractères dialectaux, il n'y a pas de dialectes», a dit Paul Meyer, de l'Ecole des Chartes.

[22 novembre 1910]

Remarque: L'aire de chaque caractère dialectal, c'est-à-dire de chaque innovation ou de chaque sorte d'innovation (vis-à-vis de l'état de langue primitif) peut se tracer sur la carte.

k
tš | *ts* | *š*

Différents travaux de ce genre de linguistique géographique ont été entrepris soit en France, soit en Allemagne.

Nous avons le grand *Atlas linguistique de la France* de Gilliéron, et

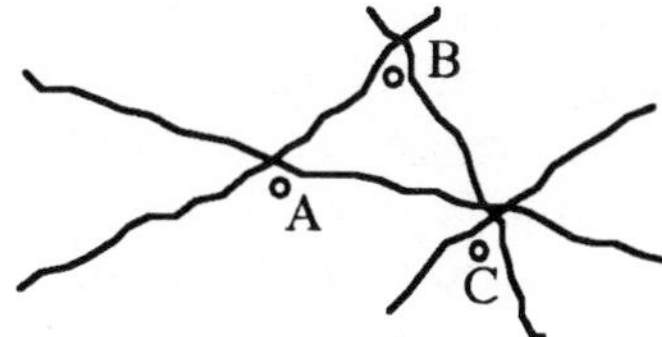

Let us return to simple geographical observation (which is where we had to start). In a given village, you will find certain features. Each of these features will turn up again in neighbouring localities, but how far away you can never tell.

E.g. at Douvaine you hear a ð in a word like *ðenva* (*Genève*). I can go in either direction in France, and as far as the Valais, but if I cross the lake I find *dz* in its place.

You must not suppose that it is one and the same dialect on one side of the lake. For *deux*, they say:

dauë [sic] : at Douvaine
dűe : as close as Mt. Salève.

Some phenomena extend over vast areas, while others are very limited.

The result: we can map boundaries clearly for dialect features, but mapping the boundaries of a dialect is impossible. Paul Meyer of the Ecole des Chartes said: 'There are dialect features: there are no dialects.'

[22 November 1910]

Comment: The area of each dialect feature, i.e. of each innovation or each kind of innovation (as compared with the original state of the language) can be plotted on a map.

k

tš | *ts* | *š*

Various studies of this kind of linguistic geography have been done both in France and in Germany.

We have Gilliéron's great *Linguistic Atlas of France* and Wenker's

l'*Atlas linguistique d'Allemagne* de Wenker. Il faut toujours grande collection de cartes. 1°) On est obligé de prendre le pays région par région. 2°) Pour chaque région, on ne peut tracer qu'un ou deux caractères, s'ils sont compliqués, sur la même carte. La même carte sera donc reproduite un assez grand nombre de fois.

D'ailleurs, ces caractères sont de tous genres, peuvent être <soit> morphologiques, soit phonétiques, <etc.>.

Ainsi un des item[s] de Gilliéron, c'est l'abeille, suivant que le mot vient d'*apis*, *apicula*, *<mouche à miel>*.

De tels travaux nécessitent toute une organisation d'enquêtes, avec de nombreux collaborateurs intelligents; il faut des correspondants locaux. Ainsi procède le professeur Gauchat, qui dirige travail sur les patois de la Suisse romande.

On a appelé les lignes-frontières de chaque caractère «lignes isoglosses ou lignes d'isoglosses» (mot obscur et gauche d'expression forgé sur le terme *isothermes* (localités présentant le même degré de chaleur moyenne). *Isoglosses*: signifie qui a la même langue. On ne veut pas dire que de chaque côté de ces lignes, il y a des langues différentes. On veut seulement indiquer qu'un détail de la langue diffère. Il faudrait un autre nom. Il faudrait <dire> «glossèmes ou isoglossématiques», qui serait meilleur.

En outre, il faut avant tout considérer des surfaces, non des lignes, qui ont leur importance seulement comme limites.

Nous pourrions parler de «bandes isoglossématiques», expression trop pesante.

Le territoire envahi par certains phénomènes est comparable à des ondes. Ces ondes linguistiques ou d'innovations coïncident parfois sur un certain parcours.

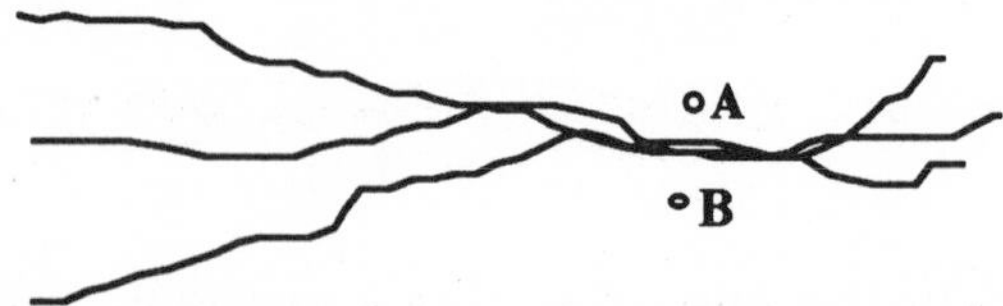

Deux points (A et B) séparés par une telle ligne seront forcément fortement différenciés.

Linguistic Atlas of Germany. Large collection of maps essential. 1) The country has to be covered region by region. 2) For each region only one or two features, if they are complicated, can be plotted on the same map. The same map will thus be reproduced quite a number of times.

Moreover these features are of every kind: they may be morphological, phonetic, <etc.>.

For instance, one of Gilliéron's item[s] is 'the bee', depending on whether the word comes from *apis*, *apicula*, <*mouche à miel*>.

Work of this kind requires highly organized surveys, with many intelligent collaborators; local correspondents are needed. This is the method adopted by Professor Gauchat, who is directing work on the patois of Romance-speaking Switzerland.

The boundary lines of each feature have been called 'isogloss lines' or 'lines of isoglosses' (an obscure and awkward term, based on *isotherm* (localities with the same average temperature). *Isoglosses* : means having the same language. This does not mean that on either side of the line there are different languages. It is simply a way of indicating that some feature of the language is different. Some other term would be preferable. 'Glossemes' or 'isoglossematic' would be better.

Moreover, the main thing is to consider areas, not lines, which are only important as limits.

We could speak of 'isoglossematic bands', but the expression is too cumbersome.

The invasion of a territory by a number of features may be compared to waves. These linguistic waves or innovations sometimes coincide over a certain stretch.

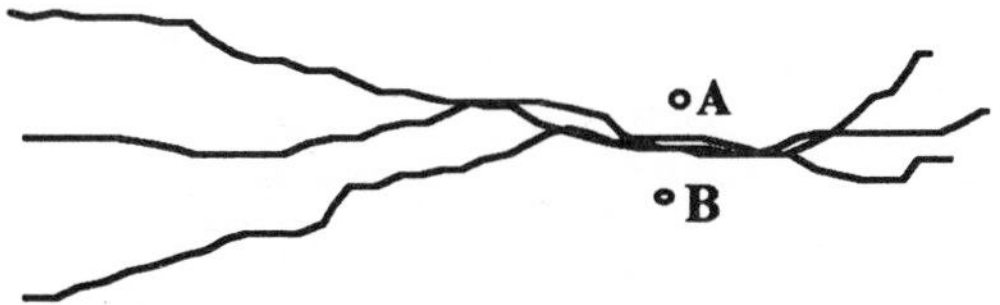

Two points (A and B) separated by such a line will necessarily be well differentiated.

Si ce fait était ordinaire et qu'il se produisît sur tout le pourtour de langue, on aurait des dialectes.

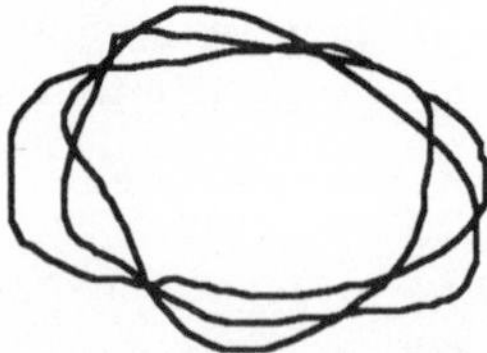

Si les aires s'enchevêtraient ainsi, alors la notion que nous nous faisons d'un dialecte serait justifiée. Parce qu'un dialecte donné différerait sur tous les points, par tous ses caractères du dialecte voisin. Mais cela n'arrive jamais. Les accumulations de lignes ne sont que sur certains espaces.

Pour qu'il y ait dialecte ou bien:
il faut 1°) convenir qu'un seul caractère suffit pour caractériser un dialecte, 2°) ou bien, si l'on prend tous les caractères, il faut s'enfermer sur un seul point de la carte et parler du dialecte de tel village.

Mais si nous ne voulons pas nous astreindre à ces conditions, <et si nous voulons considérer une surface et nous appuyer sur plusieurs caractères>, nous nous trouvons devant la difficulté, d'où est née idée qu'il n'y a pas de dialectes.

On peut parler du dialecte qui a *dz*, mais on ne peut être sûr qu'il en ait un second qui lui soit propre.

C'est ce qu'on aura bien plus probablement: si nous prenons un <autre> caractère *ô/â*, on voit qu'une partie seulement du territoire en est atteinte.

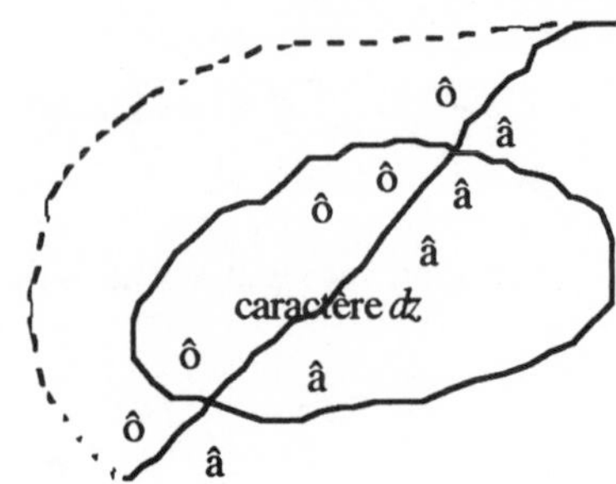

If this state of affairs was usual and happened along the entire perimeter of the language, dialects would be the result.

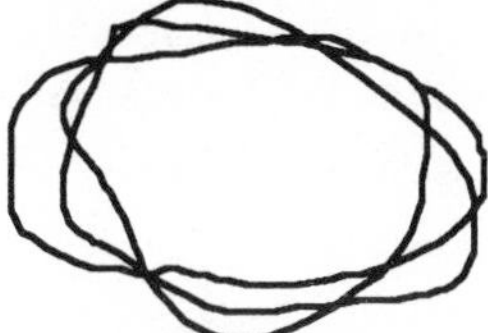

If the areas fitted together after this fashion, then what people imagine a dialect to be would be correct. Because a given dialect would then differ at all locations, in all features, from the neighbouring dialect. But that never happens. Lines accumulate only in certain places.

For a dialect, either:
we must 1) agree to treat a single feature as identifying one dialect, 2) or, if we are counting all the features, it must be restricted to a single point on the map, and we then speak of the dialect of such and such a village.

But if we do not wish to submit to these restrictions, <and if we wish to take an area and several features into account>, we encounter the difficulty that has given rise to the idea that there are no dialects.

We can speak of the dialect which has *dz*, but we cannot be sure that it has any second common feature.

This is what we are more likely to find: if we take <another> feature *ô*/*â*, it turns out that only one part of the territory is affected.

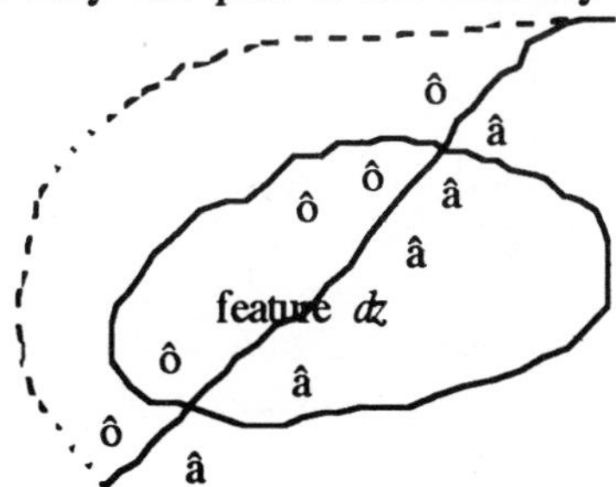

Croyant remarquer qu'il y a une certaine unité dans le dialecte du Chablais et prenant trois localités, on trouvera peut-être bien des caractères communs. Si l'on prend une quatrième, on verra qu'elle a des caractères qui la rattachent au Valais. A mesure qu'on avance dans la liste, on voit qu'il est impossible de maintenir l'unité.

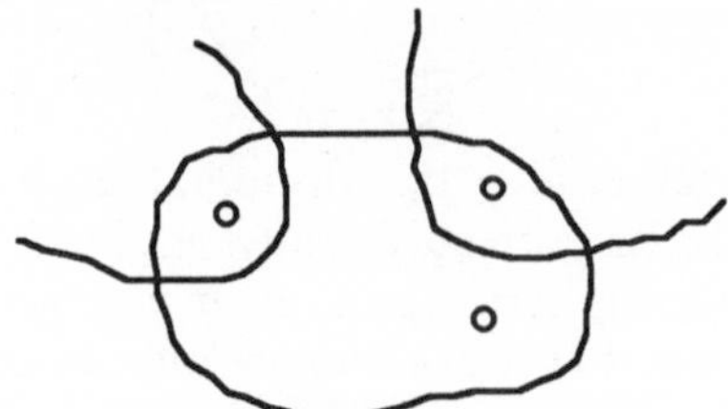

Chaque région n'est que la transition dans tous les sens entre les régions environnantes.

La grammaire d'un dialecte ne sera que celle d'un seul point. La conclusion pratique de la plupart des auteurs, c'est qu'il faut s'en tenir à un seul village pour avoir unité. Il y en a qui n'admettent plus le village mais le hameau.

A propos d'un écrivain du moyen âge, on dira qu'il a des formes du dialecte normand, mais qu'il a des formes se rapportant au dialecte de l'Ile-de-France. On n'a pas besoin d'expliquer en disant qu'il a pris ici et là, mais simplement qu'il a pris la langue particulière d'un point. Cela s'explique très naturellement: le dialecte normand était composé d'une foule de dialectes.

Dans la pratique, il faut conserver le terme de *dialecte*, sous réserve des observations que nous avons faites.

Des faits donnent plus d'unité à un dialecte (transport, etc.). Mais nous avons admis une population sédentaire sur toute la surface.

*[25 novembre 1910]

Ce qui est vrai pour un territoire divisé en dialectes l'est aussi pour les régions beaucoup plus grandes divisées en langues, en ne tenant compte que des régions où les populations sont restées sédentaires pendant des siècles. On y voit en grand ce que nous avons vu en petit. Les mêmes phénomènes se reproduisent.

Ainsi les ondes, nous les pouvons dessiner sur les territoires embrassant

If you think that the Chablais dialect seems to have a certain unity, and take three localities, you may indeed discover common features. If you take a fourth, you will find that it has features connecting it with the Valais. As you go through the list, it becomes impossible to confirm any unity.

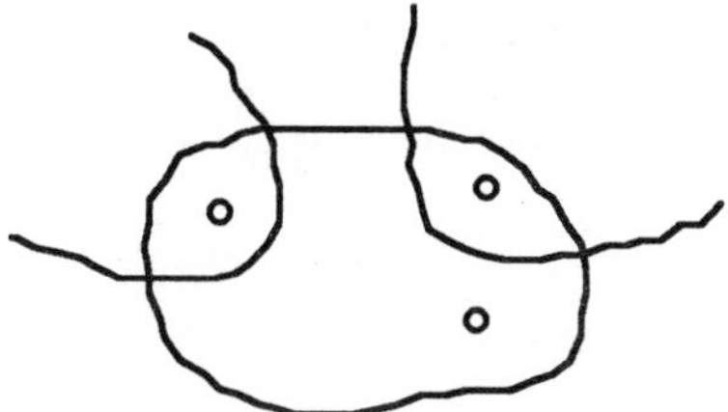

Any region is only a transition between the neighbouring regions on all sides.

The grammar of a dialect will only be that of a single point. The practical conclusion reached by the majority of writers is that in order to find unity one must keep to a single village. Some reject the village in favour of the hamlet.

It may be said of a writer of the Middle Ages that he uses Norman dialect forms but also forms belonging to the dialect of the Ile-de-France. This does not need to be explained by saying that he has borrowed from both, but simply that he has kept to the particular language of one place. The explanation is perfectly natural: the Norman dialect was made up of a host of dialects.

For practical purposes, the term *dialect* has to be kept, but with the reservations I have mentioned.

Some factors promote dialectal unity (transport, etc.). But I have been considering the case of areas with a settled population everywhere.

*[25 November 1910]

What holds for a territory divided into dialects holds also for larger regions divided into languages, provided that these regions have had settled populations for centuries. Here you see on a large scale what we have already seen on a small scale. The same phenomena recur.

The waves can thus be plotted over areas that include several

plusieurs langues. Même dans une unité étendue comme celle de l'indo-européen, il y a des ondes isoglossématiques qui courent par dessus une série de langues.

Ainsi le cas le plus célèbre: le traitement du *k* primitif qui est resté *k* dur dans toutes les langues occidentales de l'indo-européen (grec, latin, celtique, germanique): (*centum, he-katon*). Au contraire, dans tout l'Orient (slave, iranien, hindou) il a donné une sifflante:

šinitas	*šuto*	*šatem*	*śatam*
(slave)	(vieux slave)	(zend-iranien)	(sanscrit)

Ce phénomène est excessivement ancien et marque une des plus grandes différences de l'indo-européen. Il a partagé l'indo-européen, langue commune primitive, en deux. Ensuite se sont produits d'autres phénomènes différenciant de plus en plus les langues.

Nous voyons donc sur des espaces aussi grands que l'on veut le processsus se dérouler de même façon.

En second lieu, nous avons vu qu'on ne peut établir de frontières de dialectes.

De même, il n'y a pas de frontière entre deux langues parentes, s'il n'y a eu mouvement de peuple.

Tentatives de démarcation entre le franco-provençal (dialecte de Savoie et du Canton de Vaud) et l'italien. En se plaçant à deux points à grande distance de la frontière, on peut dire: là règne le français, ici l'italien. Entre les deux règnent des dialectes de transition; et sans oublier que toute surface peut être considérée comme transition.

A

---

transition

B

Mais cette région de transition n'est pas quelque chose de particulier, car la région A est elle-même une région de transition, ainsi que la région B.

Il n'y a que des transitions. Un dialecte quelconque est la transition entre deux autres, et cela dans tous les sens.

languages. Even over a wide expanse such as Indo-European there are isoglossematic waves flowing over a series of languages.

For instance, the most famous case: the treatment of the original [sc. Indo-European] *k*, which remained a hard *k* in all the Western Indo-European languages (Greek, Latin, Celtic, Germanic): (*centum*, *hekaton*). On the other hand, throughout the East (Slavic, Iranian, Indic) it gave a sibilant:

šinitas	*šuto*	*šatem*	*śatam*
(Slavic)	(Old Slavonic)	(Zend-Iranian)	(Sanskrit)

This development is extremely early and accounts for one of the major differences in Indo-European. It split the originally common Indo-European language into two. Subsequently other developments occurred which further differentiated these languages.

Thus we see the process operating in the same way however large the area may be.

In the second place, we have seen that it is impossible to draw dialect boundaries.

Similarly, there are no boundaries between two related languages, if there has been no population movement.

Attempts to determine the boundary between Franco-Provençal (dialect of Savoy and the canton of Vaud) and Italian. If we take two points a long way from the frontier, we can say: there French is spoken, here Italian. Between the two, transitional dialects are spoken; not forgetting that any area may be considered transitional.

A

---

transition

B

But this transitional region is not anything special, since region A is itself a transitional region, as is B.

There are only transitions. Any dialect is a transition between two others, and that applies in all respects.

C'est le même principe qui veut qu'il n'y ait pas de limites précises entre les langues, et qui subdivise langues en dialectes.

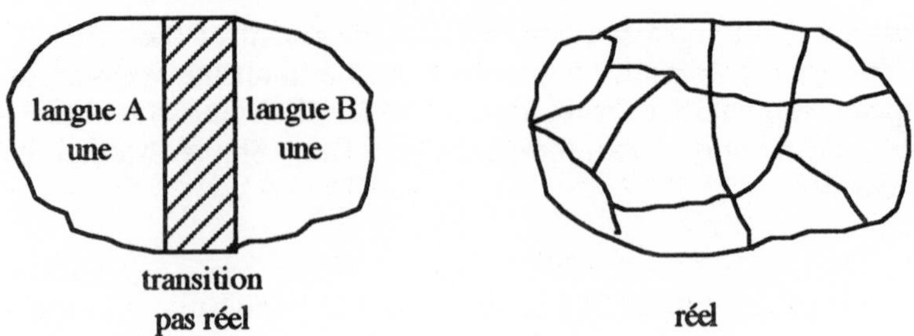

1°) Si on admettait une langue A (une) et une langue B qui soit également une, la présence d'une zone de transition paraîtrait étonnante. Mais la langue A est une somme de dialectes se reliant à l'intérieur et la langue B est une somme de dialectes également. Tout est transition d'un bout à l'autre du territoire.

2°) Dans la formule que nous venons de donner, nous avons parlé de dialectes fermés, mais au fond il n'y a que des dialectes ouverts de tous les côtés, formés par somme des ondes auxquelles ils participent. On ne doit pas supposer de frontières entre langue A et langue B.

D'où vient qu'on constate assez rarement ce passage insensible d'une langue à l'autre? Il faut pour cela que les conditions historiques aient été favorables; il faut que le développement fait sur place n'ait point été troublé par la suite, il faut que tout reste en place. Mais presque partout il faut compter avec des déplacements de population accumulés pendant des siècles, d'où très embrouillés. Dans la famille indo-européenne, nous en avons l'exemple: dans cette famille, un idiome donné montre assez bien la transition entre ses voisins. Les caractères du slave lui donnent une certaine communauté d'une part avec les langues iraniennes et de l'autre avec les langues germaniques, conformément à sa position géographique. Le germanique pourrait passer pour un anneau entre le slave et le celtique; a des rapports [Fig. en marge]

étroits avec l'italique. Le celtique, intermédiaire entre le germanique et

On the same principle by which languages are divided into dialects, there are no precise boundaries between languages.

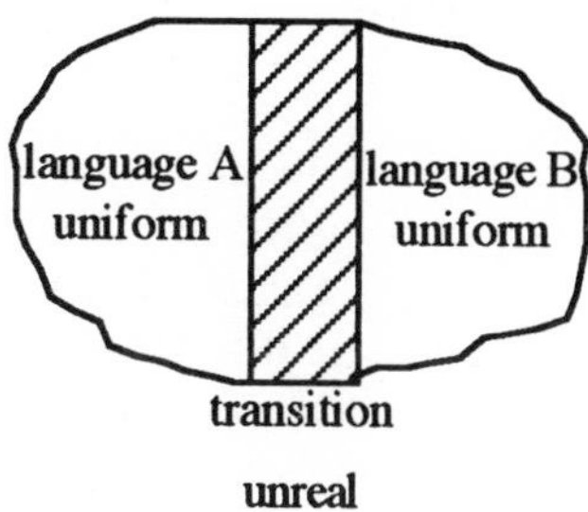

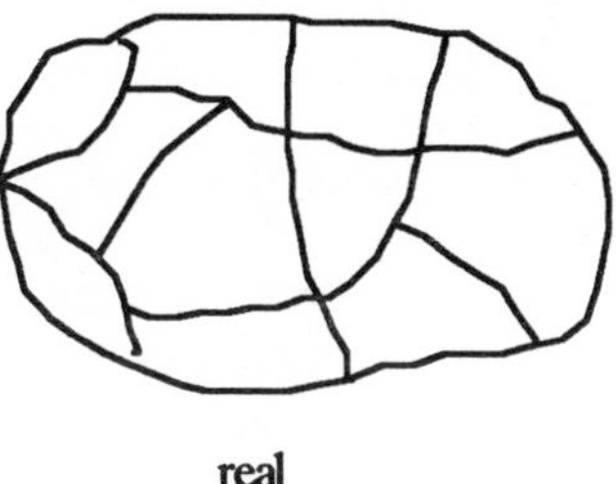

1) Supposing there were a (uniform) language A and an equally uniform language B, the presence of a transition zone would be surprising. But language A is an aggregate of dialects internally related, while language B is likewise an aggregate of dialects. Everything is transitional from one end of the area to the other.

2) In the schema I have just presented, I assumed dialects to be closed; but ultimately there are only dialects open on all sides, formed by the succession of waves in which they participate. We must not imagine there are boundaries between language A and language B.

How does it come about that this imperceptible transition from one language to another is rarely apparent? In order for it to be so, favourable historical conditions are required; what developed in one area must not have been disturbed subsequently, but have remained in place. But almost everywhere we have to reckon with population movements which have built up over the centuries in a complex way. The Indo-European family illustrates this: in this family, we can see how any given tongue links up with its neighbours. The features of Slavic give it a certain similarity with the Iranian languages on the one hand and the Germanic languages on the other, in conformity with its geographical position. Germanic could pass for a link between

[Fig. in margin]

Slavic and Celtic; has close connexions with Italic. Celtic, intermediary

[Figs. en marge]

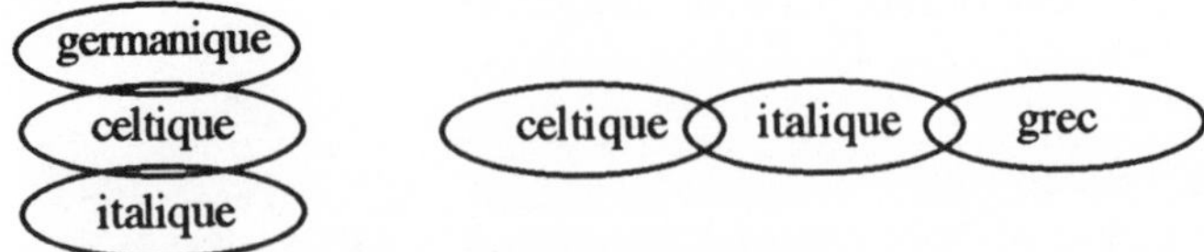

l'italique. L'italique, transition entre le celtique et le grec. Tellement que sans connaître les frontières sur la carte, en se dirigeant seulement sur les caractères, un linguiste pourrait assigner à chaque idiome des positions sur la carte peu différentes de celles qu'il occupe. Mais cependant sur une frontière, il y a entre le slave et le germanique saut brusque. Il n'y a pas là de dialectes faisant transition, comme en Savoie. Mais il n'en faut pas conclure que ces dialectes n'ont pas existé. Mais ils ont péri dans une antiquité insondable. Une des causes qui peut les avoir fait périr, c'est le mouvement qui s'opérait dans les deux nations: ni les différentes tribus germaniques, ni les différentes tribus slaves ne sont restées en place, bien au contraire. Celles qui se touchent ne sont pas celles qui étaient en contact à l'origine.

Supposons que les Italiens de Calabre se soient établis dans le Piémont, on n'aurait plus les dialectes intermédiaires entre le français et l'italien.

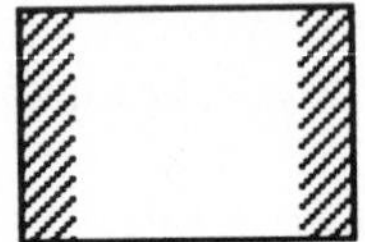

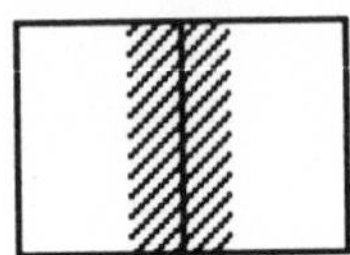

Les frontières opposées peuvent venir se rejoindre par-dessus frontières communes primitives.

Ce n'est pas seulement les mouvements de peuples qui peuvent faire disparaître les dialectes intermédiaires; l'influence des langues littéraires, officielles, le peut aussi.

Ainsi pourquoi pas de transition entre l'italien et le germanique?

Italique actuel (touche à l'Allemagne comme italien, français) ne vient que d'un dialecte italien, et de langue officielle.

C'est plutôt un hasard qui peut faire que dans les Alpes occidentales la transition est restée.

[Figs. in margin]

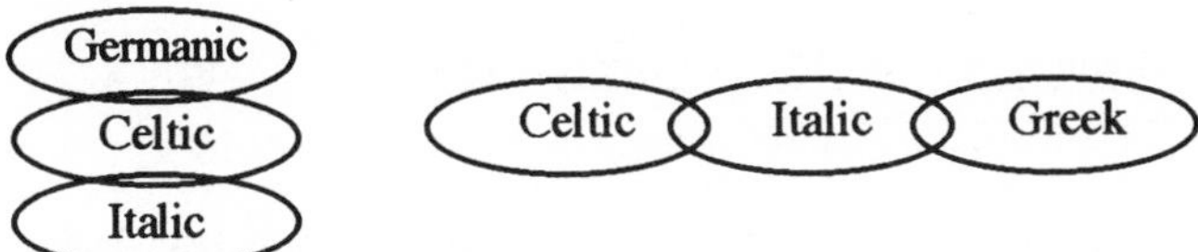

between Germanic and Italic. Italic, transition between Celtic and Greek. With the result that, without knowing where the boundaries were on the map, and solely on the basis of their features, a linguist could assign these tongues to positions on the map quite close to those they occupy. However, on one boundary, between Slavic and Germanic, there is an abrupt gap. There are no transitional dialects, as in Savoy. But we should not conclude that these dialects never existed. But they died out in some remote age beyond recall. One of the ways in which they could have been eliminated is through migration within the two nations: neither the various Germanic tribes, nor the various Slavic tribes stayed put; quite the opposite. Those now in contact were not in contact originally.

If we imagine that Italians from Calabria had settled in Piedmont, there would no longer be dialects intermediary between French and Italian.

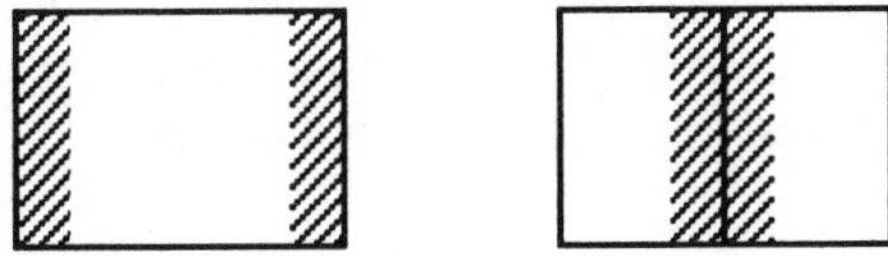

Contrasting boundaries may meet, superseding originally common boundaries.

It is not only population movements that may wipe out intermediary dialects; the influence of literary, official languages may do this too.

For instance, why no transition between Italian and Germanic?

Present-day Italic (bordering on Germany, like Italian and French) is derived only from one Italian dialect, and from the official language.

It is somewhat fortuitous that in the western Alps the transition has survived.

*[29 novembre 1910]

<u>Les ondes linguistiques envisagées comme contagion sociale ou dans leur propagation à travers le territoire</u>.

C'est la vue à laquelle on est conduit en considérant les lignes isoglosses courant à travers un pays. Causes à peu près les mêmes que pour toute espèce d'habitudes humaines (modes, <etc.>). En toute masse humaine, il y aura l'action simultanée de deux facteurs incessants, allant à fin contraire l'un de l'autre: 1°) la force du clocher et 2°) la force de «l'intercors» [sic], des communications, du commerce entre hommes.

1°) la force du clocher, les habitudes qui se développent dans une communauté restreinte (village, petit canton), ce sont des habitudes fortes parce que ce sont celles de l'enfance de chaque individu. Cette influence livrée à elle-même aurait comme résultat de diversifier à l'infini les coutumes.

2°) Mais à côté de ce qui rend les hommes sédentaires, il y a tout ce qui force les hommes à se mêler, à se rapprocher. Cette seconde force sera correctrice de la première. Dans un village donné, il y aura des passants qui viennent d'ailleurs, ou bien la population du village aura occasion de se transporter dans localité voisine pour fêtes, foires - influence de la guerre réunissant les hommes de divers endroits, <etc.>.

La première sera le principe divisant pour la langue.

La seconde sera le principe unifiant pour la langue.

C'est à «l'intercors» que revient ce qui fait la cohésion d'une langue sur un grand espace. Cet espace peut être très considérable. On peut être étonné que deux points très distants sur un territoire linguistique aient des rapports. C'est que les villages font la chaîne, se tendent la main.

Cette influence de «l'intercors» peut se manifester sous deux formes: tantôt la particularité nouvelle née sur un point <sera> combattue et réduite à néant par l'influence de «l'intercors». Mais on ne peut pas dire laquelle de telles nouveautés sera étouffée. Là, c'est une action conservatrice, de résistance. Dans d'autres cas, une nouveauté née sur un point est propagée, transmise par cette influence. Ici encore, le résultat va vers l'unité, l'égalisation, mais par force active, positive.

*[29 November 1910]

<u>Linguistic waves considered as social contagion or with reference to their geographical propagation</u>.

This is the view you are led to by considering isogloss lines running across a country. Causes almost the same as for every kind of human habit (fashions <etc.>). In every human population there will be the simultaneous action of two constant factors, pulling in opposite directions: 1) the force of parochialism, and 2) the force of 'intercourse', of communications, of human affairs.

1) the force of parochialism, the habits which develop in a community of limited size (village, small canton) are strong because they are those of the childhood of each individual. This influence, if left to itself, would produce an infinite diversification of customs.

2) But alongside what makes men stay put, there is everything that forces men to mingle, to get together. This second force will counterbalance the first. In a given village, there will be outsiders passing through, or the inhabitants of the village will have the opportunity of going off to a neighbouring locality for holidays, fairs - influence of war, bringing together men from different places, <etc.>.

The first will be the force promoting linguistic divisions.

The second will be the force promoting linguistic unification.

It is 'intercourse' which is responsible for the cohesion of a language over a large area. This area may be very extensive. It may seem astonishing that two very distant points in a language area should be connected. The fact is that villages form a chain, linking up with one another.

This influence of 'intercourse' may appear in two forms: sometimes the new feature emerging at one point <will be> opposed and suppressed by the influence of 'intercourse'. But you cannot say which among such innovations will be stifled. That is a process of conservation, of resistance. In other cases, an innovation introduced in one place is propagated, transmitted by means of this influence. Here again the result makes for unity, levelling, but by an active, positive process.

Observation: c'est cette forme propagatrice de l'influence de l'intercors que nous voulons examiner. Cette propagation demandera du temps. Parfois nous pouvons préciser les limites chronologiques d'un phénomène.

Dans le germanique continental, un des mouvements est celui qui a changé le son *þ* en *d*. Ce mouvement a fini par gagner tout le continent germanique (même les Pays-Bas).

Ce que n'ont jamais fait les Anglais. Mais pas du premier coup. Vers 800-850, le phénomène est accompli dans le sud de l'Allemagne. En francique, c'est encore *þ* qui est écrit. Il n'a disparu que plus tard.

Autre exemple. Le grand phénomène de la *Lautverschiebung* allemande (entre autres, changement du *t* en *z*) n'est jamais devenu général. Mais dans l'aire qu'il a fini par occuper, il a pris du temps pour marcher. Une partie du phénomène est antéhistorique, une autre est posthistorique.

[*Commencement de Cahier II*]

Ce phénomène de la *Lautverschiebung* est né vers 600, dans la région méridionale des Alpes, a marché vers le nord (au sud les Lombards ont été atteints). En Thuringe, on trouve encore *t* dans des chartes du VIIIe siècle. Il est arrivé à ses limites extrêmes (Dusseldorf, Thuringe) vers 750.

Diphtongaison de *i* long et de *u* long (*Rhein* au lieu de *Rhin* - *auf* au lieu de *ūf*). Ce phénomène a commencé vers 1400 et a mis 300 ans à occuper son domaine définitif. <Donc propagation par contagion.> Toutes les différentes ondes linguistiques d'innovation sont parties d'un point quelconque pour rayonner de là.

Il y a une correction à faire au principe posé à l'origine: la diversité géographique se fait uniquement dans le temps. Et c'est vrai en un certain sens.

Ex.: *medio*

medzo | medžo | mežo

*	medzo

<*Ici c'est une forme qui est établie dans le temps localement, qui est réellement transportée par un facteur géographique.>

Observation: it is this propagative form of the influence of intercourse that I propose to examine. The propagation will take time. Sometimes we can specify the chronological limits involved.

In continental Germanic, one of the movements is that which changed the sound *þ* into *d*. This movement eventually affected the whole Germanic-speaking continent (even the Low Countries).

Which the English never did. But not all in one go. Around 800-850, the development is complete in the south of Germany. In Frankish, *þ* is still written. Only later did it disappear.

Another example. The great development of the German sound shift (change of *t* to *z*, among others) never became general. But in the area it eventually occupied, it took time to spread. Part of the development is prehistoric, another part is posthistoric.

[*Notebook II begins here*]

This sound shift phenomenon began around 600 in the southern Alpine region, spread north (in the south the Lombards were affected by it). In Thuringia you still find *t* in VIIIth-century charters. It reached its farthest limits (Dusseldorf, Thuringia) about 750.

Diphthongization of long *i* and long *u*. (*Rhein* instead of *Rhin* - *auf* instead of *ūf*.) This development began about 1400 and took 300 years to occupy its ultimate domain. <So propagation by contagion.> All the different linguistic waves of innovation began at a certain point and spread out from there.

There is one correction to be made to the principle I laid down at the beginning: that geographical diversity is brought about solely through time. And this is true in a certain sense.

Ex.: *medio*

medzo | medžo | mežo

*	medzo

<* This is a form which was established locally at a particular time, and was then really transported by a geographical factor.>

Cette diversité qui est dans l'espace, il faut la projeter dans le temps pour reconnaître le phénomène. Ce principe est vrai, si l'on prend l'endroit où s'est faite l'innovation.

<Mais il y a une propagation géographique. C'est géographiquement dans propagation que l'une des forces a lutté contre l'autre. Dans l'endroit où innovation prend naissance se fait par facteurs phonétiques que l'on connaît plus ou moins.>

Dans la région avoisinante, le changement se fait par imitation. Il marche géographiquement et ne dépend pas du prototype.

Si l'on considère la contagion, le facteur géographique vient s'ajouter au facteur temps.

Donc la loi de tout rapporter au temps n'est vraie que pour foyers.

[Fig. en marge]

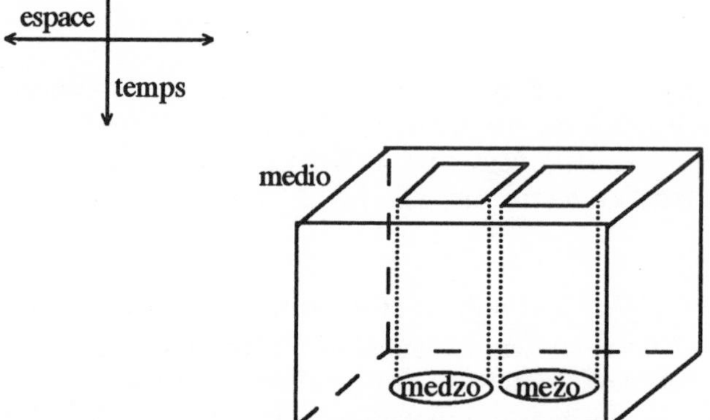

Notre premier principe, c'était que la différenciation géographique serait purement réductible au temps.

Ce qui revient à dire qu'il y a uniquement à considérer:

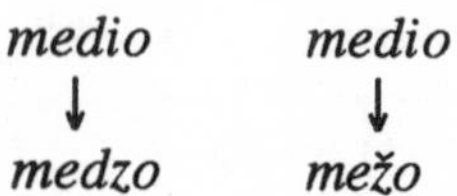

This variation, which is spatial, must be projected in time in order to identify the phenomenon. This principle is true, if you take the place where the innovation occurred.

<But there is a geographical propagation. In the propagation, one of the forces fought the other geographically. In the place where it begins, the innovation is brought about by phonetic factors that we more or less know about.>

In the region nearby, the change takes place by imitation. It progresses geographically and does not depend on the prototype.

If you are considering contagion, the geographical factor must be added to the time factor.

So the law that requires everything to be attributed to time is true only for places of origin.

[Fig. in margin]

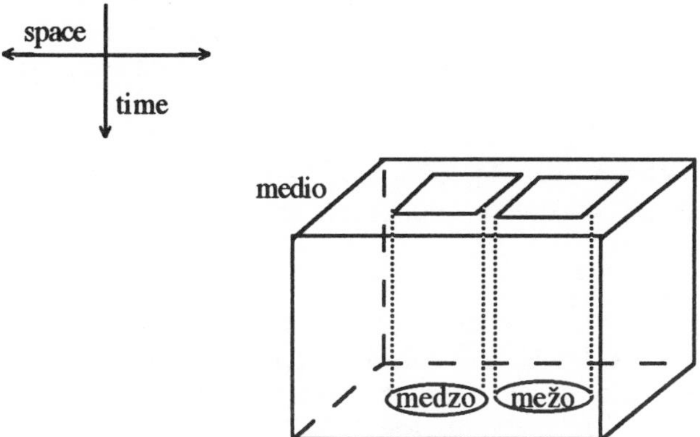

My first principle was that geographical differentiation should be accounted for simply in terms of time.

Which comes down to saying that we need only consider:

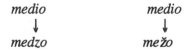

Le développement historique est libre de lieu en lieu. Ce schéma reste juste en thèse générale.

Mais la région *medzo* peut gagner et envahir *mežo* par conquête géographique.

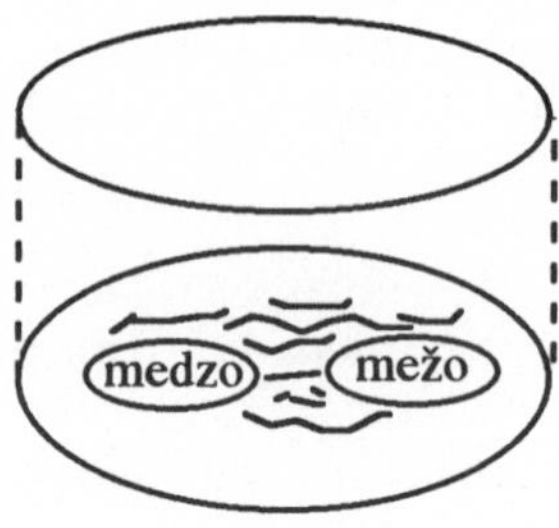

*[2 décembre 1910]

Il y aura lieu <au point de vue du phonétiste> de distinguer les foyers qui dépendront uniquement de l'axe du temps et les aires de contagion appelant la double notion du temps et de la propagation dans l'espace. <Cette propagation ne peut être considérée dans théorie des faits phonétiques, parce que la modification ne se fera pas sur un prototype mais par imitation.>

Le changement qui s'opère dans le foyer est d'une forme *sui generis*, mais le changement qui s'opère de proche en proche, c'est l'emprunt fait par imitation au voisin.

Supposons un mot comme *testa* qui a pris dans certains dialectes la forme *têþa*, ailleurs c'est *teta*. Il est clair que les changements phonétiques qui ont opéré le changement *st* en *þ* n'agissent pas si la région *teta* se met à dire *têþa* par imitation.

[Fig. en marge]

Remarques: I) Si l'on considère un village, la distinction entre les deux forces (du clocher et intercors) est très simple, tant que nous restons

Historical development is free at any given place. This model remains valid as a general thesis.

But the *medzo* region can invade and take over *mežo* by geographical conquest.

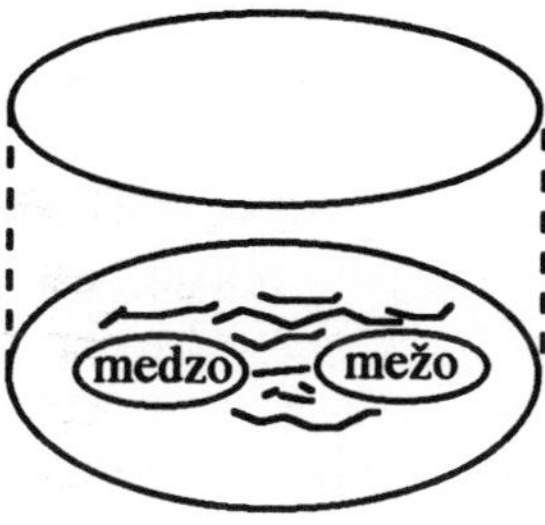

*[2 December 1910]

There will be a case <from the phonetician's point of view> for distinguishing between <u>sources</u>, which will depend solely on the time axis, and <u>areas of contagion</u>, which involve the dual notion of time and propagation in space. <This propagation cannot be considered under the theory of phonetic facts, because the modification will not operate on a prototype but by imitation.>

The change occurring at the source is of a form *sui generis*, but the change spreading from one place to the next is a borrowing from the neighbours by imitation.

Let us take a word like *testa*, which in certain dialects has become *têþa*, elsewhere *teta*. It is clear that the phonetic changes which brought about the change of *st* to *þ* do not operate if the *teta* region begins to say *têþa* by imitation.

[Fig. in margin]

<u>Comments</u>: I) If we consider a village, the distinction between the two forces (parochialism and intercourse) is very simple, as long as we

sur ce seul point. <Ou l'une ou l'autre agit.> Il sera facile de dire:

somme des caractères communs avec d'autres localités	=	influence d'intercors (unifiante)
somme des caractères propres	=	influence de clocher (divisante)

Mais aussitôt qu'on parle d'un petit canton, qu'on substitue une surface à ce qui était un point, on ne peut plus dire à quel facteur appartient tel ou tel phénomène.

Tous les deux [appartiennent *(b.)*] interviennent dans <le> phénomène <sont impliqués dans chaque caractère>.

Il n'y <a> pas de caractères différenciatifs du canton qui ne soi[en]t commun[s] à plusieurs points. Il y a toujours une communauté dans la différence.

<surface	caractère a	/	caractère b	Il est évident que *a* est différenciatif par rapport à région *b*, mais commun par rapport à région *a*.>

Pour établir une différence, il faut une cohésion. Ainsi on peut dire que dès qu'il s'agit d'une surface, un phénomène qui agit sur cette surface appartient aux deux forces. On ne peut dire dans quels cas chacune de ces forces agira.

Dans le domaine germanique (<s'étendant des> Alpes à Mer du Nord) on a vu s'établir cohésion complète pour la réduction de *þ* à *d*. <Force unifiante a agi sur tout le territoire.>

En revanche, il n'y a pas eu cette cohésion totale pour le *t* changé en *z* <(qui s'est fait seulement dans le sud)>. Seulement, chacun voit que dans ce phénomène, qui est resté localisé, il y a une certaine cohésion (tout le sud). <Le phénomène *t*→*z* n'est pas fondamentalement séparé du premier: différent dans mesure des forces.>

Considérant une surface, il faut faire abstraction de la force particularisante pour ne considérer que la force unifiante.

Si elle n'a pas la force de gagner tout le territoire, elle aboutit à une division.

remain at this one point .<Either one or the other acts.> It will be easy to say:

total of features in common with other localities	=	influence of intercourse (unifying)
total of own special features	=	influence of parochialism (divisive)

But as soon as we take a small canton, and substitute an area for a point, it is no longer possible to tell to which factor a given development should be attributed.

Both [belong *(corr.)*] are involved in <the> development <are implicated in each feature>.

There <are> no distinctive features of the canton which are not common to several points. There is always a common link in the difference.

<surface feature feature
a / b

It is evident that *a* is distinctive in relation to region *b*, but common in relation to region *a*.>

In order to establish a difference, cohesion is necessary. Hence we may say that as soon as we are dealing with an area, a development which affects that area involves both forces. We cannot say in which cases which of the two forces will act.

In the Germanic domain (<extending from> the Alps to the North Sea) you see complete uniformity established in respect of the reduction of *þ* to *d*. <Unifying force has acted on the whole territory.>

On the other hand, there has been no such complete uniformity in *t* changing to *z* <(which took place only in the south)>. Only, everyone can see that in this development, which remained localized, there is a certain cohesion (all the south). <The $t \rightarrow z$ development is not fundamentally separate from the first: difference in the strength of the forces.>

In the case of an area, we must disregard the particularizing force and consider only the unifying force.

If it is not strong enough to dominate the whole territory, the result is a division.

Tout peut se ramener à une seule force: le plus ou moins de force cohésive se manifestant à propos de chaque innovation <sans faire intervenir résistance qui du reste est force cohésive de l'autre région>.

Seconde observation. Quand on s'est rendu compte que dans une masse de population isoglosse il est des innovations générales et beaucoup restant partielles, qu'on s'est rendu compte des suites <possibles> de la continuité géographique aboutissant à une différence, on doit <alors seulement> porter ses regards sur la discontinuité géographique (colonie qui s'est séparée de la masse). Il ne faut pas croire qu'il est plus simple de considérer tout d'abord le second cas, <d'étudier différence de langues dans discontinuité géographique (cas partiel)>. Il ne faut pas juger de la seconde, <(effets de discontinuité géographique)> avant de connaître la première, <(effets dans continuité géographique)>. <Pourquoi attribuerons-nous un fait à discontinuité s'il se trouve possible dans continuité[?]>

Les linguistes <indo-européens> n'ont cessé d'être attirés singulièrement par ce cas de la séparation géographique. Placés devant les différences de langues que leur offrait la famille indo-européenne, ils n'ont pas conçu autre chose qu'elles ne soient le résultat d'une séparation matérielle.

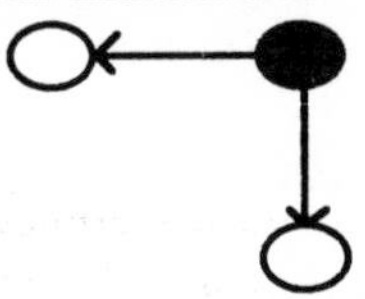

<Ne pas unir forcément différence de langues et différence géographique.>

On se représentait que <les Celtes>, les Germains, les Slaves représentent autant de migrations.

On rapportait les différences linguistiques à des migrations (comme essaims d'abeilles sortant de la ruche).

Conception enfantine et inutile.

Supposant l'indo-européen restant compact <dans une seule étendue>, il se serait produit faits analogues: 1) cet indo-européen ne serait resté le même à travers le temps, 2) il se serait divisé en différentes formes linguistiques.

C'est un ouvrage de Johannes Schmidt (Berlin) (1877) qui appela

Everything can be reduced to a single force: a stronger or weaker cohesive force operating in each innovation <without counting resistance, which in effect is cohesive force of the other region>.

Second observation. After taking into account that in an isoglossic population there are general innovations and many that remain partial, and taking into account the <possible> consequences of geographical continuity resulting in a difference, one should <only then> take a look at geographical discontinuity (colony separated from the main body). It must not be supposed that it is simpler to consider first the second case <to study linguistic differences with geographical discontinuity (partial case)>. One must not judge the second <(effects of geographical discontinuity)> before acquaintance with the first, <(effects in geographical continuity)>. <Why should we attribute a fact to discontinuity if it turns out to be possible in continuity[?]>

<Indo-European> linguists have never ceased to find the case of geographical separation curiously attractive. Confronted by the language differences shown in the Indo-European family, the only thing they could think of was that this was the result of physical separation.

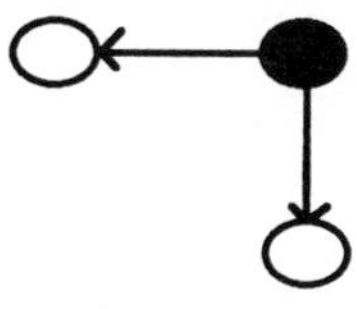

<Do not necessarily equate difference of languages with geographical difference.>

It was supposed that <the Celts>, the Germans, the Slavs represented various migrations.

The linguistic differences were related to migrations (like swarms of bees leaving the hive).

Childish and useless conception.

Supposing Indo-European had remained compact <in a single area>, similar results would have come about: 1) this Indo-European would not have remained the same over time, 2) it would have become divided into different linguistic forms.

A work by Johannes Schmidt (Berlin) (1877) drew attention to this

l'attention de ce côté-là <(possibilité de continuité)>. <Pour ce qui est du fait, si nous voulions le discuter, il s'ajoute:> Les différents idiomes indo-européens forment une chaîne de transition. Il faut croire à un développement dans la continuité géographique.

Dès lors à la théorie des migrations fut opposée la théorie du développement dans la continuité (*Wellentheorie* - théorie des ondes). <Donc développement séparé est cas secondaire.>

On ne peut apprécier les effets de la discontinuité que par rapport à ceux de la continuité. La continuité a elle-même des effets différenciateurs. <Dès lors considération relative à isolement doit être mesurée aux effets de continuité.>

Pour juger si la séparation <géographique> a eu des effets capitaux, il faut se demander si ces effets se seraient produits dans la continuité <sans cette séparation>, ceci à propos de l'anglais et de l'allemand du continent.

[Fig. en marge]

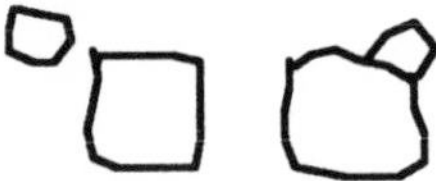

Admettons que le peuple anglo-saxon ait occupé le Jutland au lieu de l'Angleterre; il y aurait eu alors continuité.

Un des caractères de l'anglais est de ne pas avoir changé *þ* en *d*. Est-ce la séparation géographique qui a permis le maintien de ce *þ*? Alors la continuité géographique aurait permis <dans la chaîne des changements continentaux> au changement *þ*→*d* de devenir général. Il resterait à se demander si le même fait serait impossible si la communauté anglaise serait restée en continuité. Nullement. Leur *þ* aurait pu rester <malgré la continuité géographique>.

Ce serait un fait analogue à celui de *vacca* → *vache*, qui n'est pas sévi en Picardie (où on dit la *vaque*).

On est surpris de voir combien peu diffère le développement dans la continuité et dans le cas de la séparation.

<Du reste, développement dans continuité peut aboutir à différentes

<(possibility of continuity)>. <As for the fact, if we wished to discuss it, there is additionally:> The different Indo-European tongues form a chain of transition. We have to suppose there was development in geographical continuity.

From that time on, the theory of migrations was opposed by the theory of development in continuity (*Wellentheorie* - wave theory). <So separate development is a secondary case.>

The effects of discontinuity cannot be appreciated except in relation to those of continuity. Continuity itself has differentiating effects. <Hence considerations relating to isolation should be measured against effects of continuity.>

In order to judge whether <geographical> separation has had major effects, we must ask if these effects would have come about in continuity <without this separation> in the case of English and continental Germanic.

[Fig. in margin]

Let us suppose the Anglo-Saxons had occupied Jutland instead of England: there would then have been continuity.

One of the features of English is not having changed *þ* into *d*. Was it geographical separation which allowed the retention of this *þ*? If so, geographical continuity would have allowed <in the chain of continental changes> the change *þ* → *d* to become general. We must next ask whether the same fact would be impossible if the English community had not become isolated. Not at all. Their *þ* could have been retained <in spite of the geographical continuity>.

This would be a case like that of *vacca* → *vache*, which never took hold in Picardy (where they say *vaque*).

It is surprising how little development in continuity differs from development in the case of separation.

<In any case, development in continuity can result in different

langues; ainsi > c'est en pleine continuité géographique qu'on a vu le hollandais se séparer de l'allemand. <Cet exemple montre bien qu'il n'y avait pas besoin d'une île pour différenciation.> Il est resté des dialectes de transition dans la région de Limbourg entre l'allemand et le hollandais.

<Nous avons voulu partir du premier fait apparent qui s'impose: diversité géographique.>

Nous ferons une revue des différentes familles au sein desquelles est la parenté, mais avant de la faire, il faut s'occuper d'un intermédiaire entre elles et nous: l'écriture. C'est au moyen de l'écriture que nous connaissons ces différentes langues. <Aussitôt qu'il s'agit de langue éloignée, il faut expression écrite.> Celui-même qui pourrait explorer personnellement tout un domaine de langues serait obligé de mettre par écrit ce qu'il a entendu et de se servir de notes écrites. <Pour distance dans le temps, pas moyen d'entendre prononcer une langue; nous en sommes réduits au témoignage écrit.>

Même pour notre langue maternelle, c'est l'image écrite de cette langue qui flotte toujours devant nos yeux. <Il faudrait, pour avoir document de langue, avoir fait de tout temps ce qu'on fait à Vienne:> On recueille la forme parlée <de toutes les langues> dans les phonogrammes de l'université de Vienne.

<Nous ne pouvons pas faire abstraction d'écriture.>

Qu'est-ce que cet instrument de l'écriture dont nous usons, en quoi est-il utile ou dangereux par les pièges qu'il peut tendre, par les erreurs qu'il peut susciter[?]

Il faut donc consacrer un chapitre à la représentation de la langue par l'écriture.

[6 décembre 1910]

<Chapitre IV. Représentation de la langue par l'écriture.>

Dans un ouvrage <même> comme la grammaire de Bopp, il est difficile de voir la différence qu'il fait entre la langue écrite et la langue parlée, la lettre et le son.

Telle est la puissance du mirage par lequel on est porté à confondre les deux choses: ce qui est écrit et ce qui est parlé.

languages; for instance,> Dutch separated from German in full geographical continuity. <This example demonstrates that there was no need of an island for differentiation.> Transitional dialects between Dutch and German have remained in the region of Limbourg.

<I wanted to begin with the first obvious fact that strikes one: geographical diversity.>

I shall present a survey of the various families linked by relationship, but before doing so, it is necessary to examine something which is intermediary between them and us: writing. It is through writing that we are acquainted with these different languages. <As soon as the language is a remote one, written expression is necessary.> Even someone who was able personally to explore a whole range of languages would be obliged to write down what he heard and to make use of written notes. <With distance in time, no way of hearing a language pronounced; we have to have resort to written evidence.>

Even for our native language, it is the written image of that language which always hovers before our eyes. <In order to document a language, it would have been necessary always to have done what they do in Vienna:> The spoken forms <of all languages> are collected on phonographic records at the University of Vienna.

<We cannot rule writing out of account.>

What is this instrument, writing, that we make use of[?] How is it useful or dangerous through the traps it may set, the errors it may induce[?]

So it is necessary to devote a chapter to the representation of languages by writing.

[6 December 1910]

<Chapter IV. Representation of languages by writing.>

In a work <even> like Bopp's grammar, it is difficult to see that he is distinguishing between the written language and the spoken language, the letter and the sound.

Such is the power of the mirage by which we are led to confuse the two things: what is written and what is spoken.

Notre première notion de la langue est un tout mixte, composé de deux choses. Réciproquement porter son attention sur l'écriture et la mettre à sa place, ce sera rectifier notre idée de la langue elle-même. <Non dégagée de l'écriture, la langue est un objet non défini.> La langue et l'écriture sont deux systèmes de signes, dont l'un a pour mission <uniquement> de représenter l'autre. Il semblerait que leur valeur respective et réciproque ne court pas de risque d'être méconnue, l'une n'est que la servante ou l'image de l'autre.

Mais en fait cette image se mêle dans notre esprit si intimement à la chose, qu'elle prend la place principale. C'est comme si une photographie d'une personne finissait par passer pour un document plus sûr sur la physionomie de cette personne. On accorde une plus grande importance à l'image qu'à la chose réelle.

Et cela pour plusieurs causes. 1°) Une première cause c'est que l'image des mots fixée par l'écriture nous frappe comme un objet permanent et solide. Cette image est fixée. <2°)> En second lieu, pour la majorité des individus il y a une préférence donnée aux impressions visuelles sur les impressions acoustiques. C'est l'image qui paraît être la chose en chair et en os parce qu'elle est fixe, tangible, visible, tandis que la parole paraît insaisissable, fuyante, dès qu'elle a cessé de résonner. <3°)> Une troisième cause, c'est que nous n'avons pas seulement à compter avec le fait nu de l'écriture mais avec tout ce qui constitue ce qu'on appelle la langue écrite. Toute langue littéraire <cultivée> arrive à posséder dans le livre <une sphère d'existence indépendante de sphère normale qui est dans la bouche des hommes,> une sphère de diffusion séparée. Il s'établit un usage de langue pour le livre et un système d'écriture dit orthographe pour le livre. <Livre joue rôle aussi grand que conversation.>

Des dictionnaires officiels se créent pour cette langue <littéraire>. On enseigne à l'école d'après le livre et dans le livre. A l'idée du mot écrit se lie l'idée du mot correct.

<4°)> Une quatrième cause, c'est que quand il y a désaccord entre la langue et l'orthographe, ces désaccords sont difficiles à débrouiller pour d'autres que des linguistes. Il faut avoir certaines connaissances. Il faut partir de la forme écrite pour résoudre <commodément> l'alternative qui se pose.

On connait deux grands systèmes d'écriture.

Our first notion of a language is a composite whole, comprising two things. But by focussing attention on writing and putting it in its place we can refine our idea of what a language itself is. <Unless distinguished from writing, a language is an undefined object.> A language and writing are two systems of signs, one having the <sole> function of representing the other. It might appear that the values of each vis-à-vis the other run no risk of being misunderstood: one is only the servant or the image of the other.

But in fact this image is so closely associated in our mind with the thing itself that it takes over. It is as if a person's photograph came to be treated as more reliable evidence than that person's physiognomy. Greater importance is attached to the image than to the real thing.

There are several reasons for this. 1) In the first place, the image of words fixed by writing strikes us as a permanent and solid object. This image is fixed. <2)> Second, the majority of people give priority to visual impressions over acoustic impressions. It is the image which seems to be the thing of flesh and blood, because it is fixed, tangible, visible, while speech seems to be elusive, fleeting, as soon as the sound has ceased. <3)> A third reason is that we have to take account not only of the bare fact of writing but of everything that comprises what is called the written language. Every literary <cultivated> language comes to possess, through books, <a sphere of existence that is independent of the normal sphere, which is by word of mouth,> a separate sphere of diffusion. A linguistic usage for the book becomes established, and a system of writing for the book, called spelling. <Book plays as big a role as conversation.>

Official dictionaries are created for this <literary> language. Schools teach by the book and from the book. To the idea of the written word is attached the idea of the correct word.

<4)> A fourth reason is that when there is any discrepancy between the language and the spelling, these discrepancies are difficult for people other than linguists to sort out. Certain knowledge is required. It is necessary to start from the written form in order to decide <suitably> between the alternatives on offer.

Two main systems of writing are known.

1°) le système idéographique qui prétend rendre le mot sans se préoccuper des sons qui le composent <(mais il y a bien l'idée de rendre le mot, non l'idée)>, donc par un signe unique, et qui ne peut se rapporter qu'à l'idée contenue. C'est le type de l'écriture chinoise. Il n'importe pas de figurer le mot quand il est figurable:

«maison» [illegible] ou [illegible]

2°) le système «phonétique» visant à reproduire la série des sons qui se suivent dans un mot (en un sens plus étroit <de phonétique> ce sera le système rationnel qui vise à reproduire exactement les sons).

Ces écritures pourront être syllabiques, ou bien basées sur les éléments irréductibles du son.

<Remarque.> Presque toutes les écritures idéographiques deviennent partiellement syllabiques: on emploie un idéogramme au sens phonétique.

Cette influence du mot écrit à primer le mot parlé est-elle commune à ces divers systèmes? Oui, et d'une façon encore plus forte dans le système idéographique. Le même signe est employé dans toutes les provinces de la Chine bien qu'il soit prononcé différemment.

En s'en tenant <(Tenons-nous en)> aux écritures phonétiques et en admettant comme type le système grec <que nous avons aujourd'hui où l'on distingue éléments irréductibles du son>.

Au moment où se crée un alphabet, il introduit de la logique. <A ce moment,> c'est <en général> un instrument bon pour représenter la langue, pourvu que cet alphabet ne soit pas emprunté à un peuple voisin.

On peut admirer l'alphabet grec primitif: à tout son qui est simple, un seul signe graphique et invariable <pour le même son> tel est son principe. Et réciproquement pas de signe simple valant deux sons consécutifs. Ce principe contient toute l'écriture phonétique au sens rigoureux.

Par exemple, en face du son simple, comme *s*, pas de signes comme *sh* (= deux signes graphiques), *ch* (= deux signes graphiques).

1) the ideographic system which attempts to represent the word without bothering about the constituent sounds, <(but the aim is indeed to represent the word, not the idea)>, using therefore a single sign, which can only relate to the idea contained. The typical case is Chinese writing. It is of no importance to depict the object, even when that is possible:

'house' [illegible] or [illegible]

2) the 'phonetic' system which aims at reproducing the series of consecutive sounds in a word (in a narrower sense <of phonetic> this will be the rational system which aims at reproducing the sounds exactly).

These writing systems may be syllabic, or based on the minimal elements of sound.

<Comment.> Almost all ideographic systems of writing become partly syllabic: ideograms are used with a phonetic value.

Is this tendency of the written word to take priority over the spoken word common to these different systems? Yes, and even more marked in the ideographic system. The same sign is employed in all the provinces of China, even though it is pronounced differently.

Confining our attention to <Let us confine our attention to> phonetic systems of writing and taking as our model the Greek system <which we have today, where the minimal elements of sound are distinguished>.

As soon as an alphabet is created, it introduces logic. <At that stage> it is <in general> an instrument capable of representing the language, provided this alphabet has not been borrowed from a neighbouring people.

One must admire the original Greek alphabet: a single, invariant graphic sign for every single sound <for the same sound> - that is its principle. And, correspondingly, no single sign with the value of two consecutive sounds. This principle covers the whole of phonetic writing in the strict sense.

For example, for a single sound like *s*, no signs like *sh* (= two graphic signs), *ch* (= two graphic signs).

Le même son ne sera pas tantôt *k*, tantôt *q*. Pas de signe simple valant deux sons (comme *x* dans notre alphabet, qui vaut deux sons). <(*x* = *ks*)>

On pourrait seulement reprendre dans l'alphabet grec qu'ils ont marqué d'un même signe deux sons: *X (kh) Θ (th) Φ (ph)*.

Mais ils ne l'avaient pas fait au commencement (inscriptions archaïques: *KHAPIΣ*).

De même pour le *dz*, son double, marqué ζ <signe simple>.

L'alphabet archaïque a κ et *koppa* (ϙ) devant *o*. Même ce ϙ a disparu de bonne heure.

Mais comment arrive-t-elle <(cette orthographe)> rapidement à se vicier <(à n'être plus représentation exacte de ce qui se prononce)>? Bien des causes y contribuent.

1°) En considérant l'ensemble des langues et des écritures, il peut arriver: insuffisance de lettres <dans alphabet traditionnel> qui force à tourner la difficulté par des digrammes.

Par exemple, nations germaniques possédaient le son *þ*; quand ils ont adopté l'alphabet latin, ce son n'y existait pas. Malgré Chilpéric, <(qui tenta d'introduire un signe pour ce son)>, certaines nations ont adopté un digramme *th*.

De même en français *ch* pour *š*. En anglais *uu (vv)* <*w*> pour la consonne *oué* <(car pas de signe en latin pour son *oué*, car à cette époque *v* se prononçait comme en français)>.

Ou bien l'anglais du moyen âge: avait un *e* fermé, dans *sẹ̄d* <semence> et un *e* ouvert dans *lę̄d*. On a imaginé d'écrire: *seed* et *lead*; *ea* = *ē* ouvert. <Donc digrammes, donc insuffisance.>

2°) C'est la préoccupation étymologique chez ceux qui dictent l'usage <à certaines époques> (comme à la Renaissance). En outre très souvent l'étymologie est fausse, <et le principe lui-même est faux>. Par exemple d'après une étymologie fausse on a mis un *d* dans *poids* qui vient de *pensum*: <(a été considéré comme s'il venait de *pondus*)>.

3°) D'autre[s] fois on assiste à des chinoiseries qui n'ont pas même de

The same sound will not be sometimes *k*, sometimes *q*. No single sign standing for two sounds (like *x* in our alphabet, which stands for two sounds). <(*x* = *ks*)>

The only feature of the Greek alphabet one might object to is denoting two sounds by a single sign in *X (kh), Θ (th), Φ (ph).*

But originally this was not the case (archaic inscriptions: *KHAPIΣ*).

Similarly with *dz*, a double sound, noted *ζ* <single sign>.

The archaic alphabet has *κ* and koppa (ϙ) before *o*, but this ϙ disappeared at an early stage.

But how does it come about that this <(spelling)> quickly degenerates <(no longer being the exact representation of what is pronounced)>? There are many contributory causes.

1) Considering languages and writing systems as a whole, there may be: insufficient letters <in traditional alphabet>, which forces people to get round the problem by using digraphs.

For example, Germanic nations had the sound *þ*; when they adopted the Latin alphabet, it did not have this sound. In spite of Chilperic <(who tried to introduce a sign for this sound)>, some nations adopted a digraph *th*.

Likewise in French, *ch* for *š*. In English, *uu* (*vv*) <*w*> for the consonant *w* <(no sign in Latin for the sound *w*, since at that period *v* was pronounced as in French)>.

Or English in the Middle Ages: had a close *e*, in *sẹ̄d* <seed> and an open *e* in *lę̄d*. They hit on the idea of writing: *seed* and *lead*; *ea* = open *ē*. <Hence digraphs: hence inadequacy.>

2) Those who determine usage are preoccupied with etymology <at certain periods> (as in the Renaissance). Furthermore, very often the etymology is wrong <and the principle itself is erroneous>. For example, through false etymology a *d* was inserted in *poids*, which comes from *pensum* <(treated as if it came from *pondus*)>.

3) At other times you find bizarre spellings which do not even have an

principes étymologiques. <Ainsi en allemand à l'époque moderne:> comme écrire *thun* au lieu de *tun*.

<On a dit que *h* venait de l'aspirée qui suit consonne. Mais il faudrait *h* partout.>

Alors pourquoi écrire *Tugend*[?]

4°) Cause très fréquente, très importante: l'écart entre l'écriture et la langue est ici involontaire. On ne peut en accuser que le développement de la langue à travers le temps. Ce fait résulte de ce que la langue marche à travers le temps; toutes les fois que ce fait se combine avec l'immobilité de l'écriture, <l'écriture ne correspondra plus à la langue parlée>. Le son change et l'on néglige de modifier l'expression graphique. Entre autres exemples, celui tiré de l'histoire du français <(ce qui se passe par exemple au XIe s.)>:

	Faits de langue		Ecriture	
XIe s.	1. *rei lei*	‖	→	*rei lei*
XIIIe s.	2. *roï loï*	‖	→	*roi loi*
	3. *roè loè*	‖	on garde	*roi loi*
	4. *roa loa*	‖	id.	*roi loi*
XIXe s.	5. *rwa lwa*	‖	id.	*roi loi*

Cet exemple fait bien voir pourquoi l'écriture doit devenir fatalement fausse et montre l'indépendance de la langue vis-à-vis de l'écriture.

Nous n'avons pas seulement: langue — écriture
mais: histoire de langue <en face de> écriture.

Voyons les différents actes de cette transformation.

1°) Jusqu'à l'époque 2, à chaque étape de langue on a fait une modification d'écriture correspondante tenant compte de la modification survenue.

2°) Depuis l'époque 3, nous avons le fait du changement de langue qui continue; de l'autre côté immobilité de l'écriture.

3°) Il y aura désaccord depuis cette époque entre l'écriture et ce qu'elle doit représenter.

etymological justification. <E.g. in modern German> writing *thun* instead of *tun*.

<The *h* allegedly explained by the aspiration following the consonant. But then it should be *h* everywhere.>

Why then write *Tugend* [?]

4) A very frequent reason, and a very important one: the gap between the spelling and the language is an involuntary one. This is attributable only to the development of the language over time. It is a result of the fact that over time the language advances; every time this coincides with immobility in the writing system, <the writing will no longer correspond to the spoken language>. The sound changes and no one bothers to change the graphic expression. Among other examples, this one from the history of French <(what happens, for example, in the XIc.)>:

	Linguistic facts		Writing
XIc.	1. *rei lei*	→	*rei lei*
XIIIc.	2. *roï loï*	→	*roi loi*
	3. *roè loè*	keeps	*roi loi*
	4. *roa loa*	ditto	*roi loi*
XIXc.	5. *rwa lwa*	ditto	*roi loi*

This example shows clearly why writing is bound to become inaccurate and demonstrates the independence of the language from the writing system.

We have not only: language — writing
but: language history <versus> writing.

Let us inspect the different stages in this transformation.

1) Until stage 2, at every stage in the language a corresponding modification of writing is introduced to take account of the change that has taken place.

2) From stage 3, we find change in the language continuing; but, on the other hand, immobility in the writing.

3) From this stage onwards there will be a discrepancy between the writing and what it ought to represent.

4°) Il y a désaccord, il est vrai, mais il serait faux de dire qu'il y a divorce. On continue à joindre et à conjoindre les deux termes en désaccord. Alors il arrive une répercussion sur l'écriture; l'expression graphique *oï* [sic] prend une valeur particulière qui ne correspond plus aux éléments qu'elle contient. Ceci s'est fait mécaniquement par aucune volonté agissant sur l'écriture. <Il y aura répercussion sur grammaire; on expliquera le phénomène en retournant les termes (ce qui est absurde).>

5°) On verra enseigner: *wa* s'écrit maintenant *oi*, mais *oi* se prononce *wa*, <(tandis qu'on devrait dire: le signe *oi* s'est perpétué et correspond à tort au son *wa*)>.

La cause que nous venons d'analyser peut s'appeler le contrat entre la représentation du son <disparu> et le son existant.

La plupart des illogismes de l'écriture remontent à cette cause: immobilité du système graphique à certains moments alors qu'on ne peut empêcher la langue de marcher. <*Mais* par exemple: on n'a jamais dit: nous allons représenter le son *é* par le signe *ai*.>

phonologiquement: *maïs faït* | écrit: *mais fait*

<puis on a dit *mès* et *fèt*, et nous disons actuellement *mé, fé*>

d'où *è* signe graphique pour *ai* [sic].

<De même pour le vocable *sauter* qui fut jadis *sa uter*>

sauter - *au*

ọ signe graphique *au*

<Pourquoi *c* se prononce-t-il comme *s*? C'est que nous avons conservé l'orthographe latine qui a subsisté à travers tout le développement de la langue.>

	kivitatem	*cité (certain)*
<on a dit d'abord>	*ki-*	
<puis>	*tsi-*	*ts*
<et enfin>	*si-*	*s*

Pourquoi dans l'écriture anglaise la lettre *i* marque-t-elle souvent *ai*[?]

life, time *līf, tīm* (étant prononcé ainsi au XVe s.)
i long marque aujourd'hui *ai*. <(Le son est devenu *ai*.)>

4) There is a discrepancy, certainly, but it would be wrong to say there is a divorce. The two discrepant terms continue to be associated and juxtaposed. This then has a repercussion on the writing; the graphic expression *oï* [sic] acquires a special value which no longer corresponds to the elements it contains. This happens automatically without any intention to alter the writing system. <There will be a repercussion on grammar: the phenomenon will be explained by reversing the terms (which is absurd).>

5) What will be taught, we shall find, is: *wa* is now written *oi*, but *oi* is pronounced *wa*, <(whereas what should be said is: the sign *oi* has been kept and corresponds, wrongly, to the sound *wa*)>.

The reason I have just analysed may be called the contract between the representation of the <vanished> sound and the existing sound.

Most illogicalities in writing can be traced to this cause: immobility of the graphic system at certain stages while the language pursues its inevitable progress. <*Mais*, for instance; at no point did anyone say: we are going to represent the sound *é* by the sign *ai*.>

phonologically: *maïs faït* | written: *mais fait*

<then pronounced *mès* and *fèt*, and we now say *mé*, *fé*>

whence the graphic sign *è* for *ai* [sic].

<Likewise for the word *sauter* which was formerly *sa̱ u̱ter*>
sauter - *au*
ọ graphic sign *au*

<Why is *c* pronounced like *s*? Because we have kept the Latin spelling, which has lasted throughout the whole development of the language.>

	kivitatem	*cité* (*certain*)
<first pronounced>	*ki-*	
<then>	*tsi-*	*ts*
<and finally>	*si-*	*s*

Why in English writing does the letter *i* often denote *ai* [?]

life, time *līf tīm* (pronounced thus in the XVc.)
long *i* today denotes *ai*. <(The sound has become *ai*.)>

L'orthographe est composée d'archaïsmes de dates très diverses.

Au lieu d'écrire *évéyer*, *mouyer*, on écrit *éveiller*, *mouiller*.

Nous ne cataloguerons pas les diverses espèces d'illogismes; il y en a de <toutes> sortes. <Signalons-en une:> Ainsi la multiplicité de signes pour le même son.

En français: son *ž* — écrit: *j*, *g*, *ge* (geôle)
son *z* — écrit : *z*, *s*
son *s* — écrit: *s*, *c*, *ç*, *t* *(nation)*, *ss (chasse)*, *sc*, *x*, *ce (arceau)*
son *k* — écrit: *c*, *qu*, *k*, *ch*, *cc*, *cqu (acquérir)*
son *f* — écrit: *f*, *ff (étoffe)*, *ph*.

Il y a aussi multiplicité de valeurs pour le même signe: <(*g* est prononcé *g* ou *ž*)>.

Aussi lettre *t* peut valoir: *t* ou *s*.

Parmi les innombrables illogismes il y a:

Les notations indirectes

Ainsi marquer deux consonnes <où on n'en prononce qu'une> en allemand signifie que la voyelle <qui est devant (ou qui suit G.D.?)> est brève.

Zĕttel
Tĕller C'est absurde.

En anglais: *măd* | *māde*.

Un *e* ajouté, notation indirecte pour marquer voyelle qui précède est longue.

1°) L'écriture arrive à voiler ce qui existe dans la langue. D'auxiliaire pour l'étude de langue elle devient une ennemie.

En français: *oi* |*s*| *eau* <(dont aucun signe ne correspond à la
wazǫ langue parlée)>

En français, il n'y a pas de consonnes géminées (redoublement de consonnes).

Spelling consists of archaisms dating from very different periods.

Instead of writing *evéyer*, *mouyer*, we write *éveiller*, *mouiller*.

I shall not catalogue the various kinds of illogicality; there are <all> sorts. <To give one example:> The multiplicity of signs for the same sound.

In French:
sound *ž* — written: *j*, *g*, *ge* (*geôle*)
sound *z* — written: *z*, *s*
sound *s* — written: *s*, *c*, *ç*, *t* (*nation*), *ss* (*chasse*), *sc*, *x*, *ce* (*arceau*)
sound *k* — written: *c*, *qu*, *k*, *ch*, *cc*, *cqu* (*acquérir*)
sound *f* — written: *f*, *ff* (*étoffe*), *ph*.

There is also multiplicity of values for the same sign: <(*g* is pronounced *g* or *ž*)>.

Letter *t* also may have the value: *t* or *s*.

Among innumerable illogicalities there are:

Indirect notations

For example, double consonants <where only one is pronounced> in German means that the <preceding (or following G.D.?)> vowel is short.

Zĕttel
Tĕller It is absurd.

In English: *mă̆d* | *mādẹ*.

An *e* added, indirect notation to indicate preceding vowel long.

1) Writing manages to conceal what exists in the language. Instead of a help in languages studies, it becomes a hindrance.

In French: *oi* |*s*| *eau* <(no sign of which corresponds to the
wazọ spoken language)>

In French there are no geminate consonants (double consonants).

Excepté futurs anciens: *je courrai, je mourrai*. Or l'écriture en est remplie (*bonne*).

Pas d'aspiration *h* en français; or d'innombrables mots commencent par *h*.

2°) Moins l'écriture correspond à ce qu'elle a pour mission de marquer, plus se renforce la tendance à partir d'elle. Moins elle est compréhensible, plus on la prend pour base.

Toutes les règles, les formules s'attachent au système graphique. <Par exemple: On doit prononcer une lettre ainsi.>

Le mot de *prononciation* change le rapport légitime et réel entre l'écriture et la langue. Dire qu'un son «se prononce ainsi», c'est prendre pour base l'écriture, l'image. Il ne faut pas dire *oi* se prononce *wa*, comme si *oi* était quelque chose de donné, ayant quelques titres à l'existence. Il faut dire *wa* s'écrit *oi* <(dans *oiseau*, le son *wa* est représenté par les deux signes *oi*)>.

La prononciation change, dit-on; dans cette expression est impliquée une idée d'infériorité, de dépendance de la langue <à la lettre>. On se réfère à l'écriture; <il semble que celle-ci est dans son droit, on se figure que le signe graphique est la norme.>

Autre expression: le son du *th* anglais. Autre manière de faire dépendre la réalité d'une convention, qui est la façon de représenter le son *þ*.

Quelquefois on fait d'un signe graphique un être fictif qui semble préexister à tout. Les Français prononcent *an* <*a* (nasal)> comme *ą*. Ce signe est presque en dehors des langues comme un être mythologique.

[9 décembre 1910]

Ces différentes fictions se manifestent dans des règles grammaticales.

Ainsi la règle de l'*h* aspiré français. Il y a en français un certain nombre de mots qui n'ont jamais eu d'*h*.

Ainsi le mot *homme* écrit en vieux français (*h*)*omme*. D'autres mots

Except old futures: *je courrai, je mourrai*. But writing is full of them (*bonne*).

No aspirate *h* in French; yet countless words begin with *h*.

2) The less writing corresponds to what it is supposed to denote, the greater the tendency becomes to take it as a point of departure. The less comprehensible it is, the more it is taken as basic.

All the rules and formulations relate to the graphic system. <E.g. One ought to pronounce a letter thus and so.>

The word *pronunciation* alters the legitimate and real relationship between writing and the language. To say that a sound 'is pronounced like this' is to take writing, the image, as basic. We should not say '*oi* is pronounced *wa*', as if *oi* was something given, having some claim to exist. We should say '*wa* is written *oi*' <(in *oiseau*, the sound *wa* is represented by the two signs *oi*)>.

Pronunciation changes, it is said; in this expression an idea of inferiority is implied, of the dependence of the language <on the letter>. Writing is the reference point; <it seems that it is within its rights, the graphic sign is taken to be the norm>.

Another expression: the sound of English *th*. Another way of subordinating reality to a convention, which is the way of representing the sound *þ*.

Sometimes a graphic sign has been made into a fictional being which seems to take precedence over everything else. The French pronounce *an* <(nasal) *a*> as *ą*. This sign is almost beyond the realm of languages, like some mythological creature.

[9 December 1910]

These various fictions turn up in the form of grammatical rules.

For instance, the rule about aspirate *h* in French. There are in French a certain number of words which have never had an *h*.

For instance, the word *homme*, written in Old French *(h)omme*. Other

ont eu un *h* (*haubert, heaume, héraut*: mots empruntés à l'allemand: *aubert, eaume, éraut.*)

On disait: *le haubert* | *l'omme*
premié haubert | *premier omme*

Si l'on voulait aujourd'hui donner une règle, ce serait impossible. «Devant l'*h* aspiré, l'article *le* n'élide pas <liaisons ne se font pas>.» (Cela n'a pas de sens.) Il n'y a ni *h* aspiré ni autre. L'*h* aspiré serait cette espèce d'*h* devant lequel n'élide pas l'article. Nous sommes devant un cercle vicieux.

Nous voyons que cette forme écrite des mots règne en maîtresse. <Dans toute discussion à ce sujet> on oublie l'histoire du mot, l'histoire de la langue, <son ascendance>.

<Il est forcé de marcher dans certaines voies précises et chaque étape peut être forcée par ce qui précède, par l'étymologie, mais en entendant par là la suite de pas en pas et non en sautant d'un coup au latin.>

Doit-on dire *gageure* ou *gajure*? On invoquera soit le mot *heure*, soit *j'ai eu*. On dira d'après l'écriture *geai* (*ge-u*) que *ge-* se prononce *že*, donc *jure*.

En se laissant guider par la formation du mot:

tourner | *tournure* *gajer* | *gajure.*

Il est toujours complètement vain de s'adresser à l'écriture pour une question de langue.

Nom de cette ville du département du Gers: *Auch* (on prononce *Auche: ōš*).

Seul exemple d'un *ch* à la fin du mot se prononçant *š*.

<Un seul argument:> Dans quelle mesure *Auscii* latin peut donner en français *ōš*. Il ne faut pas se guider sur l'écriture.

Genevois ou *Génevois*. La question n'est pas de savoir si on doit mettre un *e* aigu. Mais si deux *e* muets consécutifs en français

words had an *h* (*haubert, heaume, hérault*: words borrowed from German: *aubert, eaume, éraut*).

People said:	*le haubert*	*l'omme*
	premié haubert	*premier omme*

If today anyone wanted to formulate a rule, it would be impossible. 'Before an aspirate *h*, the article *le* is not elided <liaisons are not made>.' (It makes no sense.) There is neither an aspirate *h* nor any other kind. The aspirate *h* would be the kind of *h* before which the article is not elided. Which is circular.

We see that this written form of words reigns supreme. <In every discussion on this subject> the history of the word, the history of the language, <its ascendance> is forgotten.

<It is obliged to follow certain specific paths and each stage can be determined by what precedes, by etymology, but in the sense of a series of steps, not a single leap back to Latin.>

Should one say *gageure* or *gajure*? People appeal either to the word *heure*, or to *j'ai eu*. On the basis of the spelling *geai* (*ge-u*) it is claimed that *ge-* is pronounced *že*: hence *jure*.

Going by the formation of the word, you get:

tourner | *tournure*   *gajer* | *gajure*.

It is always completely useless to look to writing where questions about the language are concerned.

Name of that town in the department of Gers: *Auch* (pronounced *Auche*: *ōš*).

Only example of a *ch* at the end of a word being pronounced *š*.

<Sole argument:> To what extent Latin *Auscii* can give *ōš* in French. Writing must not be taken as a guide.

Genevois or *Génevois*. The question is not about whether you should write *e* with the acute accent. But whether two consecutive mute *e*'s in

provoquent le changement du premier *e* en *é* (beaucoup d'exemples [contraires]: *devenir*). *Genabensis.*

Cette influence va plus loin, elle exerce une action sur la masse, action qui se reflète sur la langue et y provoque des déformations.

L'écriture arrive à produire ainsi des faits de langue dans les langues littéraires très répandues. Beaucoup de faits de ce genre en français. (Ce sont des faits tératologiques.) <Image écrite arrive à influencer la langue.>

Lefèvre (l'artisan). Par raison étymologique on a écrit *Lefebvre*. <Deux graphies: *febvre* (savante) (*faber*) et *fèvre*.> Des hasards d'écriture ont fait confondre *v* et *u*. Et alors on a écrit: *Lefebvre* ou *Lefebure*. De là la création du mot *Lefebure*. <Forme née de mauvaise convention d'écriture, forme qui est maintenant réellement prononcée.>

Ainsi les *r* finals ont cessé d'exister à un certain moment.

Infinitif *nourri* comme *chanter*.

Mais l'*r* a été rétabli et l'on dit: *nourrir*. Cela restitue une chose qui a existé. C'est un retour à l'ancien.

Dans l'avenir, ces déformations seront beaucoup plus nombreuses en français. On arrivera à prononcer d'après l'écriture.

<On dit à Paris:> *sept femmes* au lieu de *sè femmes* <(chute des consonnes)>. On dira par exemple *vingt* (en prononçant toutes les lettres). Cf. Darmstetter [sic].

Cela entre donc dans la linguistique, mais ce sont des monstruosités (tératologie). On trouverait des exemples de ce genre même en latin.

Il ne faut donc pas oublier que si l'écriture est notre moyen d'arriver à la langue, il faut le manier avec précaution. Sans l'écriture, nous n'aurions rien du tout des langues du passé, mais pour posséder la langue à travers ces documents écrits, il faut une interprétation. <Devant chaque cas> il faut dresser le système phonologique de l'idiome, qui est la réalité dont les signes sont l'image. La seule réalité qui intéresse le linguiste est ce système phonologique. <Ce travail sera différent selon idiomes et circonstances.>

French cause the change of the first *e* to *é* (many [counter-]examples: *devenir*). *Genabensis*.

This influence goes further, acting upon the community, an action which is reflected in the language and gives rise to malformations.

Writing thus manages to generate linguistic facts in widely used literary languages. Many facts of this kind in French. (These are deviant developments.) < Written image manages to influence the language.>

Lefèvre (the artisan). For etymological reasons it was spelt *Lefebvre*. <Two spellings: *febvre* (learned) (*faber*) and *fèvre*.> By chance, in writing *v* and *u* are confused. And then it was written: *Lefebvre* or *Lefebure*. Hence the creation of the word *Lefebure*. <Form arising from a bad writing convention, form which is now actually pronounced.>

For instance, final *r* disappeared at a certain period.

Infinitive *nourri*, like *chanter*.

But the *r* was restored and you say: *nourrir*. The restoration brings back something that existed. It is a return to the past.

In future, these malformations will get much more numerous in French. Pronunciation will eventually follow writing.

<In Paris people say:> *sept femmes* instead of *sè femmes* <(fall of consonants).> They will be saying, for example, *vingt* (pronouncing all the letters). Cf. Darmstetter [sic].

So it finds its way into linguistics, but these are monstrosities (teratology). Examples of this kind can be found even in Latin.

We must not forget that if writing is our means of access to a language, it must be handled with caution. Without writing, we would have nothing at all of the languages of the past, but in order to grasp a language through these written documents an interpretation is necessary. <In each case> it is necessary to establish the phonological system of the tongue, which is the reality of which the signs are the image. The only reality of interest to the linguist is this phonological system. <This will require different research, depending on tongues and circumstances.>

Il faut distinguer le cas d'une période de langue passée et le cas d'une période de langue parlée <aujourd'hui>. Pour le cas d'une période de langue passée, le moyen de l'audition directe n'existe plus, même si le passé est assez voisin de nous.

<Pour établir système phonologique> les ressources que nous avons, c'est:

1°) Quand les grammairiens se sont occupés de la langue et nous révèlent les sons qu'ils entendaient. Ainsi au XVIe s. grammairiens voulant apprendre aux anglais le français. Mais pas un n'a eu l'idée des études phonologiques; ils se servent de termes de hasard (un tel mot se prononce comme tel autre). <Donc ce témoignage demande critique.>

<On peut aussi avoir renseignements d'après noms donnés aux sons.> Quand les grammairiens grecs appellent *β, γ, δ* des «moyennes», *π, κ, τ* des «ψιλαί», de pareilles dénominations ne sont pas claires.

Le témoignage de ces grammairiens devra être critiqué.

2°) <La détermination critique par> la combinaison d'indices très divers <dont voici une idée>:

a) <Indices> tirés de la régularité qu'il faut supposer à l'évolution phonétique. Deux cas: ou bien nous avons le point de départ seul, et c'est déjà quelque chose. Ainsi on n'est pas très fixé sur ce qu'était la sifflante hindoue *ç*.

Le point de départ indo-européen devait être un *k*. On ne pourra admettre des valeurs ne pouvant sortir d'un *k*.

Dans une langue comme le zend-avesta beaucoup de lettres ne sont déterminées qu'au moyen de l'étymologie:

-tr- comparé à *pr-*
-θr- *fr-*
donnent des indications.

b) Mais souvent nous avons à la fois le point de départ et le point d'arrivée. Il suffit de déterminer quelque chose qui est sur la ligne entre les deux points.

We must distinguish the case of a linguistic period in the past from the case of a <contemporary> period of the spoken language. In the case of a past linguistic period, direct auditory access is no longer available, even if it is the fairly recent past.

<To establish phonological systems> the resources available to us are:

1) When grammarians have paid attention to the language and tell us what sounds they heard. For instance in the XVIc. grammarians wishing to teach the English French. But not one of them had any conception of phonological studies; they use terms at random (such and such a word is pronounced like some other word). <So this evidence requires a critical approach.>

<Information can also be gleaned from the names given to sounds.> When the Greek grammarians call *β, γ, δ* 'middle' consonants, or *π, κ, τ* 'ψιλαί', such designations are not clear.

The evidence of these grammarians should be subject to critical scrutiny.

2) <Rational determination through> the combination of very different kinds of evidence <of which this will give an idea>:

a) <Evidence> from the regularities that phonetic evolution must be assumed to show. Two cases: either we have just the point of departure, and that is already something. For instance, it is not altogether clear what kind of sibilant the Indic *ç* was.

The Indo-European point of departure must have been a *k*. Values that could not have developed from a *k* must be ruled out.

In a language like Zend-Avestan, many letters can only be determined by means of etymology:

-tr- compared with *pr-*
-θr- *fr-*
give some indications.

b) But often we have both the point of departure and the terminal point. We need only determine something which lies on the line between the two points.

Ainsi quand on ne sait pas la valeur d'un signe employé au moyen âge.

Par exemple: *au* (était-ce ou non une diphtongue [?]) Point de départ: **al* (*au*).

Si nous avons point d'arrivé **au* , *au* existait à l'époque intermédiaire.

<Si nous ne savons exactement ce qu'était *z* en vieux-allemand: (le son *z* doit se trouver sur ligne de prononciation entre *t* et *ss*)>

{ *z* *water*
wazer
wasser

En connaissant le point de départ et le point d'arrivée, bien des hypothèses sont exclues, parce qu'inconciliables avec l'un ou l'autre point.

[13 décembre 1910]

Il y a d'autres espèces de sources <pour contrôler l'écriture>, à tirer de la période même.

1°) Comparaison des graphies diverses pour la même chose.

Ainsi dans *wazer z* est-il le même que dans *zehan* <(dix)>[?] *zehan* est quelquefois écrit *cehan*, mais on n'a jamais *wacer*.

Cette sifflante de *ezan* était-elle nettement distincte de l'*s*? (Cf. les graphies *es(s)an, was(s)er, tz.*) <Si on le trouve aussi *esan* ou *essan*, on concluera que *z* avait son en tous cas très voisin de *s*.>

2°) Si l'on possède des monuments poétiques pour une période, quel que soit le système de versification, on peut presque toujours en tirer des renseignements sur la valeur exacte d'une graphie.

Le nombre des syllabes nous renseigne sur la valeur du *e* muet par exemple. Cf. *tāle, māke*, où aujourd'hui il n'y a plus d'*e*. <On peut se demander si les Anglais comptaient *tale, make* deux syllabes à une époque antérieure. Or Chaucer compte deux syllabes pour *tale*.>

E.g. when we do not know the value of a sign used in the Middle Ages.

For example: *au* (was it a diphthong or not [?]). Point of departure: **al (au)*.

If we have terminal point **au*, *au* existed in the intermediate period.

<If we do not know exactly what *z* was in Old German: (the sound *z* must occur on line of pronunciation between *t* and *ss*)>

{ *z*   *water*
wazer
wasser

If the point of departure and the terminal point are known, many hypotheses are ruled out, being irreconcilable with one point or the other.

[13 December 1910]

There are other kinds of sources <for cross-checking writing>, drawn from the period itself.

1) Comparison of different spellings for the same thing.

For instance, in *wazer* is *z* the same as in *zehan* <(ten)>[?] *zehan* is sometime written *cehan*, but you never find *wacer*.

Was this sibilant in *ezan* clearly distinct from the *s*? (Cf. the spellings *es(s)an*, *was(s)er*, *tz*.) <If you find *esan* or *essan* as well, you can conclude that in all cases *z* had a sound very close to *s*.>

2) If we have the poetry of the period, whatever the system of versification, it is nearly always possible to glean information about the precise value of a spelling.

The number of syllables tells us something about the value of mute *e*, for example. Cf. *tāle*, *māke*, where there is no longer an *e* today. <We may wonder whether the English treated *tale*, *make* as two syllables at an earlier period. Now Chaucer counts *tale* as two syllables.>

D'autres règles poétiques tiennent compte de la quantité; <et cela nous renseigne sur la longueur des sons non indiqués par l'écriture>.

S'il y a le moyen poétique de la rime ou même de l'assonance, c'est une source de renseignements très importante et un moyen de contrôler l'écriture.

<Ainsi si l'on fait rimer *faz* et *gras*, c'est que ces sifflantes sont identiques ou très rapprochées:>

gras *gras*
faz *faß*.

Ainsi en vieux français un *e* sorti de *a* latin (*mer, cher, telle*) ne rime pas avec les autres *e* (*vert* (*viridis*), *elle* (*illa*)). Or l'écriture les confond; <cette distinction n'est révélée que par la rime>.

Des jeux de mots pourront aussi donner des indices sur la prononciation.

Pour l'époque actuelle, il ne faut pas oublier combien peu vis-à-vis des signes d'écriture nous possédons la physionomie exacte de la langue.

Toutes les grammaires-manuels partent de l'écriture et sont fort insuffisantes pour nous donner la valeur réelle qui est dans la bouche des sujets parlants. <On dira: *j* se prononce ainsi.>

Il faudrait poser a) le système des sons, b) le système inconséquent par lequel ils sont rendus.

M.Viëtor (Allemagne), Paul Passy (France) ont réformé les idées sur les véritables méthodes à employer.

Ces considérations sur l'écriture nous conduisent comme elles ont conduit les linguistes à un système d'écriture phonétique, <(un moyen qui supprime toutes équivoques et inexactitudes)>.

Il ne s'agit pas de la réforme des orthographes, de vouloir changer l'usage général, mais de posséder un système qui soit adapté au but scientifique. De très nombreux savants s'en sont occupés. Mais avant d'établir un système d'écriture phonétique, il faut étudier la phonétique. Il faut distinguer et classer les éléments de la parole humaine avant de passer à un système graphique approuvable.

Other rules of poetry take quantity into account; <and that gives us information about the length of sounds not shown in writing>.

If the poetry employs rhyme or even assonance, that is a very important source of information and a means of cross-checking writing.

<For instance, if *faz* and *gras* rhyme, it is because these sibilants are the same or very nearly so:>

gras *gras*
faz *faß.*

For instance, in Old French an e coming from Latin a (*mer*, *cher*, *telle*) does not rhyme with the other *e*'s (*vert* (*viridis*), *elle* (*illa*)). But they are not distinguished in writing; <this distinction is revealed only by the rhyme>.

Word play may also give clues as to pronunciation.

For the contemporary period, we must not forget how little the written signs reflect the exact physiognomy of the language.

All the grammar manuals start from writing and are very inadequate as regards giving us the real values of the sounds people utter. <They say: *j* is pronounced like this.>

What should be done is set out a) the sound system, b) the inconsistent system by which the sounds are rendered.

Mr Viëtor (Germany), Paul Passy (France) have changed people's ideas about the right methods to employ.

These considerations on writing lead me, as they have led linguists, to a phonetic system of writing, <a means of eliminating all ambiguities and inaccuracies)>.

This is not a matter of spelling reform, or attempting to change common usage, but of having a system which is suited to scientific purposes. Very many scholars have been involved in this. But before setting up a phonetic system of writing, one must study phonetics. It is necessary to distinguish and classify the elements of human speech before proceeding to a graphic system that can be recommended.

Il y a désormais une discipline qui s'occupe de cela. Beaucoup de savants et par les méthodes les plus diverses ont dressé le système des sons qu'ils estimaient le plus complet, le plus universel. On peut parler de l'école anglaise, allemande, française (abbé Rousselot).

Quel nom doit-elle porter? *Lautphysiologie* <(physiologie des sons de la parole)> est un des noms employés par les Allemands. Très souvent on lui accorde le nom de *phonétique*, mais il y a là une réserve à faire sur la clarté, <pour éviter confusion avec un ordre d'études complètement séparé>. La phonétique s'est d'abord exercée à propos de l'évolution des sons dans les différentes langues (c'est le changement historique de *dolore* arrivant à *douleur*). Cela <cette étude du mouvement phonétique à travers temps> n'a rien à voir avec l'analyse des sons dans la parole humaine. La phonétique <(au sens de phonétique évolutive)> est une étude qui rentre pleinement dans la linguistique.

Cette physiologie des sons de la parole ne fait pas partie de la linguistique.

On pourrait lui donner le nom de *phonologie* ou analyse des sons de la parole. Cette étude a-t-elle des titres à rentrer dans la science linguistique[?] Comme l'indique un de ces noms (*Lautphysiologie*), c'est immédiatement à l'anatomie, à la physiologie qu'elle se rattache. Il s'agit d'observer le mécanisme par lequel est produite chaque espèce de son. En dehors du côté phonatoire, il y a un côté acoustique qui rentre aussi dans la physiologie. Mais il est une chose (l'impression acoustique) qui ne fait pas partie de l'étude phonologique. On ne peut l'analyser. Cela revient à l'analyse des mouvements phonatoires, chose que peut réclamer pour lui le physiologique [sic]. On pourrait croire que les sons sont la première partie de la linguistique. La langue est un système qui court sur des impressions acoustiques inanalysables (différence de *f* avec *b*). Or l'analyse <(phonatoire)> de cela n'intéresse pas le linguiste.

Comparons la langue à une tapisserie? Combinaison de tons forme le jeu de la tapisserie; or il est indifférent de savoir comment le teinturier a opéré le mélange. <Ce qui importe, c'est la série d'impressions visuelles, non de savoir comment fils ont été teints, etc.> <Ce qui importe donc, c'est l'impression acoustique, non moyen de les produire.>

Les différentes formes dont se compose la langue représentent diverses

There is now a discipline which deals with this. Many scholars, using very many different methods, have drawn up sound systems they believed to be most complete, most universal. People speak of the English school, the German school, the French school (abbé Rousselot).

What should it be called? *Lautphysiologie* <(physiology of speech sounds)> is one of the terms employed by the Germans. Often it is called *phonetics*, but a clarification is called for, <to avoid confusion with a completely different branch of study>. Phonetics originally dealt with the evolution of sounds in different languages (the historical change of *dolore* developing into *douleur*). That <this study of phonetic change over time> has nothing to do with the analysis of sounds in human speech. Phonetics <(in the sense of evolutionary phonetics)> is a study which falls entirely within the domain of linguistics.

This physiology of speech sounds is not part of linguistics.

You could call it *phonology* or analysis of speech sounds. Has such a study any claim to count as belonging to linguistic science[?] As is indicated by one of its names (*Lautphysiologie*), it is to anatomy, physiology that it is immediately connected. It examines the mechanism by which each kind of sound is produced. Apart from the phonatory aspect, there is an acoustic aspect which also falls under physiology. But there is one thing (the acoustic impression) which does not belong to the study of phonology. It cannot be analysed. It comes down to the analysis of movements of phonation, which can be claimed by physiology. You might suppose that sounds are the first part of linguistics. A language is a system based on unanalysable acoustic impressions (difference between *f* and *b*). But the <(phonatory)> analysis of that is of no interest to the linguist.

Shall we compare a language to a tapestry? Combinations of shades make up the composition of the tapestry; but it is not important to know how the dyer contrived the mixture. <What matters is the series of visual impressions, but not the knowledge of how the threads have been dyed, etc.> <What matters, then, is the acoustic impression, not the means of producing them.>

The different forms that make up a language are combinations

combinaisons au moyen des impressions acoustiques. C'est leur opposition qui fait tout le jeu de la langue. <(La vue de tous les mouvements de l'appareil vocal nécessaires pour obtenir chaque impression phonétique n'éclairerait en rien la langue.)> On peut comparer la langue à un jeu d'échecs. Pourvu que le jeu des valeurs opposées soit possible, il importe peu qu'on connaisse la matière (ivoire, bois) dont sont formées les pièces.

Donc la *Lautphysiologie* ne fait pas partie de la linguistique.

La phonologie est nécessaire pour classer en regardant le côté mécanique <parce que nous ne pouvons analyser impression acoustique, mais pouvons analyser côté mécanique>.

On obtiendra un système des éléments de parole possibles, qui sera la base de toute écriture rationnelle.

Il y a un ou deux principes à examiner dans le travail que devrait faire tout phonologiste.

1°) Il faut toujours partir de l'impression acoustique. Nous ne pouvons pas même distinguer les unités <autrement> qu'en partant de l'impression acoustique. <C'est l'impression acoustique qui donne le nombre des unités.> Qu'est-ce qui me permet d'affirmer que dans *fal*, il y a trois unités et pas quatre ou deux?

En ignorant le son que cela représente, le physiologiste ne saura combien il y aura d'unités. Le physiologiste commencera par se guider sur l'impression acoustique:

f	*a*	*l*
1	1	1

L'oreille nous dit: le temps est homogène, ou n'est pas homogène dans le son.

Ces unités étant données (l'ensemble de la chaîne parlée étant divisé par l'impression acoustique), <alors commence l'étude phonologique>.

Le physiologiste cherchera quels mouvements se produisent pendant l'émission du son *f*.

[16 décembre 1910]

represented by means of acoustic impressions. The contrasts between them provide the whole linguistic apparatus. <(Inspection of all the movements of the vocal organs necessary to produce each phonetic impression would throw no light on any language.)> A language can be compared to a chess set. Provided it is possible to bring their contrasting values into play, it matters little whether you know of what material (ivory, wood) the pieces are made.

So *Lautphysiologie* is not part of linguistics.

Phonology is necessary for classification from a mechanical point of view <because we cannot analyse acoustic impression, but can analyse mechanical part>.

One can set up a system of possible speech elements, which will provide the basis of any rational writing system.

There are one or two principles to be examined in the work that any phonologist must undertake.

1) One must always start with the acoustic impression. We cannot even distinguish the units <otherwise> than by starting with the acoustic impression. <It is the acoustic impression that gives the number of units.> What allows me to say that in *fal*, there are three units and not four or two?

Without knowing what sound it represents, the physiologist cannot tell how many units there are. The physiologist will initially be guided by the acoustic impression.

| *f* | *a* | *l* |
| 1 | 1 | 1

Our ear tells us whether we are dealing with a homogeneous segment of sound or not.

Given these units (the whole of the speech chain having been divided up on the basis of acoustic impressions), <a phonological study can begin>.

The physiologist will investigate what movements take place during the emission of the sound *f*.

[16 December 1910]

Les créateurs de l'alphabet primitif n'ont pas pu procéder autrement que de décomposer la chaîne parlée en temps homogènes:

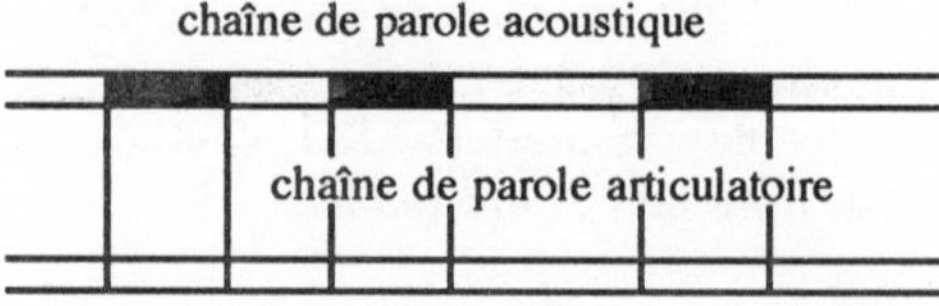

<Dans la première chaîne, nous pouvons distinguer immédiatement si un espace est semblable à lui-même d'un bout à l'autre ou non.>

Quand il est évident que nous avons des moments semblables et différents des voisins, nous avons les moments irréductibles de la chaîne acoustique, <les uns courts, les autres longs,> moments qui n'ont rien à faire avec la durée du temps. Il s'agit seulement de reconnaître s'il est semblable à lui-même, s'il est homogène, <chacun de ces moments> <d'un bout à l'autre>. <Des moments, pas des temps.> A ces unités établies seulement par leurs différences, entre elles, les Grecs donnèrent des signes.

<Les Grecs firent <probablement> opération inévitable du phonologiste.>

Tous les peuples qui se créèrent un alphabet ne virent pas ce principe, <le seul vraiment phonologique>. Beaucoup s'arrêtèrent à des unités comme *pa, ti, ko* qu'on appelle *syllabiques* <(mais syllabe peut contenir plus, comme *pak*)>.

Les Grecs furent dans le vrai, en travaillant sur l'écriture sémitique qui n'était pas dans le vrai (<les Sémites> marquaient <seulement> les consonnes).

<Ecriture n'a pas besoin de noter différents mouvements articulatoires correspondants, notation acoustique suffit.>

Le phonologiste a à se poser cette question: Pendant l'espace acoustiquement homogène marqué *T* par exemple, quels sont au juste les mouvements articulatoires qui se produisent[?]

Il projette les mouvements acoustiques sur la chaîne articulatoire <et

The inventors of the original alphabet could not have proceeded otherwise than by analysing the speech chain into homogeneous sections:

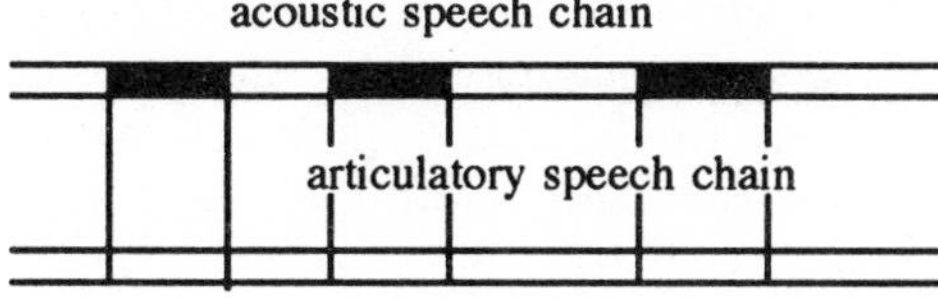

<In the first chain, we can distinguish immediately whether or not one section is like itself from beginning to end.>

When it is clear that we have segments that are like themselves and different from their neighbours, then we have the minimal segments of the acoustic chain, <some short, some long,> segments which have nothing to do with temporal duration. It is only a matter of recognizing whether it <each of these segments> <from start to finish> is like itself, homogeneous. <Segments, not temporal phases.> To these units, established solely on the basis of their differences from one another, the Greeks allocated signs.

<The Greeks <probably> inevitably proceeded as a phonologist does.>

Not all the peoples who created an alphabet for themselves grasped this principle, <the only truly phonological principle>. Many stopped short at units like *pa*, *ti*, *ko*, called *syllabic*, <(but syllables may contain more, like *pak*)>.

The Greeks got it right, working on the basis of Semitic writing, which had not got it right (<the Semites> noted <only> the consonants).

<Writing need not note various corresponding articulatory movements, acoustic notation sufficient.>

The phonologist has to consider this question: Within the homogeneous acoustic space marked *T*, for example, what exactly are the articulatory movements produced [?]

He projects the acoustic movements on to the articulatory chain <and

tâche de deviner ce qui s'y passe>. Mais il est obligé de partir de la chaîne acoustique qui seule lui permet de découper des unités. <Sans chaîne acoustique, il n'y a que suite uniforme d'articulations sans raison pour former unités.> Réciproquement, les impressions dont se compose la chaîne ne sont pas analysables. Pour la chaîne articulatoire, les mouvements sont analysables, pourvu que les unités soient données; alors qu'on ne peut rien analyser dans l'impression acoustique elle-même.

Le phonème se compose à la fois d'une certaine somme de mouvements articulatoires et d'un certain effet acoustique donné. Pour nous, les phonèmes sont autant de moments dans la chaîne. Ce sont des chaînons. Dans une unité qui <ne> sera pas irréductible, on ne peut faire abstraction des mouvements dans le temps. <Une unité composite comme *ta* sera toujours: >

chaînon + chaînon
moment + moment.

En revanche le chaînon irréductible *t* peut par cela même n'être plus considéré comme chaînon, comme moment, mais être considéré *in abstracto*, en dehors du temps. On peut parler de *f* comme espèce *f*, de *i* comme espèce *i*, en ne s'attachant qu'au caractère distinctif sans se préoccuper de tout ce qui dépend de la succession dans le temps. C'est comme une suite de notes: *do-ré-mi*, qui ne pourra jamais être considérée *in abstracto*, mais si je prends un moment homogène et irréductible dans la chaîne: *do*, je puis en parler tout à fait en dehors du temps (analyser vibrations).

Nous sommes alors dans la classification des phonèmes. C'est une des tâches du phonologiste, mais ce n'est pas à cela qu'il a donné le plus d'attention. <Ils ont plutôt montré variétés infinies de phonèmes, plutôt que de ramener à grandes lignes le grand nombre des phonèmes.>

Il n'est pas inutile de se faire une idée du terrain de la phonologie. Les schémas auxquels on peut réduire les phonèmes sont assez simples. Il y a quatre éléments à considérer:

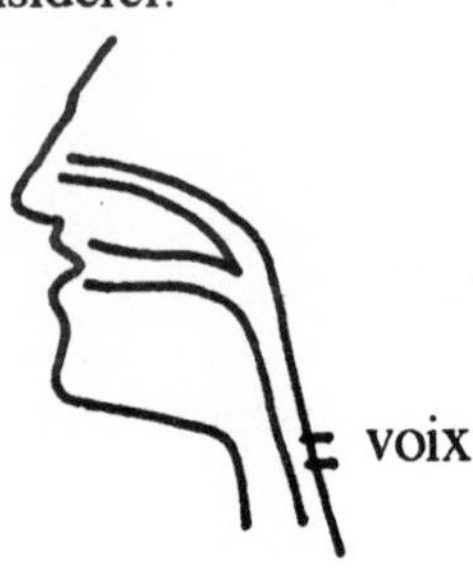

tries to guess what is going on there>. But he is obliged to start from the acoustic chain, which is the only thing which allows him to segment into units. <Without acoustic chain, there is only uniform sequence of articulations with no reason to form units.> On the other hand, the impressions comprising the chain are unanalysable. In the articulatory chain, the movements can be analysed, provided the units are given; whereas it is not possible to analyse anything in the acoustic impression itself.

The phoneme comprises both a certain aggregate of articulatory movements and, at the same time, a certain given acoustic effect. In my view, phonemes are so many segments in the chain. They are its links. In any unit which is not a basic unit, you cannot leave movements in time out of account. <A composite unit such as *ta* will always be:>

link + link
segment + segment.

By contrast, the basic link *t* can, being basic, be considered not as a link, as a segment, but *in abstracto*, outside time. You can speak of *f* as the species *f*, of *i* as the species *i*, focussing on its distinctive character, without bothering about anything that has to do with succession in time. It is like a sequence of notes: *doh-ray-me*, which can never be considered *in abstracto*; but if I take a homogeneous minimal segment in the chain, *doh*, I can speak of it quite apart from time (analyse vibrations).

This brings us to the classification of phonemes. This is one of the tasks of the phonologist, but not one to which he has devoted most of his attention. <They have shown the infinite variety of phonemes, rather than reducing the great number of phonemes to basic types.>

It is not a waste of time to acquaint oneself with the field of phonology. The schemata to which it is possible to reduce phonemes are quite simple. There are four elements to consider:

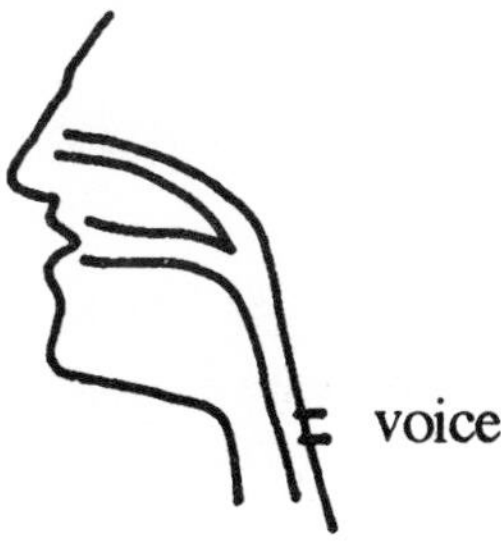

1) Expiration. Elément uniforme et constant <(obligatoire)>.
2) Voix. Elément uniforme et facultatif. <(Son laryngé, produit dans la glotte.)>
3) Ouverture du canal nasal. Elément uniforme et facultatif (nasalité <au point de vue acoustique>).
4) Articulation buccale. Elément multiforme et constant (obligatoire).

1°) L'expiration est nécessaire pour produire un phonème quelconque; donc est constante.

2°) La voix est un élément facultatif (intermittent dans la chaîne <du temps>) selon les phonèmes.

Ainsi un *p* ou un *f* n'est accompagné d'aucun son laryngé.

La voix est un élément uniforme, peut varier de hauteur, mais sa qualité est uniforme. Ce qui modifie la voix c'est la caisse de résonance formée par la cavité buccale.

3°) Nasalité. Je puis à volonté ouvrir ou tenir fermé le canal nasal. Par conséquent, le canal nasal coopère ou ne coopère pas avec un son. La nasalité est facultative. Elle est uniforme; on ne peut la faire varier parce que nous n'avons pas d'autres organes dans le nez. <Il n'y a que plus ou moins de nasalité.>

4°) Articulation buccale. C'est la position quelle qu'elle soit des différents organes de la bouche. Mais cette position est infiniment variable; d'où est multiforme. Est constant, parce qu'on ne peut faire autrement de mettre organes buccaux en une position ou une autre.

Tous les éléments sauf l'articulation sont uniformes et ne donnent pas les caractères variés qui peuvent servir de base à une classification.

L'articulation buccale est la base centrale d'une classification.

Mais faisons un pas de plus. Nous pouvons supprimer l'expiration n'apportant pas de modification <(parce que uniforme et constante)>.

Nous n'avons plus qu'à tenir compte du plus ou moins qu'apportent la voix et la nasalité.

L'articulation buccale comporte une division naturelle qui est de réunir les phonèmes ayant même ouverture buccale.

1) Expiration. Uniform and constant element <(obligatory)>.
2) Voice. Uniform and optional element. <(Laryngeal sound produced in the glottis.)>
3) Opening of the nasal channel. Uniform and optional element (nasality <from the acoustic point of view>).
4) Buccal articulation. Polymorphous and constant element (obligatory).

1) Expiration is necessary in order to produce any phoneme; hence constant.

2) Voice is an optional element (intermittent in the <time> chain), depending on the phoneme.

For instance, a *p* or an *f* is not accompanied by any laryngeal sound.

Voice is a uniform element, may vary in pitch, but its quality is uniform. What modifies voice is the resonance box formed by the buccal cavity.

3) Nasality. I can open the nasal channel or keep it closed at will. Consequently, the nasal channel contributes to a sound, or does not. Nasality is optional. It is uniform; it cannot be varied because we have no other organs in the nose. <There is only more or less nasality.>

4) Buccal articulation. This is whatever position is taken up by the various organs of the mouth. But this position is infinitely variable: hence polymorphous. Is constant, because you cannot do otherwise than put the buccal organs in one position or another.

All the elements except articulation are uniform and do not have varied features which could serve as the basis for a classification.

Buccal articulation is the central basis of a classification.

But let us take one step further. We can disregard expiration as introducing no modification <(being uniform and constant)>.

That leaves only the greater or smaller contribution of voice and nasality to take into account.

Buccal articulation offers a natural division into phonemes having same buccal aperture.

Nous devons distinguer six degrés de fermeture buccale; et il est plus commode de parler d'apertures buccales. L'endroit où se place soit une ouverture ou une occlusion est très variable (lèvres, voile du palais). Mais nous pouvons mettre des degrés.

<Ainsi nous aurons des classes, plutôt que d'entrer tout de suite dans inventaire de tous les phonèmes possibles.>

<Nous pouvons renverser la chose et parler de degrés d'aperture buccale.>

Articulation: Aperture zéro (= fermeture hermétique)

<occlusives:>

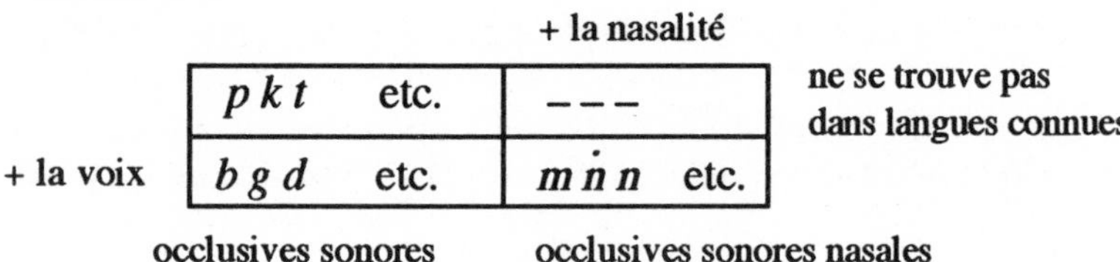

		+ la nasalité	
	p k t etc.	---	ne se trouve pas dans langues connues
+ la voix	*b g d* etc.	*m ṅ n* etc.	
	occlusives sonores	occlusives sonores nasales	

<Cette case vide, il est avantageux qu'elle paraisse comme vide, même si les phonèmes qu'elle comporterait ne sont pas réalisables.>

Si l'on ajoute à *p* le son laryngé, ce *p* devient *b*.

La différence de *b* et de *m* est uniquement que le canal nasal est ouvert dans *m* .

Articulation: Aperture 1

<fricatives ou spirantes>

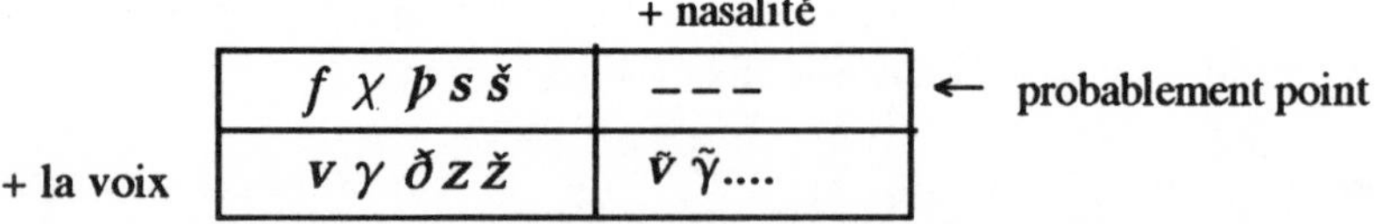

		+ nasalité	
	f χ þ s š	---	← probablement point
+ la voix	*v γ ð z ž*	*ṽ γ̃....*	

Le premier tableau contenait les occlusives (occlusives sonores et occlusives sonores nasales). Le second tableau contient les fricatives ou spirantes. Ici, l'aperture est très faible: l'air passe par frôlement. Il y a contact des organes.

We must distinguish six degrees of buccal closure; and it is more convenient to speak of buccal apertures. The place where an aperture or an occlusion occurs is very variable (lips, velum). But we can establish degrees.

<In this way we shall have classes, rather than plunging immediately into an inventory of all possible phonemes.>

<We can turn it round and speak of degrees of buccal aperture.>

Articulation: Zero aperture (= complete closure)

<occlusives:>

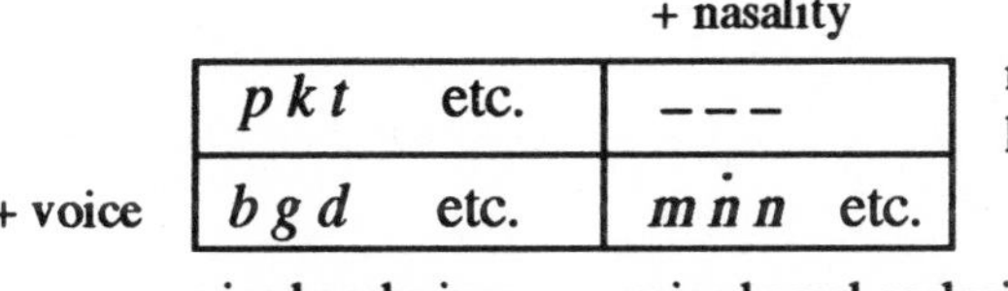

		+ nasality	
	p k t etc.	---	not found in any known language
+ voice	*b g d* etc.	*m ṅ n* etc.	
	voiced occlusives	voiced nasal occlusives	

<There is some point in showing the empty slot as such, even if the phonemes in question are unrealizable.>

If you add the laryngeal sound to *p*, the *p* becomes *b*.

The difference between *b* and *m* is solely that the nasal channel is open in *m*.

Articulation: Aperture 1

<fricatives or spirants>

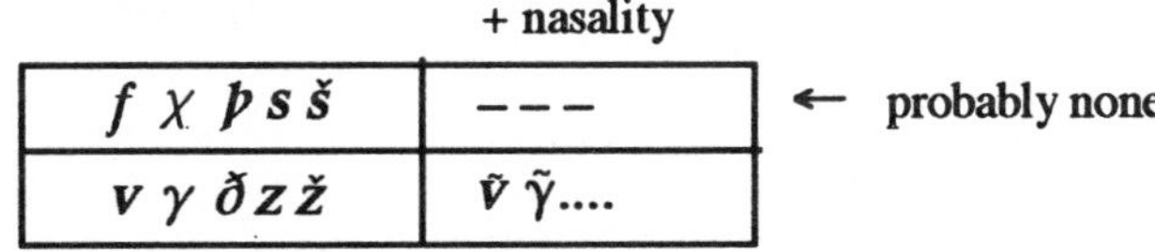

		+ nasality	
	f χ þ s š	---	← probably none
+ voice	*v γ ð z ž*	*ṽ γ̃....*	

The first table contained the occlusives (voiced occlusives and voiced nasal occlusives). The second table contains the fricatives or spirants. Here the aperture is very slight: the air passes through with friction. The organs are in contact.

Articulation: Aperture 2

		+ nasalité	
	r l l'	---	très rare
+ la voix	*r l l'*	---	

Troisième tableau: ce sont les sons que l'on appelle *liquides*. L'ouverture est déjà considérable. Le type est ordinairement représenté par la sonore.

Mais le type sourd <sans voix> est tout aussi connu (*l* venant après un *p*: *pleuvoir*).

Beaucoup prononcent l'*l* sans la voix, c'est *l* fort. (Théâtre français: l'*l* a la voix.)

*[20 décembre 1910]

Articulation buccale: Aperture 3

		+ nasalité
	(*i u ü*)	---
+ voix	*i u ü*	*į ų ų̈*

Ici, nous en avons fini avec les [voyelles *(b.)*] consonnes. <Nous sommes dans les voyelles.> Mais avec ce système, la distinction entre voyelles et consonnes n'est pas essentielle.

Le seul type ordinaire est celui qui est + la voix et (+ la voix + nasalité). Sans voix est rencontré parfois. Mais partout où le son laryngé n'existe pas, il semble qu'il ne faille pas inscrire *i u ü*. Nous avons un *i* sans la voix.

Ce qui s'écrit *hi*, *hu* est tout à fait différent. *Hi*, *hu* n'est qu'une façon d'écrire un *i* sans la voix + un *i* avec la voix.

L'*i*, *u* (prononcez *ou*), *ü* avec crochet, case 1 = $h^{(i)}$, $h^{(u)}$ etc. <De même dans *hu*, *h* est un *u* sans la voix.>

Articulation: Aperture 2

		+ nasality
	r l l'	---
+ voice	*r l l'*	---

(both rows:) very rare

Third table: these are the sounds called *liquids*. The aperture is already considerable. The type is usually represented by the voiced variety.

But the surd <voiceless> type is just as common (*l* coming after a *p*: *pleuvoir*).

Many people pronounce the *l* without voicing it : this is the strong *l*. (Comédie Française: the *l* is voiced.)

*[20 December 1910]

Buccal articulation: Aperture 3

		+ nasality
	(*i u ü*)	---
+ voice	*i u ü*	*į ų ų̈*

Here we come to the end of the [vowels *(corr.)*] consonants. <We are dealing with vowels.> But with this system the distinction between vowels and consonants is not essential.

The only common type is that which is + voice and (+ voice + nasality). Voiceless sometimes found. But in all cases where there is no laryngeal sound, it seems one should not write *i*, *u*, *ü*. We have a voiceless *i*.

What is written *hi*, *hu* is altogether different. *Hi*, *hu* is only a way of writing a voiceless *i* + a voiced *i*.

The *i*, *u* (pronounced *ou*), *ü* in brackets, box 1 = $h^{(i)}$, $h^{(u)}$ etc. <Likewise in *hu*, *h* is a voiceless *u*.>

Articulation buccale: Aperture 4

		+ nasalité
	(*e o ö*)	– – –
+ la voix	*e o ö*	*ę ǫ ǫ̈*

Ces espèces-là *e o ö* sont plus ouvertes qui *i u ü*. On peut le constater en mettant un doigt dans la bouche en prononçant un *i* (pression forte) ou un *e* (pression plus faible) *ę ǫ ǫ̈* sont nos voyelles nasales françaises écrites *in*, *on*, *un*.

Type sans la voix: *h̲e*, *h̲o* <est aussi concevable>.

Articulation: Aperture 5

		+ nasalité
	(*a*)	–
+ la voix	*a*	*ą*

Représenté seulement par *a*. Il peut y avoir *a* nasalisé, c'est le français *an*: *ą*.

L'avantage de ce tableau est qu'il rapporte tout à un seul principe: l'articulation buccale. Les autres éléments ne font qu'entraîner des modifications.

D'autre part, <au sein de l'articulation buccale> tout est rapporté à une échelle représentant les degrés de fermeture buccale.

<Parmi conséquences de fermeture buccale pour impression acoustique deux [points] à noter:>

(Sans voix:) <1)> Plus il y aura de fermeture buccale, plus seront considérables les bruits engendrés dans le canal buccal. Pour le cas où la voix est ajoutée, plus l'articulation est fermée, plus la voix est étouffée, empêchée de parvenir à l'oreille. C'est un effet négatif. D'autre part, elle sera libre de se faire entendre à mesure qu'on descend l'échelle. <2)> Il n'y a plus de limites extérieures <mystérieuses (G.D)> séparant les consonnes et les voyelles, les éléments sont les mêmes. C'est une question de plus ou de moins. A mesure que l'aperture buccale augmente, l'élément vocal a un jeu plus libre. Par conséquent,

Buccal articulation: Aperture 4

		+ nasality
	(*e o ö*)	---
+ voice	*e o ö*	*ę ǫ ǫ̈*

These types *e, o, ö* are more open than *i, u, ü*. You can feel this by putting your finger in your mouth and pronouncing an *i* (strong pressure) or an *e* (weaker pressure). *ę, ǫ, ǫ̈* are our French nasal vowels written *in, on, un*.

Voiceless type: *h̲e, h̲o* <is also conceivable>.

Articulation: Aperture 5

		+ nasality
	(*a*)	–
+ voice	*a*	*ą*

Represented only by *a*. There can be a nasalised *a*: this is French *an*: *ą*.

The advantage of this table is that it reduces everything to a single principle: buccal articulation. The other elements only introduce modifications.

Moreover, <within buccal articulation> everything is reduced to a scale representing degrees of buccal closure.

<Among consequences of buccal closure for acoustic impression, two [points] to note:>

(Voiceless:) <1)> The greater the buccal closure, the greater the noise generated in the buccal cavity. In the case of voice being added, the closer the articulation, the more the voice is strangled, prevented from reaching the ear. This is a negative effect. On the other hand, it is more readily audible as you go down the scale. <2)> There are no more external <mysterious (G.D.)> boundaries between consonants and vowels: the elements are the same. It is a matter of more or of less. As the buccal aperture increases, the vocalic element can operate more freely. Consequently, the normal type on each level tends to be on the

le type normal à chaque échelon tend à être du côté de + la voix, à mesure qu'on agrandit l'aperture. A vrai dire, la voyelle n'est considérée que comme un accident en son essence. Mais c'est à condition de conçevoir la voyelle comme un accident, qu'il n'y a point de mal à réduire les produits phonologiques <en> un système unique. Les manuels de phonologie sont souvent embarrassés parce qu'ils font trop cette distinction (différence de voyelles et consonnes).

[*Commencement de Cahier III*]

Cela vient de ce qu'on ne fait pas une part suffisante au cas théorique, <et qu'on ne voit que cas couramment réalisable>.

Pratiquement il est certain que tandis qu'une articulation fermée comporte la voix, une articulation ouverte s'accommode difficilement de l'absence de la voix. Les articulations plus ouvertes appellent le concours de la voix. Il n'en résulte pas que la nature du phonème soit d'être voyelle ou consonne. Il ne faut pas élever une barrière entre voyelles et consonnes.

Théoriquement, avec n'importe quelle aperture on peut établir le tableau avec quatre possibilités.

La classification comporte l'infini, si on veut reprendre dans chaque aperture toutes les modifications possibles <de l'appareil buccal. Ce sera là l'affaire du phonologiste.>

Mais on peut ranger toutes les espèces possibles dans ce tableau.

Cette [classification *(b.)*] détermination est utile pour connaître les prononciations de chaque langue, mais elle est théoriquement peu importante.

Ceci représente <u>la classification morphologique des espèces phonologiques</u>. Mais la [morphologie *(b.)*] phonologie devrait avoir un but concernant la synthèse de la chaîne parlée, la reconstruction de la chaîne de parole que nous avons analysée. Ce but: montrer comment s'enchaînent dans la parole les éléments irréductibles.

Ce but est souvent très bien rendu.

Remarquons ceci: avant de recomposer la chaîne, il faut être sûr d'être arrivé à l'unité irréductible. Car si l'elément est complexe, il ne peut servir.

+ voice side, as the aperture gets larger. In effect, the vowel is considered essentially nothing more than an accident. But it is on condition of conceiving the vowel as accidental that there is no harm in reducing phonological production <to> a single system. Manuals of phonology often get into difficulties because they make too much of this distinction (difference between vowels and consonants).

[*Notebook III begins here*]

This is due to the fact that not enough attention is paid to the theoretical cases <and the only cases considered are those currently realized>.

In practice it is certain that while a close articulation may be accompanied by voicing, an open articulation is difficult to combine with absence of voicing. The more open articulations call for the support of voicing. The result is not that a phoneme must by nature be either a vowel or a consonant. One must not erect a barrier between vowels and consonants.

Theoretically, with any aperture one can establish the table with four possibilities.

The classification accommodates endless possibilities, if we include for each aperture all the possible modifications <of the buccal apparatus. That will be the phonologist's business.>

But all possible types can be accommodated in this table.

This [classification *(corr.)*] specification is useful for knowing the sounds of each language, but it is of little theoretical importance.

This represents the morphological classification of phonological types. But [morphology *(corr.)*] phonology should aim at the synthesis of the speech chain, the reconstruction of the chain of speech that we have analysed. This aim: to show how the minimal elements are strung together in speech.

This aim is often very well served.

Let us note this: before reconstructing the chain, we must be sure that the minimal unit has been reached. For if the element is complex, it will not serve the purpose.

En réalité, les unités ne sont pas irréductibles. <Dans le tableau qui précède, nous n'avons pas été jusqu'à l'unité irréductible.>

Nous avons par exemple

a | p | a .

<Nous disons:> une des unités irréductibles est *p*. Mais s'il se trouvait que ce *p* ne soit pas toujours le même ou bien qu'il comporte des sons successifs bien qu'ils ne soient pas les mêmes, <il n'est plus irréductible>. Il faut arriver à l'élément vraiment irréductible, <ajouter une autre considération:>

Quand on écrit *appa*, on met deux fois *p* dans l'écriture et on a raison; seulement le second *p* n'est pas identique au premier. En effet, dans le premier, les organes se ferment <mouvement fermant>: →». Premier *p* représente un *p* fermant, le second *p* est un *p* ouvrant: «→. <(Les organes se rouvrent, mouvement apertant.)>

On voit la même chose en passant aux fricatives ou spirantes. Pour *r* et *l* également: *al›l‹a* (*l* fermant et *l* ouvrant).

En continuant d'échelon en échelon, on trouve toujours un son ouvrant et un son fermant. Dans *ai*, *i* fermant, dans *ia*, *i* ouvrant. <De même pour aperture 4, c'est encore possible.>

Il n'y a que l'*a*. Donc, excepté pour l'aperture 5, tous les autres éléments peuvent se prononcer ouvrant et fermant.

On peut adopter un signe: *i‹i›*.

On a appelé *implosion* la forme fermante d'une consonne, *explosion* sa forme ouvrante. Chaque phonème (excepté l'*a*) peut recevoir sa forme implosive et explosive. Dans un groupe comme *appa*, si nous écrivons rationnellement, il faudrait deux signes: *ap›p‹a*.

Si l'on convient que implosion = lettre capitale: *aPpa*, *aLla*.

On a dit qu'il n'y a que deux lettres qui soient dédoublées dans ce sens <dans l'écrit>:

i - *j* (*y*)

u - *w*

As a matter of fact, the units are not minimal. <In the preceding table, I have not gone as far as the minimal unit.>

We have, for example,

a	p	a

.

<We say:> one of the unanalysable units is *p*. But if this *p* turns out to be not always the same or if it includes successive sounds that are not the same, <it is no longer unanalysable>. One must get down to the really unanalysable element, <take in an additional consideration:>

When you write *appa*, there are two written *p*'s, and this is right: but the second *p* is not identical with the first. In fact, in the first, the organs close <closing movement>: →». First *p* represents a closing *p*. The second *p* is an opening *p*: «→. <(The organs reopen, opening movement.)>

The same thing can be seen if we take fricatives or spirants. For *r* and *l* likewise: *al›l‹a* (closing *l* and opening *l*).

Proceeding from level to level, you invariably find an opening sound and a closing sound. In *ai*, a closing *i*; in *ia*, an opening *i*. <Similarly for aperture 4, it is still possible.>

There is only the *a*. So, except for aperture 5, all the other elements have an opening and a closing pronunciation.

This can be indicated: *i‹i›*.

The term *implosion* has been applied to the closing form of a consonant, *explosion* to its opening form. Each phoneme (except *a*) can take an implosive and an explosive form. In a group like *appa*, if we write it rationally, two signs would be necessary: *ap›p‹a*.

If it is agreed that implosion = capital letter: *aPpa*, *aLla*.

It has been said that there are only two letters which in this sense have dual forms <in writing>:

i - *j* (*y*)

u - *w*

L'une est implosive, l'autre est explosive.

$$i \ - j\,(y) = i^{>} - i^{<}$$

$$u - w \ = u^{>} - u^{<}$$

Dans *appa*, nous avons les deux choses successivement, mais il n'est pas forcé que l'implosion et l'explosion se succèdent. <On peut avoir ou uniquement implosion ou uniquement explosion.>

Toute la question des possibilités d'enchaînement repose là-dessus.

Mais nous ne sommes pas arrivés à des unités irréductibles: $p = p^{>}$
$p = p^{<}$

Si l'on parle de *p* <(tout court)>, on n'a que quelque chose d'abstrait.

<Si nous prenons $p^{>}$ et $p^{<}$, alors nous avons des individus réels.>

Il n'y aurait qu'à doubler la série des éléments trouvés, sauf *a*. <Ce sont ces éléments qui peuvent servir de chaînons, qui marquent moments successifs de la chaîne. Unité de la syllabe dépend primordialement d'explosion et d'implosion.>

L'écriture phonétique normale, rationnelle devra toujours tenir compte de la chaîne parlée - quelle que soit la nature des signes employées.

Il faudra un signe pour chaque moment et chaque moment doit être représenté par un signe.

Les phonologistes anglais <occupés de classification plutôt que d'analyse> contreviennent à cela, employant parfois jusqu'à signes de deux ou trois lettres pour certains sons.

On pourrait remarquer qu'aucune écriture phonétique n'a tenu compte jusqu'à présent <en outre il faudrait à chaque son le signe du son fermant et le signe du son ouvrant>. La même chose devrait être poursuivie pour toutes les espèces sauf l'*a* qui n'a pas de variété.

Y a-t-il lieu de réformer les orthographes et de représenter les langues par une écriture phonétique? Cette question est entourée de tant de contingences qu'on ne peut la trancher par principe. Cependant tendre dans ce sens n'est pas le but du linguiste. Il ne semble pas bien

One is implosive, the other is explosive.

i - *j* (*y*) = *i*› - *i*‹

u - *w* = *u*› - *u*‹

In *appa*, we have the two in succession, but it is not bound to happen that implosion and explosion occur consecutively. <You can have either implosion or explosion alone.>

The whole question of possibilities of linkage depends on this.

But we have not reached minimal units: *p* = *p*›
p = *p*‹

If we speak of *p* <(just like that)>, we have only an abstraction.

<If we take *p*› and *p*‹, then we have real individual items.>

All that is needed is to double up the series of elements we have found, except *a*. <These are the elements which can be used as links, marking successive segments in the chain. Syllable unit depends fundamentally on explosion and implosion.>

Normal, rational phonetic writing must always take account of the speech chain - whatever the nature of the signs employed.

It is necessary to have one sign for every segment and each segment represented by one sign.

English phonologists <concerned with classification rather than analysis> infringe this rule, sometimes using up to two or three letters for certain sounds.

It could be said that so far no phonetic writing has observed this principle <quite apart from employing the opening and closing sign for each sound>. The same thing should be applied to all the types except *a*, which has no variation.

Is there a case for spelling reform and representing languages by means of phonetic writing? This question has so many contingent qualifications that you cannot lay down a single principle for all cases. However, it is not the aim of the linguist to move towards this goal. It

désirable d'arriver à rendre tout à fait les sons. <Il serait exagéré de vouloir faire entrer dans la pratique un système phonologique qui puisse être le même pour l'anglais, l'allemand, le français. Il faut ce système pour les linguistes.>

<Pour la pratique on doit seulement souhaiter que les plus grosses anomalies disparaissent.>

On ne doit pas oublier que le mot écrit finit par devenir par habitude un signe idéographique. Le mot a une valeur globale, <indépendamment des lettres dont il est formé>. Nous lisons de deux façons: en épelant pour les mots inconnus et en lisant d'un seul coup les mots connus.

Par l'écriture phonétique on perd certains avantages. Mots qui se confondent en sons peuvent être distingués par l'écriture: <*tant* de *temps* par exemple>. (Très utile par exemple pour télégrammes.)

Avec une écriture phonétique rationnelle, <d'après un système comprenant toutes les langues,> on arriverait à une page d'impression désolante. Le nombre des signes est très grand.

Pour la graphie *ont* on devra écrire *õ* ou *ǫ* avec des signes diacritiques, <(ce qui est désagréable à l'œil), surchargeant la lettre>.

Le *Maître phonétique* de M. Passy <(publication)> donne le rapport parfait des sons d'une langue avec ceux d'une autre langue par exemple. Ceci est avantageux pour l'enseignement, mais il n'est pas à désirer d'en voir l'introduction dans l'écriture de tous les jours.

does not seem very desirable to transcribe sounds exactly. <It would be too extreme to introduce in practice a phonological system identical for English, German, French. Such a system is necessary for linguists.>

<In practice, it is simply desirable that the grossest anomalies should be eliminated.>

One must not forget that the written word eventually becomes, through force of habit, an ideographic sign. The word has a global value <independently of the letters of which it is formed>. We read in two ways: spelling out unfamiliar words and reading familiar words at a glance.

With phonetic writing certain advantages are lost. Words phonetically identical may be distinguished in writing: <*tant* and *temps*, for example>. (Very useful, for instance, for telegrams.)

Rational phonetic writing <with a system covering all languages> would present a dismal appearance on the printed page. The number of signs is very large.

For the spelling *ont* one would have to substitute *õ* or *ǫ* with diacritic signs <(which is unpleasant to the eye) cluttering up the letter>.

M. Passy's *Maître phonétique* <(publication)> shows the exact relationship between the sounds of one language and those of another, for example. This is useful for teaching, but it is not something one would wish to see introduced into everyday writing.

II

Linguistique générale VII Emile Constantin
(2de partie: la langue) candidat littéraire

[25 avril 1911]

La langue.

Nous n'entendons pas en étudiant la langue étudier tout ce qui concerne le langage. Nous opposons la langue au langage, comme étant une partie essentielle, principale, mais enfin ce n'est qu'une partie <du langage>.

La langue pour nous ce sera le produit social dont l'existence permet à l'individu l'exercice de la faculté du langage. On est bien obligé de jeter les yeux sur l'ensemble lorsqu'on aborde question limitée. Le langage est un terrain complexe, multiforme, hétéroclite dans ses différents aspects. Une conséquence, c'est qu'on n'arrive pas à le classer pris dans son tout avec d'autres faits humains. Il est à cheval sur des domaines divers (domaine physique, psychique, ou encore: domaine individuel, social.) <On ne sait comment lui conférer l'unité.>

La langue quoique complexe représente un tout séparable, un organisme en soi qu'il est possible de classer, quant à elle. La langue représentant une unité satisfaisante pour l'esprit. On peut donner à cette unité la place prééminente dans l'ensemble des faits de langage. <Comprendre les autres choses comme subordonnées. La langue sera le centre, le reste en dépendra.> Et ainsi on aura introduit un ordre intérieur dans les choses qui concernent le langage. Une objection pourrait être élevée d'emblée à cette tentative. La faculté de langage, <dira-t-on,> nous apparaît comme une faculté que nous tenons de la nature, la langue est au contraire une chose acquise et conventionnelle. Ce n'est pas elle qui peut avoir le pas sur les phénomènes naturels, les instincts naturels. Il faut au contraire déduire la langue de ceux-ci. 1°) Mais en premier lieu, la question est encore ouverte de savoir jusqu'à quel point on peut considérer comme naturelle la faculté du langage. Les linguistes sont loin d'avoir répondu dans le même sens à cette question. Notre appareil vocal est-il fait pour parler, <articuler,> comme nos jambes pour marcher, c'est une question qui a été discutée. Whithney [sic] dit qu'en somme nous avons choisi notre appareil vocal pour parler au lieu d'un autre système de signes, parce qu'il était <en somme le> plus commode.

Notebook VII 66a

General linguistics | VII | Emile Constantin
(2nd part: the language) | | arts student

[25 April 1911]

The language.

I do not intend to include in the study of the language everything that concerns language. I draw a distinction between 'the language' and 'language', the former being an essential, principal part <of language>, but nevertheless only one part.

The language, as far as I am concerned, is that social product whose existence allows the individual to use the language faculty. We must of necessity consider the whole when approaching a restricted question. Language is a field which is complex, protean and heterogeneous in its various facets. One consequence of this is that it cannot be classified, when taken as a whole, with other human facts. It straddles various domains (physical domain, mental, or again: individual domain, social). <One is at a loss to find any unity in it.>

The language, although complex, represents a separable whole, an organism in its own right, which, as such, it is possible to classify. The language representing a unit which the mind can grasp. We can give this unit pride of place among the totality of facts of language. <Understand the other things as subordinate. The language will be the centre, the rest dependent on it.> And thus we shall have introduced an internal order into those things that relate to language. An objection to this attempt could be raised straight away. The language faculty, <it will be said,> appears to us as a faculty given to us by nature, whereas the language, on the contrary, is something that is acquired and conventional. It cannot take precedence over natural phenomena, natural instincts. On the contrary, it is from these that the language must be derived. 1) But in the first place it is still an open question to what extent the language faculty may be considered as natural. Linguists are far from giving a unanimous reply to this question. Whether our vocal apparatus is made for speaking, <articulating,> as our legs for walking, is a question that has been discussed. Whithney [sic] says that ultimately we chose our vocal apparatus for speaking, rather than any other system of signs, because it was <ultimately the> most convenient.

Par *articuler* nous entendons <souvent> proférer d'une façon distincte. <(Mais ce n'est pas ce sens ici.)>

Langage articulé.(<latin> *articulus*: <membre, partie>) <1°)> On peut y voir les subdivisions dans les syllabes qui se succèdent. <2°)> On peut faire allusion aussi à la division de la chaîne <parlée> en unités significatives <(*gegliederte Sprache* ou *Rede*)>.

La faculté du langage articulé, ce qui peut faire penser qu'elle est naturelle, c'est la disposition de notre appareil vocal. Découverte de Broca: la faculté de langage localisée dans la troisième circonvolution frontale gauche du cerveau; mais cette même circonvolution commande aux troubles et à l'exercice normal de la faculté de l'écriture. <Ce serait donc plus généralement la circonvolution des signes.> <(Finalement la linguistique peut bien n'être que la science des signes.)>

2°) En second lieu, ce qui est certain, même si cette faculté nous est donnée naturellement: nous ne pouvons l'exercer sans qu'elle reçoive d'une masse sociale ce que nous appelons la langue. On peut apercevoir dans la langue ce qui introduit une unité générale dans le phénomène du langage.

Considérons dans les sphères diverses où se meut le langage la sphère spéciale qui correspond à ce qui est pour nous la langue. Ces sphères ont à être observées dans l'acte individuel. L'acte individuel quand il s'agit de langage suppose deux individus. On aura ainsi au complet ce qu'on peut appeler le *circuit de la parole*.

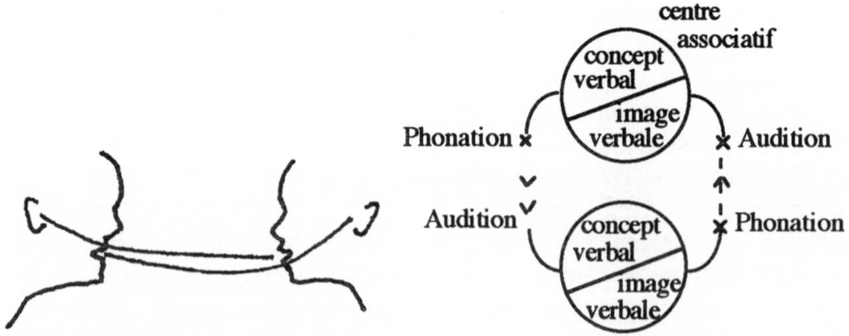

Dans le centre associatif, purement psychique, sont mis en contact un concept verbal et une image verbale.

By *articulate* we <often> mean 'utter in a distinct manner'. <(But that is not the sense here.)>

Articulated language. (<Latin> *articulus*: <member, part>) <1)> It may refer to the subdivisions in the succession of syllables. <2)> It may also allude to the division of the <speech> chain into meaningful units <(*gegliederte Sprache* or *Rede*)>.

What may make people think that the faculty of articulated language is natural is the disposition of our vocal apparatus. Broca's discovery: the language faculty localized in the third left frontal convolution of the brain; but this same convolution governs disorders and the normal exercise of the faculty of writing. <So it would seem more generally to be the convolution of signs.> <(In the end, linguistics may well be just the science of signs.)>

2) In the second place, what is certain, even if this faculty is given to us by nature: we cannot make use of it unless it receives from some social body what I call the language. In the language we can see something that introduces a general unity into the phenomenon of language.

Let us consider among the various spheres in which language operates the special sphere corresponding to what I call the language. These spheres are to be observed in the individual act. The individual act where language is concerned involves two individuals. This will give us the whole of what may be called the *speech circuit*.

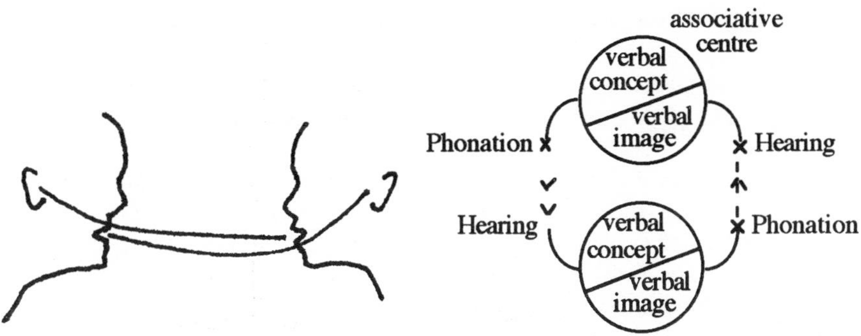

In the associative centre, purely mental, a verbal concept and a verbal image are brought into contact.

Il faudrait sans doute bien d'autres intermédiaires: image musculaire par exemple avant la phonation. <Nous avons sur cette figure les éléments fondamentaux.>

Il y a 1°) une partie purement physique: les ondes sonores. 2°) des parties physiologiques: la phonation et l'audition. 3°) comme éléments psychiques nous avons l'image verbale <(ou acoustique)>. Cette image acoustique est à distinguer entièrement du fait non psychique (physique) du son.

L'image verbale <(acoustique)> c'est le son rendu en sensations psychiques. <Elle est aussi psychique que le concept qui lui est attaché.> Le concept et l'image acoustique sont également psychiques.

Dans ce circuit, chacun peut voir que des divisions très diverses peuvent être entreprises. 1°) Divisions du circuit en partie extérieure et partie intérieure.

La partie extérieure sera représentée par vibrations du son, <allant> des lèvres à l'oreille, l'autre <(partie intérieure)> par tout le reste.

2°) Division en partie physique, <(vibrations et mouvement de l'appareil vocal)> en partie psychique <(tout le reste)>.

Le mouvement de l'appareil vocal a le droit de rentrer dans la partie physique.

3°) On peut voir division en partie passive <(de l'audition au centre associatif)> et en partie active <(du centre associatif à l'audition)>.

4°) Dans la partie psychique même, prise seule, si nous distinguons la partie active et passive, elle pourra s'appeler *exécutive* et *réceptive.*

Si tout en restant dans le cas individuel on considère ce même circuit pour tous les mots, pour toutes les occasions répétées qui se présenteront, il faudra ajouter une case, une opération de coordination régulière <(dès qu'il y aura pluralité d'images verbales reçues)> pour cet ensemble qui arrive peu à peu à la conscience.

Elles entreront dans un certain ordre pour le sujet.

Par cette coordination nous approchons de l'idée de la langue, <mais encore à l'état individuel>. <(Nous ne considérons encore que cas individuel.)>

Doubtless a number of other intermediaries must be included: muscular image, for example, before phonation. <We have on the diagram the basic elements.>

There are: 1) a purely physical part: the sound waves. 2) physiological parts: phonation and hearing. 3) as mental elements we have the verbal <(or acoustic)> image. This acoustic image must be kept entirely distinct from the non-mental (physical) fact of the sound.

The verbal <(acoustic)> image is the sound transformed into mental sensations. <It is as mental as the concept attached to it.> The concept and the acoustic image are equally mental.

In this circuit, anyone can see that very different divisions can be made. 1) Divisions of the circuit into external and internal parts.

The external part will be represented by sound vibrations <going> from the lips to the ear, the other <(internal part)> by all the rest.

2) Division into physical part <(vibrations and movement of the vocal apparatus)> and mental part <(all the rest)>.

The movement of the vocal apparatus qualifies as belonging to the physical part.

3) One can see division into passive part <(from hearing to associative centre)> and active part <(from associative centre to hearing)>.

4) In the mental part itself, considered in isolation, if we distinguish the active and passive part, it may be called *executive* and *receptive*.

If, still for the individual case, we consider the same circuit for all the words, all the repeated occasions which will occur, another slot must be added, an operation of regular co-ordination <(as soon as a number of verbal images are received)> for the whole, which we gradually become aware of.

They will come in a certain order for the subject.

This co-ordination brings us close to the idea of the language, <but still in the individual state>. <(I am still considering only the individual case.)>

2) L'acte social ne peut résider que chez les individus additionnés les uns aux autres, mais comme pour tout <(autre)> fait social, il ne peut être considéré hors de l'individu. Le fait social, ce sera une certaine moyenne qui ne s'établira, qui ne sera sans doute complète, chez aucun individu.

Quelle partie du circuit peut donner lieu à cette <capitalisation,> cristallisation sociale? Ce n'est pas une partie quelconque, ce n'est pas la partie physique. (Ainsi nous sommes frappés par le son d'une langue étrangère que nous ne connaissons pas <mais nous ne sommes pas dans le fait social de la langue>.) Remarquons aussi que ce n'est pas toute la partie psychique qui devient sociale. L'individu reste maître.

L'exécution restera individuelle, c'est là que nous reconnaîtrons le domaine de la parole. C'est la partie réceptive et coordinative <(qui est sociale)>, voilà ce qui forme un dépôt chez les différents individus, lequel arrive à être appréciablement conforme chez tous les individus.

C'est cette sphère-là qui nous représente la sphère de la langue. Ce sont ces milliers d'images verbales associées chez les individus à autant de concepts placés en regard. On peut dire qu'en prenant un individu nous aurons dans le seul exemplaire l'image de ce qu'est la langue dans la masse sociale. <Si nous pouvions examiner le dépôt des images verbales dans un individu, conservées, placées dans un certain ordre et classement, nous verrions là le lien social qui constitue la langue.>

Nous voyons que cette partie sociale est purement mentale, purement psychique. C'est ainsi que nous concevons la langue.

Cf. article de M. Sechehaye.

La langue a pour siège le cerveau seul.

[28 avril 1911]

Un amendement. Nous avons parlé d'instinct du langage. Nous aurions dû dire: Y a-t-il une fonction naturelle du langage? Qu'elle soit naturelle ou non, la langue demeure comme l'outil nécessaire à la faculté du langage.

2) The social act cannot reside elsewhere than in the individuals added together, but as for any <(other)> social fact, it cannot be considered outside the individual. The social fact will be a certain average which will not be established, which will undoubtedly not be complete, in any individual.

What part of the circuit can give rise to this social <capitalization,> crystallization? Not just any part, not the physical part. (Thus we are struck by the sound of a foreign language we do not know <but we are not party to the social fact of the language>.) Let us note also that it is not the whole of the mental part which becomes social. The individual remains in control.

Execution remains individual, that is where I recognize the domain of speech. It is <u>the receptive and co-ordinating part</u> <(that is social)>, this is what forms a deposit in the different individuals, which manages to be to a considerable extent consistent for all.

It is this sphere which represents the sphere of the language. It is these thousands of verbal images associated in the individuals with as many concepts placed opposite. We can say that in taking an individual we shall have in that one example the image of what the language is in the social body. <If we could examine the deposit of verbal images in an individual, stored, placed in a certain order and classification, we should see the social bond that constitutes the language.>

We see that this social part is purely mental, purely psychological. That is what I conceive the language to be.

Cf. M. Sechehaye's article.

The language is located only in the brain.

[28 April 1911]

<u>An emendation</u>. I spoke of the language instinct. I should have said: Is there a natural <u>function</u> of language? Whether natural or not, the language is still the necessary tool for the faculty of language.

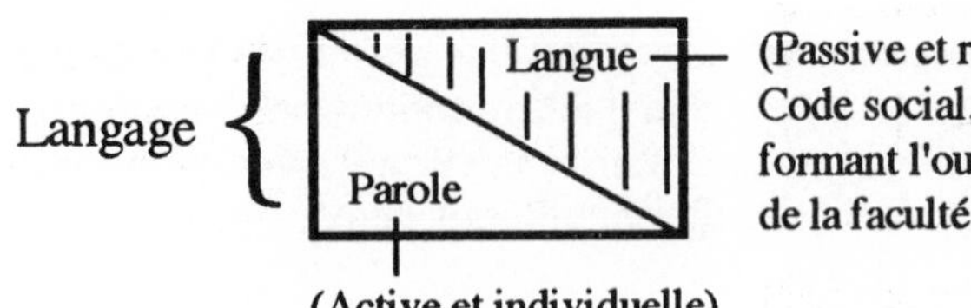

Il faut distinguer deux choses:
1) Usage des facultés en général en vue du langage (phonation etc.)
2) Aussi: usage individuel du code de langue selon la pensée individuelle.

Nous avons fait une définition de choses et non seulement de mots. <Cette distinction ne dépend pas du hasard des termes de chaque idiome.>

Il est possible qu'en sortant du français nous ne trouvions pas des mots recouvrant exactement les mots français. (Ex. *Sprache* renferme <idée de> *langue* et *langage*. *Rede*: *parole* et *discours*.) <*Rede* correspond à peu près à *parole*, mais a aussi le sens spécial de *discours*.>

On peut remarquer que nous avons trouvé dans la langue: 1°) un objet définissable et séparable de l'ensemble des actes de langage. On peut localiser la langue dans une certaine région du circuit considéré, région où l'image auditive vient s'associer à un concept. Indirectement nous pouvons dire aussi la langue c'est la partie sociale du langage. En cherchant <où elle se trouve>, on arrivera à la même région.

Nous voyons encore en cherchant si réellement la langue est séparable du reste, qu'il faut tout un apprentissage pour apprendre la langue. Les organes sont là, mais il faut que l'être humain se l'assimile en l'apprenant. <On peut séparer la parole du reste.> Il arrive dans des cas de maladie qu'un homme entièrement privé de la parole conserve la faculté d'écrire: la langue est intacte, la parole seule est touchée. Quand nous avons devant nous une langue morte, son organisme est là bien que personne ne la parle.

2°) La langue est étudiable séparément; il n'est pas indispensable de considérer les autres éléments du langage pour étudier la langue. Elle n'est pas étudiable si on y mêle les autres éléments. Ceci découle plutôt des caractères qui nous restent à constater, car:

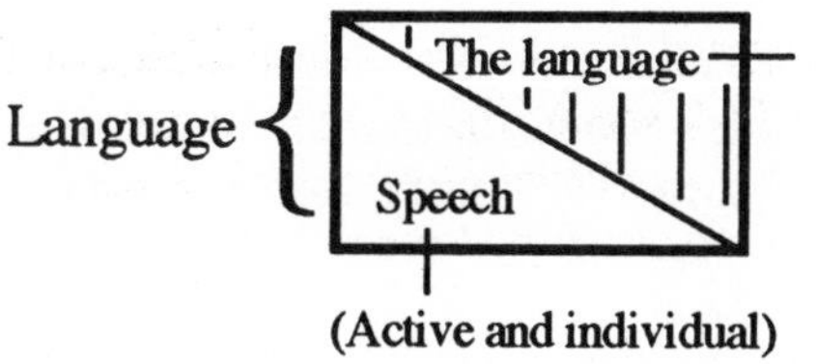

(Passive and resident in the collectivity) Social code organizing language and forming the tool necessary for the use of the language faculty

Two things must be distinguished:
1) The use of faculties in general for linguistic purposes (phonation, etc.). 2) Also: individual use of the language code to express individual thought.

I have defined things and not just words. <This distinction does not depend on the chance availability of terms in one language or another.>

It is possible that in languages other than French we may not find words covering exactly what the French words cover. (Ex. *Sprache* includes <idea of> both *langue* and *langage*. *Rede*: *parole* and *discours*.) <*Rede* corresponds more or less to *parole*, but also has the special sense of *discours*.>

Note that we have found in the language: 1) a definable object separable from the totality of acts of language. The language may be localized in a certain region of the circuit we have considered, region where the auditory image and a concept are brought together. Indirectly we can also say that the language is the social part of language. In searching <for its location>, we shall come to the same region.

Again, inquiring whether the language really is separable from the rest, we see that a whole apprenticeship is necessary in order to learn the language. The organs are there, but the human being has to assimilate it by learning it. <Speech can be separated from the rest.> It can happen in cases of illness that a man entirely deprived of speech retains the faculty of writing: the language is intact, only speech is impaired. When we have a dead language before us, its organism is preserved even though no one speaks it.

2) The language can be studied separately; in order to study the language, it is not indispensable to consider the other elements of language. If the other elements are conflated with it, it cannot be studied. This follows from features I have not yet considered, for:

3°) La langue <ainsi délimitée> est un objet de nature homogène <(tandis que pas le langage)>. C'est un système de signes où les deux parties du signe sont du reste psychiques. Par conséquent on ne peut rien demander de plus homogène.

4°) Dans la langue nous avons un fait <objet> de nature concrète. Ces signes ne sont pas des abstractions, tout spirituels qu'ils soient. L'ensemble des associations ratifiées socialement qui constitue la langue a son siège dans le cerveau; c'est un ensemble de réalités semblables aux autres réalités psychiques. Il faut ajouter que la langue est tangible, c'est-à-dire traductible en images fixes comme des images visuelles, ce qui ne serait pas possible pour les actes de la parole par exemple. La phonation du mot représente toutes sortes de mouvements de l'air, musculaires etc. <qu'il serait extrêmement difficile de connaître. Mais dans la langue, il n'y a plus que l'image acoustique, et cela peut se traduire en image fixe.>

Nous avons dans la langue une somme de signes évocables, mais le mouvement n'interviendra que par la parole et ces signes dans leur état latent sont parfaitement réels (déposés comme des images photographiques dans le cerveau). <Donc> cet objet est non seulement de nature concrète, mais d'une espèce qui permet l'étude directe, à peu près comme celle de papillons classés dans une boîte de collectionneurs. Nous pouvons fixer ce qui est relatif à la langue. <Grâce à ce caractère> on peut dire en somme qu'un dictionnaire et une grammaire sont une image admissible, convenable de ce qui est contenu dans la langue.

Au-delà de ces caractères <de ce dépôt d'images acoustiques>, un nouveau caractère se présente <et bienvenu>: une fois la langue dégagée de ce qui ne lui appartient pas, elle apparaît comme classable parmi les faits humains. C'est un système de signes reposant sur des images acoustiques.

<Association d'une idée avec un signe, c'est ce qui fait l'essence de la langue.>

D'autres systèmes de signes: ceux de l'écriture, signaux maritimes, langue des sourds-muets. Tout un ordre de faits psychologiques (de psychologie sociale) qui ont droit d'être étudiés comme un seul ensemble de faits.

Compartiment dans la psychologie: la sémiologie (études des signes et de leur vie dans les sociétés humaines).

3) The language <thus delimited> is an object of a homogeneous nature <(whereas language is not)>. It is a system of signs, in which the two parts of the sign, moreover, are mental. Consequently one could ask for nothing more homogeneous.

4) In the language we have a fact <object> of a concrete nature. These signs are not abstractions, even though they are in the mind. The set of associations ratified socially which constitutes the language is located in the brain; it is a set of realities like other mental realities. It must be added that the language is tangible, that is to say, translatable into fixed images such as visual images, which would not be possible for acts of speech, for example. The utterance of a word involves all sorts of movements in the air, the muscles, etc. <which it would be extremely difficult to identify. But in the language there is only the acoustic image, and that can be translated into a fixed image.>

In the language we have a set of signs that can be called forth, but this action will take place only through speech and these signs in their latent state are perfectly real (deposited like photographic images in the brain). <So> this object is not only of a concrete nature, but of a kind which allows direct study, rather like that of butterflies arranged in a collector's case. We can determine what relates to the language. <Thanks to this characteristic> we can say in short that a dictionary and a grammar give an acceptable, appropriate image of what is contained in the language.

Over and above these features <of this repository of acoustic images>, another feature emerges <and is welcome>: once the language is stripped of everything that does not belong to it, it appears as classifiable among human facts. It is a system of signs based on acoustic images.

<Association of an idea with a sign, that is what the essence of the language is.>

Other systems of signs: those of writing, maritime signals, the language of the deaf-and-dumb. A whole order of psychological facts (of social psychology) which deserve to be studied as one set of facts.

Compartment in psychology: semiology (studies of signs and of their life in human societies).

Aucune série de signes n'aura une importance plus considérable dans cette science que celle des faits linguistiques. On pourrait retrouver l'équivalent dans l'écriture [de] ce que sont les faits phonétiques dans la langue.

On peut en outre dire que c'est en choisissant la langue comme centre et point de départ qu'on a la meilleure plateforme pour aller aux autres éléments du langage. <Impossible de rien classer dans langage sitôt qu'on laisse langue mêlée au reste.>

Sans doute, la langue n'est sortie elle-même <que> de la parole dans un certain sens; il faut la parole de milliers d'individus pour que s'établisse l'accord d'où la langue sortira. La langue n'est pas le phénomène initial. Est-ce qu'on a commencé à proférer des sons ou à associer des sons à une idée? Peu importe.

La langue est une sorte de sécrétion du reste parfaitement distincte de la fonction de parole nécessaire pour dégager cette sécrétion. Nous pouvons la prendre comme étant le fait de base, de départ. N'est-il pas excessif de voir dans la langue la partie essentielle, primordiale du langage? Les autres phénomènes prennent presque d'eux-mêmes une place subordonnée et arrivent à se classer d'une façon dictée par des considérations même non linguistiques. La phonologie par exemple étudie la phonation nécessaire pour la parole. La phonation en apparence pourrait réclamer une place de premier ordre au sein des phénomènes de langage; apparaît comme aussi inessentielle que les différents appareils électriques qui peuvent servir à transmettre tels ou tels signes de l'alphabet morse. Ces signes étant visibles aux deux extrémités quel que soit l'appareil qui les ait transmis, peu importe. <Rôle de la phonation d'exécuter des images acoustiques apparaît subordonné.>

<Langue est comparable à œuvre musicale.> Une œuvre musicale n'existe que par la somme des exécutions qui en sont faites. Les exécutions sont indifférentes à l'œuvre. <Une symphonie est une réalité existante sans son exécution.> De même les exécutions par la parole de ce qui est donné dans la langue peuvent paraître comme inessentielles.

Ce point de vue est d'accord avec celui qui jugera la phonologie par le dehors.

C'est une étude physiologique commencée par les physiologistes, et on

No series of signs will have greater importance in this science than that of linguistic facts. The equivalent could be found in writing [of] what phonetic facts are in the language.

It can furthermore be said that by choosing the language as centre and starting point we have the best platform for proceeding to the other elements of language. <Impossible to classify anything in language if we leave the language mixed up with the rest.>

Doubtless the language itself emerged <only> from speech in a certain sense; the speech of thousands of individuals is necessary in order to establish the agreement from which the language will emerge. The language is not the first phenomenon. Did people start by uttering sounds, or by associating sounds with an idea? It matters little.

The language is a kind of secretion which is in any case perfectly distinct from the speech function that is necessary in order to produce the secretion. We can take it as being the basic fact, the start. Is it not an exaggeration to treat the language as the essential, fundamental part of language? The other phenomena assume almost of their own accord a subordinate place and adopt a classification dictated by even non-linguistic considerations. Phonology, for example, studies the phonation necessary for speech. Phonation might appear to command an important place among the phenomena of language; appears as inessential as the various pieces of electrical apparatus which may be used to transmit signs of the Morse alphabet. Granted that these signs are visible at the two termini, it matters little by what apparatus they have been transmitted. <Role of phonation in the execution of acoustic images appears subordinate.>

<The language is comparable to work of music.> A musical work exists only in virtue of the total number of performances of it. The performances are something quite apart from the work. <A symphony is a reality that exists without any performance.> Similarly, the renderings in speech of what is given in the language may seem inessential.

This point of view is in agreement with that which judges phonology from the outside.

It is a physiological study begun by physiologists, and we can leave it

peut la leur laisser. De cette façon la linguistique n'est pas à cheval sur deux domaines: linguistique et physiologie.

Il faut donc bien partir de la langue comme du seul fait essentiel.

<On opposera peut-être la phonétique.> Phonétique = transformation dans le temps de la forme des mots par des facteurs phonétiques. Il semble qu'il est hardi de considérer la langue indépendamment de la phonétique.

En réalité le phénomène phonétique étudié de près conduit à cette vue qu'il n'y a <réellement> aucune transformation phonatoire. Il n'y a que des substitutions <et pas de changements phonétiques> (ainsi passer de κατα en καδα) (donc on accomplit un acte psychologique en substituant).

Il faut donc placer tous les faits de phonation en dehors de la langue.

La partie parole du langage n'a pas de liens essentiels avec la partie langue. Le meilleur moyen de juger de cette partie parole c'est de se placer dans la langue comme point de départ.

Mais Restriction: <mais peut-on séparer à ce point les faits de parole des faits de langue[?]> Si nous prenons les mots, les formes grammaticales, tout cela est bien fixé dans un état donné dans la langue. Mais il y a toujours cet élément individuel qu'est la combinaison laissée au choix de chacun pour exprimer sa pensée dans une phrase. Cette combinaison appartient à la parole, car c'est une exécution.

Cette partie-là (deuxième usage individuel du code de langue) soulève une question. Ce n'est que dans la syntaxe en somme que se présentera un certain flottement ici entre ce qui est donné dans la langue et ce qui est laissé à l'initiative individuelle. La délimitation est difficile à faire. <Il faut avouer qu'ici> dans le domaine de la syntaxe, l'élément social et l'élément individuel, <exécution et association fixe>, se mêlent quelque peu, <arrivent à se mêler plus ou moins>.

[* *Note ajoutée sur feuille volante*]

*<Telle étant notre notion de la langue il est clair qu'elle ne nous est représentée que par la série des diverses langues. Nous ne pouvons la saisir que sur une langue déterminée, quelconque.

to them. In this way linguistics does not straddle two domains: linguistics and physiology.

Thus we must indeed begin with the language as the sole essential fact.

<An objection may perhaps be raised about phonetics.> Phonetics = transformation over time of the form of words by phonetic factors. It seems rash to consider the language independently of phonetics.

In reality, the phonetic phenomenon on closer inspection leads to the view that there <really> is no phonatory transformation. There are only substitutions <and not phonetic changes> (such as passing from κατα to καδα) (so a psychological act is accomplished by substitution).

So all the facts of phonation must be placed outside the language.

The speech part of language has no essential connexions with the language part. The best way of examining this speech part is by taking the language as our point of departure.

But Reservation: <but can one take the separation of facts of speech from facts of the language that far [?]> If we take the words, the grammatical forms, all that is indeed fixed in a given state in the language. But there is always that individual element, the combination which is left for everyone to choose in order to express their own thought in a sentence. This combination belongs to speech, for it is an execution.

That part (second individual use of the language code) raises a question. It is only ultimately in syntax that there is a certain vagueness about what is given in the language and what is left to individual initiative. The delimitation is difficult to establish. <It must be admitted that here> in the domain of syntax the social element and the individual element <execution and fixed association> are somewhat intermingled, <get more or less intermingled>.

[* *Note added on loose sheet*]

*<This being my notion of the language, it is clear that we have access to it only through a range of different languages. We cannot grasp it except through some specific language, any one.

La langue, ce mot au singulier, comment se justifie-t-il? Nous entendons par là une généralisation, ce qui se trouvera vrai pour toute langue déterminée, sans être obligé de préciser. Il ne faut pas croire que ce terme général, *la langue*, équivaudra à *langage*.>

[2 mai 1911]

Chapitre II. Nature du signe linguistique.

<Nous y verrons deux principes fondamentaux; mais> auparavant, il y a lieu de reprendre certains points <vus précédemment>. Comme nous l'avons reconnu, le signe linguistique repose sur une association faite par l'esprit entre deux choses très différentes, mais qui sont toutes deux psychiques et dans le sujet: une image acoustique est associée à un concept. L'image acoustique <n'est pas le son matériel>, c'est l'empreinte psychique du son.

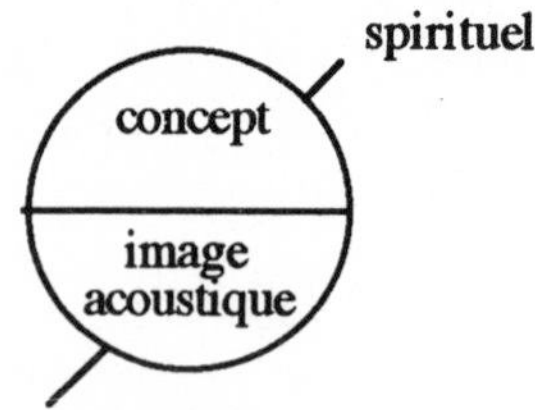

matérielle (au sens de sensorielle, fournie par les sens, mais non de physique)

On a souvent eu tort de se figurer qu'il n'y a dans la langue qu'une nomenclature (arbre, feu, cheval, serpent). <Le contenu de la langue ramené à ses premiers traits.> C'est une méthode enfantine. Si nous l'adoptons pour un moment, nous verrons facilement en quoi consiste le signe linguistique et en quoi il ne consiste pas. On se place devant une série d'objets et une série de noms:

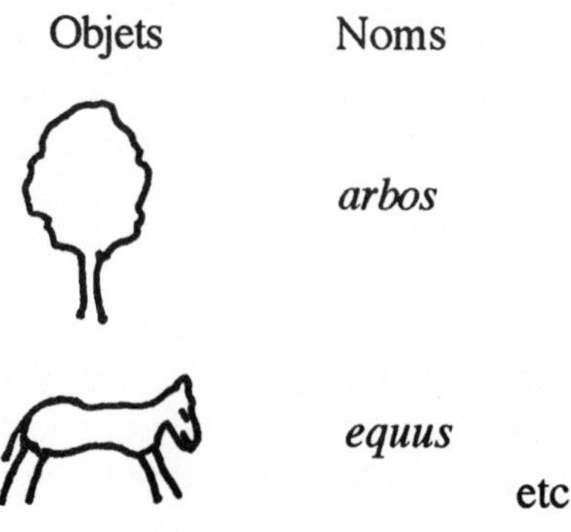

The language, this word in the singular, what is its justification? I intend it as a generalization, that which will turn out to be true for any given language, without being obliged to specify what. This general term, *the language*, must not be taken as an equivalent to *language*.>

[2 May 1911]

Chapter II. Nature of the linguistic sign.

<Here we shall see two fundamental principles; but> first, it is appropriate to recapitulate certain points <already mentioned>. As was acknowledged, the linguistic sign is based on an association made by the mind between two very different things, but which are both mental and in the subject: an acoustic image is associated with a concept. The acoustic image <is not the material sound> but the mental imprint of the sound.

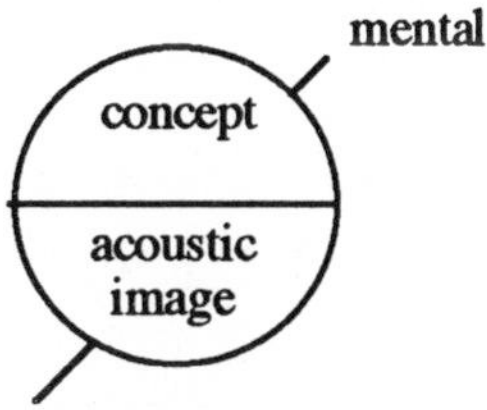

material (in the sense of sensorial, provided by the senses, but not physical)

It has often been mistakenly supposed that in the language there is only a nomenclature (tree, fire, horse, snake). <The content of the language reduced to its essential features.> The approach is childish. If we follow it for a moment, we shall easily see what the linguistic sign consists in and what it does not consist in. Let us take a series of objects and a series of names:

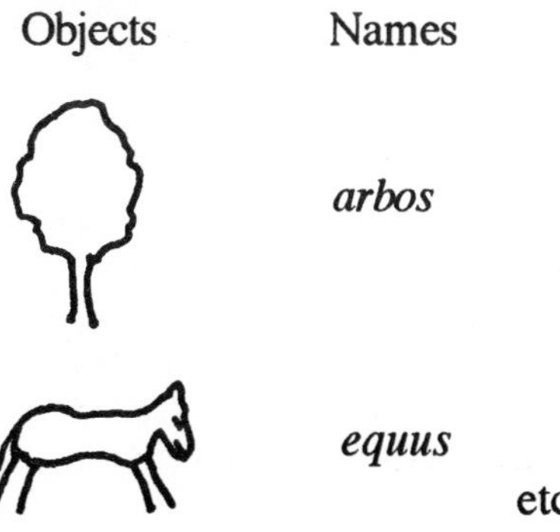

On aura bien deux termes mais quels sont ces termes[?] Il y a bien un objet qui est en dehors du sujet, et le nom, dont on ne sait pas bien s'il est vocal ou mental, <(*arbos* peut être pris dans ces deux sens différents)>. Le lien entre les deux n'a rien de clair.

Dans la conception rationnelle nous retrouvons deux termes, mais ces deux termes seront cette fois:

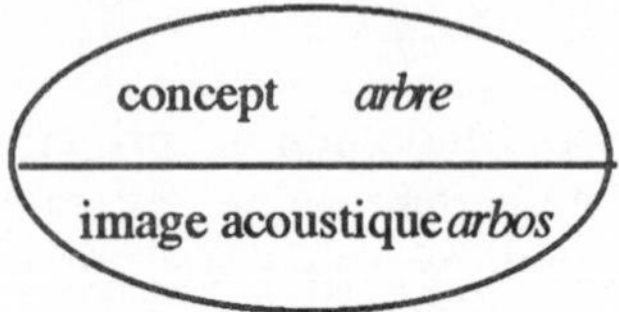

et ils seront tous deux dans le sujet et sont tous deux psychiques, concentrés au même lieu psychique par l'association. Ici le terme le plus matériel serait *arbos* <et *arbre* le terme le plus psychique>. <Tout rapprochement de termes qui ne serait pas celui-là, nous le répudions comme fausse piste dans cette recherche des deux termes que comprend un signe.>

Une occasion qu'on a de se mettre en face du caractère tout à fait psychique de nos images acoustiques, c'est d'étudier sur soi-même le langage intérieur.

Dans ce langage intérieur, sans remuer les lèvres, nous sommes capables de prononcer <et d'entendre> un discours intérieurement, une poésie. <Donc partie matérielle est dans le sujet sous forme d'image acoustique.>

Il sera légitime de parler de syllabes, de son *b*, *a*; ce sont les syllabes de l'image acoustique intérieure.

Il faut reconnaître que certains termes devraient être écartés, <par exemple> celui de *phonème* qui implique l'idée <d'action vocale> de parole.

Parler d'*images vocales* <(cf. image acoustique)> est également digne de toutes réserves quant à son emploi. Il faut savoir si l'on veut appeler *signe* le total <(combinaison du concept avec image)> ou bien si l'image acoustique elle-même peut être appelée *signe* <(la moitié plus matérielle)>. <C'est une question que nous avouons ne pouvoir trancher.> <En tous cas si *arbos* est appelé signe, ce ne sera jamais que autant que portant un concept>. Il y a là un point de terminologie à résoudre; il faudrait deux mots différents. <Nous tâcherons d'éviter les confusions qui pourraient être très graves.>

We have two terms, indeed, but what are these terms [?] There is indeed an object which is outside the subject, and the name, but one does not know whether it is vocal or mental: <(*arbos* can be taken in these two different senses)>. The link between the two is not at all clear.

In the rational conception we again have two terms, but this time these two terms will be:

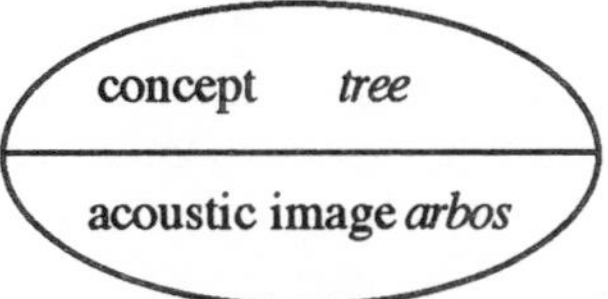

and they will both be inside the subject, both be mental, both centred on the same mental spot by their association. Here the more material term would be *arbos* <and *tree* the more mental term>. <Any other connexion than this I reject as misleading in the search for the two terms a sign comprises.>

An opportunity to realize the entirely mental character of our acoustic images is provided by studying one's own internal language.

In this internal language, without moving the lips, we are able to pronounce <and hear> internally a speech, a poem. <Hence material part is located in the subject in form of acoustic image.>

It will be legitimate to speak of syllables, the sounds *b*, *a* ; these are syllables of the internal acoustic image.

It must be recognized that certain terms are to be avoided; <e.g.> the term *phoneme*, which implies the idea <of vocal action>, of speech.

Speaking of *vocal images* <(cf. acoustic image)> is likewise a usage to be wary of. We must decide whether we wish to call the whole a *sign* <(combination of concept with image)> or whether the acoustic image itself can be called a *sign* <(the more material half)>. <This is a question I admit I cannot decide.> <In any event, if *arbos* is called a sign, it will only ever be insofar as it bears a concept.> This is a terminological point to be resolved: two different words must be found. <I shall try to avoid confusions, which could be serious ones.>

Premier principe ou vérité primaire:
Le signe linguistique est arbitraire.

Le lien qui relie une image acoustique donnée avec un concept déterminé et qui lui confère sa valeur de signe est un lien radicalement arbitraire. Tout le monde est d'accord.

La place hiérarchique de cette vérité-là est tout au sommet. Ce n'est que peu à peu que l'on finit par reconnaître combien de faits différents ne sont que des ramifications, des conséquences voilées de cette vérité-là. Le signe est arbitraire, c'est-à-dire que le concept 'sœur' par exemple n'est lié par aucun caractère <relation> intérieur avec la suite de sons *s* + *ö* + *r* qui forme l'image acoustique correspondante. <Ce concept pourrait tout aussi bien être représenté par n'importe quelle autre suite de sons. Il suffit de songer aux différentes langues.> En passant d'une langue à une autre, on voit que le concept 'bœuf' est aussi représenté par la suite de sons *bos*. <C'est le même caractère arbitraire qu'ont les signes de l'écriture.> Il est clair qu'aucun lien préexistant n'est là pour que je désigne le son P par la suite de traits P, Π ou Θ.

La sémiologie aura à voir si elle doit s'occuper des signes arbitraires ou des autres; son domaine sera plutôt celui des systèmes de signes arbitraires dont la langue est le principal exemple.

Il y a un scrupule très grand à se servir du terme *symbole linguistique*. Le symbole n'est jamais vide; il y a au moins un rudiment de lien entre l'idée et ce qui lui sert de signe.

Balance - symbole de la Justice; il y a là un lien.

A ce même point de vue il y aurait peut-être à reprendre au terme d'*image acoustique*, car une image a toujours un lien avec la chose qu'elle représente. *Image* est pris au sens le plus général de figure ayant quelque pouvoir évocateur, parlant à l'imagination. <Plus tard nous verrons cette image devenir beaucoup plus précisément évocatrice, et c'est au nom de ce fait qui n'est pas primaire que nous garderons cette expression.>

Il faut revenir sur ce mot d'*arbitraire*. Il n'est pas arbitraire au sens de dépendant du libre choix de l'individu. Il est arbitraire par rapport au

First principle or primary truth:
The linguistic sign is arbitrary.

The link connecting a given acoustic image with a specific concept and conferring upon it its value as a sign is a radically arbitrary link. Everyone agrees.

The hierarchical place of this truth is right at the top. Only gradually does one come to realize how many different facts are only ramifications, hidden consequences of that truth. The sign is arbitrary, that is to say that the concept 'sister', for example, is not connected by any internal feature <relation> to the sound sequence *s* + *ö* + *r* which forms the corresponding acoustic image. <This concept could just as well be represented by any other sequence of sounds. You have only to think of the different languages.> Passing from one language to another, you see that the concept 'ox' is also represented by the sound sequence *bos*. <It is the same arbitrary character that the signs of writing have.> It is clear that no pre-existing connexion determines whether I should designate the sound P by the series of strokes P, Π or Θ.

Semiology will have to decide whether it should deal with arbitrary or other signs; its domain will be mainly that of systems of arbitrary signs, with languages as the prime example.

There is a very serious drawback to using the term *linguistic symbol.* The symbol is never empty: there is at least a rudimentary connexion between the idea and that which acts as its sign.

Balance - symbol of Justice; there is a connexion there.

From the same point of view there might be an objection to the term *acoustic image*, for an image always has a connexion with the thing it represents. *Image* is intended in the most general sense as a figure having some evocative power, speaking to the imagination. <Later we shall see this image becoming more definitely evocative, and it is in virtue of this fact, which is not a primary consideration, that I shall retain the expression.>

There is more to be said about this word *arbitrary*. It is not arbitrary in the sense of depending on the free choice of the individual. It is arbitrary with respect to the concept, having nothing in itself which

concept, comme n'ayant rien en lui qui le lie particulièrement à ce concept. Une société entière ne pourrait changer le signe, car l'héritage du passé lui est imposé par les faits d'évolution.

<A ce propos il y a> la question des onomatopées (mots qui dans leur son ont quelque chose qui peut rappeler le concept même qu'ils doivent représenter). Le choix dit-on ici n'est pas arbitraire. <Ici il y aurait bien lien intérieur.> On exagère en général beaucoup le nombre des onomatopées. On dit parfois par exemple que *pluit* représente le bruit de la pluie, mais si l'on remonte un peu plus haut on voit qu'il n'en est rien <(précédemment *plovit,* etc.)>.

<Nous en avons cependant:> *tic-tac* d'une pendule, *glou-glou* d'une bouteille. Ces mots en réalité passent sous le régime des mots quelconques, tant ils sont noyés dans la masse linguistique. On peut souvent se tromper et voir une imitation dans des cas où elle n'existe nullement.

La portée de cette partie du vocabulaire est très restreinte, de même pour les exclamations. Dans l'exclamation on pourrait dire qu'il y a là quelque chose qui est dicté par la nature, et qu'il y a là lien entre le son et le concept. <Mais pour la plupart des exclamations, cela peut se nier, à preuve les autres langues.> *Aïe*, par exemple, ne se retrouve pas en allemand, en anglais, par exemple. Les jurons qui ont passé à l'état d'exclamation; <et on sait que leur origine est dans des mots à sens très déterminé. Donc très accessoires et contestables, ces faits d'onomatopée et d'exclamation.>

Second principe ou seconde vérité primaire. Le signe linguistique (image servant au signe) possède une étendue et cette étendue se déroule dans une seule dimension. De ce principe-là découlent nombre d'applications. Il saute aux yeux. Si nous pouvons découper les mots dans les phrases, c'est une conséquence de ce principe. Il exprime une des conditions auxquelles sont assujettis tous les moyens dont dispose la langue.

Cela découle de ce qu'il est acoustique (il se déroule dans le temps qui n'a qu'une dimension linéaire, une seule dimension). Par opposition à telle espèce de signes (signes visuels par exemple) qui peuvent offrir une complication en plusieurs dimensions, le signe acoustique ne peut offrir de complications que dans l'espace qui serait figurable dans une ligne. Il faut que tous les éléments du signe se succèdent, fassent une chaîne. Il semble que parfois on peut nier la chose: si l'on accentue

links it particularly to that concept. A whole society could not change the sign, for the inheritance of the past is imposed upon it by the facts of evolution.

<In connexion with this there is> the question of onomatopœias (words of which the sound has something that evokes the actual concept they are called on to represent). The choice, it is said, is not arbitrary here. <Here there would indeed be an internal connexion.> In general people greatly exaggerate the number of onomatopœias. It is sometimes said for example that *pluit* represents the sound of the rain, but if you go a little way further back, it becomes clear this is not the case <(earlier *plovit*, etc.)>.

<Nonetheless we have:> the *tick-tock* of a clock, the *glug-glug* of a bottle. These words in fact behave like ordinary words, being lost in the linguistic mass. People can often make the mistake of seeing an imitation in cases where it does not exist at all.

The extent of this part of the vocabulary is very limited, as is that of exclamations. In an exclamation it might be said that there is something that is dictated by nature, and that there is a connexion there between the sound and the concept. <But for the majority of exclamations, this can be rejected, on the evidence of other languages.> *Aïe*, for example, is not found in German, English, for example. Swearwords that have become exclamations <and it is known that they originated in words with a very specific sense. So very marginal and controversial, these cases of onomatopœia and exclamation.>

Second principle or second primary truth. The linguistic sign (image used as sign) is extended and this extension has one dimension only. From this principle various applications follow. It is obvious. If we can segment phrases into words, it is a consequence of this principle. It expresses one of the conditions governing all the resources available in the language.

It follows from the fact that it is acoustic (it unfolds in time, which has only a linear dimension, a single dimension). In contrast with some kinds of sign (visual signs, for example), which can present complexities in several dimensions, the acoustic sign can present complexities only in the space which can be represented by a line. All the elements of the sign must follow one another, form a chain. Sometimes it seems that this could be denied: if a syllable is stressed,

une syllabe, par exemple. <Il semble qu'on cumule sur le même point des éléments de signes différents, mais illusion.> (Mais ce supplément de signes ne vaut que par rapport aux juxtaposés.)

De ce caractère résulte aussi que les images acoustiques sont traductibles dans la forme spatiale, d'une manière suffisante, par la ligne que prend cette traduction. La ligne, parce qu'en effet il n'y a qu'une dimension.

[5 mai 1911]

Avant de passer au chapitre [III], il faut réparer une omission. A la fin du premier chapitre, ajoutez ceci: Telle étant notre notion de la langue, il est clair qu'elle ne nous est représentée que par la série des diverses langues. Nous ne pouvons la saisir que sur une langue déterminée quelconque. *La langue*, ce mot au singulier, comment se justifie-t-il? Nous entendons par là une généralisation, ce qui se trouvera vrai pour toute langue déterminée, sans être obligé de préciser. Il ne faut pas croire que ce terme général *la langue* équivaudra à *langage*.

IIIe chapitre. Quelles sont les entités concrètes dont se compose la langue [?]

Entités: essence, ce qui constitue un être (c'est la définition du dictionnaire). Dans certains domaines de science, on a devant soi des êtres organisés, et on parlera d'êtres. Dans des domaines comme celui de la langue, on ne peut pas dire que les différents êtres s'offrent du coup aux regards; il faut choisir un mot. Entité est pour nous <aussi>: l'être qui se présente.

Dans la langue prise face à face, sans intermédiaires, il n'y a ni unités ni entités données. Il faut un effort pour saisir ce qui forme les diverses entités contenues dans la langue ou pour éviter de prendre comme entités linguistiques ce qui sont des entités d'un autre ordre. Nous ne sommes pas en face d'êtres organisés ou de choses matérielles. Nous sommes très mal placés avec la langue pour voir les entités réelles, puisque le phénomène de la langue est intérieur et fondamentalement complexe. Il suppose l'association de deux choses: le concept et l'image acoustique. C'est pourquoi on peut dire qu'il faut une opération positive et l'application de l'attention pour discerner les entités au sein de la masse que forme la langue.

Au premier moment, nous voyons beaucoup de choses nous

for example. <It seems that elements of different signs accumulate in the same place, but this is an illusion.> (But this supplementation of signs works only in relation to those juxtaposed.)

Another consequence of this feature is that acoustic images can be translated into spatial form, in an adequate manner, by a linear representation. A line, because in fact there is only one dimension.

[5 May 1911]

Before proceeding to Chapter [III], an omission must be made good. At the end of the first chapter, add this: This being my notion of the language, it is clear that we have access to it only through a range of different languages. We cannot grasp it except through some specific language, any one. *The language*, this word in the singular, what is its justification? I intend it as a generalization, that which will turn out to be true for any given language, without being obliged to specify what. This general term, *the language*, must not be taken as an equivalent to *language*.

Chapter III. What are the concrete entities comprising the language [?]

Entities: essence, what constitutes a being (that is the dictionary definition). In certain scientific domains, you are dealing with organized beings and you will speak of beings. In a domain like that of the language, you cannot say that the various beings are immediately obvious: you must choose a word. The entity is for me <also>: the being that presents itself.

In the language as we encounter it directly, without any intermediaries, there are neither given units nor given entities. An effort is necessary to grasp what it is that forms the different entities contained in the language, or to avoid taking as linguistic entities things which are entities of another order. We are not dealing with organized beings or with material things. Where the language is concerned, we are in a very poor position to see the real entities, since the language phenomenon is internal and fundamentally complex. It presupposes the association of two things: the concept and the acoustic image. That is why one can say that it needs a positive effort and careful attention to discern the entities within the mass formed by the language.

At first, we see many things that look to us like units. But on closer

apparaissant comme des unités. Mais en regardant de près, on s'apercevrait qu'elles ne sont pas linguistiques, comme je suppose les syllabes (qui sont bien devant nous comme des unités ayant leur raison d'être). On s'aperçoit que ce sont des unités de la parole et non des unités linguistiques.

Les précautions à prendre sont diverses, d'après la nature même de l'objet linguistique. La première condition pour que nous soyons devant une entité linguistique, c'est que l'association entre les deux éléments soit présente, soit maintenue. Si sans nous en douter, nous ne prenons qu'un des éléments, une des parties, nous avons aussitôt falsifié l'unité linguistique. Nous avons fait une abstraction et ce n'est plus l'objet concret que nous avons devant nous. Il ne faut pas dissocier ce qui est associé dans le signe linguistique. <(Ne pas trancher par syllabes)>.

A tout moment il arrive qu'en réalité on ne se meuve que dans une des parties du signe linguistique en croyant se mouvoir dans le tout et alors on ne sera plus devant des entités linguistiques. Ainsi si nous prenons le côté matériel, la suite de sons, elle ne sera linguistique que si elle est considérée comme le support matériel de l'idée; mais envisagé en lui-même (le côté matériel) c'est une matière qui n'est pas linguistique, <matière> qui peut seulement concerner l'étude de la parole, si l'enveloppe du mot nous représente une matière qui n'est pas linguistique. <Une langue inconnue n'est pas linguistique pour nous>. A ce point de vue<-là>, on peut dire que le mot matériel, c'est une abstraction au point de vue linguistique. Comme objet concret, il ne fait pas partie de la linguistique.

Il faut dire la même chose de la face spirituelle du signe linguistique.

Si l'on prend pour eux-mêmes <les différents concepts (aimer, voir, maison)> en les détachant de leur représentation <d'un signe représentatif>, c'est une suite d'objets psychologiques. Dans l'ordre psychologique, on pourra dire que c'est une unité complexe. Il faut que le concept ne soit que la valeur d'une image <acoustique> pour faire partie de l'ordre linguistique. Ou bien, si on le fait entrer dans l'ordre linguistique, c'est une abstraction.

Le concept devient une qualité de la substance <acoustique>, comme la sonorité devient une qualité de la substance conceptuelle.

Comparaison avec la personne (formée du corps et de l'âme) en partie juste.

inspection, you would see that they are not linguistic, such as syllables, I suppose, (which are indeed before us as units having their *raison d'être*). You realize that these are units of speech and not linguistic units.

The precautions to be taken are various, in accordance with the actual nature of the linguistic object. The first condition to be satisfied for identifying a linguistic entity is that the association between the two elements should be present and maintained. If we unwittingly take only one of the elements, one of the parts, we have straight away created a spurious linguistic unit. We have made an abstraction and it is no longer the concrete object that we have before us. One must not dissociate what is associated in the linguistic sign. <(Do not segment by syllables.)>

It constantly happens that in reality you take just one part of the linguistic sign even when you think you are dealing with the whole, and then you are no longer dealing with linguistic entities. Thus if we take the material side, the sequence of sounds, it will be linguistic only if considered as the material basis for the idea; but envisaged in itself (the material side) it is a substance which is not linguistic, <substance> which can only be relevant to the study of speech, if the envelope of the word represents a substance which is not linguistic. <A language we do not know is not linguistic as far as we are concerned.> From that point of view, you can say that the material word is an abstraction from the linguistic point of view. As a concrete object, it is not part of linguistics.

The same thing must be said as regards the mental side of the linguistic sign.

If you consider <the various concepts (love, see, house)> in themselves, apart from their representation <a representing sign>, they are a series of psychological objects. In the psychological domain, you can say that it is a complex unit. The concept must be only the value of an <acoustic> image if it is to belong to the linguistic domain. Or else, if you bring it into the linguistic domain, it is an abstraction.

The concept becomes a quality of the <acoustic> substance, as sonority becomes a quality of the conceptual substance.

Comparison with the person (made up of body and soul) partially correct.

On pourrait comparer l'entité linguistique à un corps chimique composé, ainsi l'eau où il y a de l'Hydrogène et de l'Oxygène: <(H_2O)>. Sans doute la chimie, si elle sépare les éléments, a de l'Oxygène et de l'Hydrogène, mais l'on reste dans l'ordre chimique. Au contraire, si on dé[com]pose l'eau linguistique <en prenant l'Hydrogène ou l'Oxygène>, on quitte l'ordre linguistique <(on n'a plus d'entité linguistique)>.

Ce n'est que pour autant que subsiste l'association que nous sommes devant l'objet concret linguistique.

On n'a rien fait encore sans délimiter cette entité ou ces entités.

Les délimiter est une opération non purement matérielle mais nécessaire ou possible parce qu'il y a un élément matériel.

Quand nous aurons délimité, nous pourrons substituer le nom d'*unités* à celui d'*entités*. Dans la situation où nous sommes placés primairement, il n'y a rien de délimité, mais heureusement se présente ici cette circonstance, cette condition que nous avons relevée, que la sonorité acoustique se déroule dans une seule dimension. Par conséquent, je ne suis pas dans la situation d'une personne à qui on donnerait feuille de papier et ciseaux et qu'on inviterait à découper - mais c'est comme si on nous présentait un fil qu'il n'y a qu'à couper. La délimitation formera des chaînons sur une même ligne.

Nos unités se délimitent par les conditions mêmes du langage d'une façon simple, différente de celle qu'évoque le mot de *forme*. Pour faire cette délimitation nous pouvons accorder que la meilleure méthode c'est de prendre la parole. La parole ne figure ici que comme un document de langue. En effet, les casiers existant à l'intérieur de notre cerveau, nous ne pouvons les explorer. [Nous sommes] obligés d'employer un moyen extérieur, donné dans la parole.

Elle pourra être représentée par une chaîne continue et double, chaîne des concepts et chaîne acoustique ou sonore:

Rien d'avance n'est délimité là-dedans. Le seul moyen que j'aurai d'établir des unités linguistiques, c'est de contrôler perpétuellement s'il est vrai que le concept soit d'accord avec les divisions introduites. En

You could compare the linguistic entity to a composite chemical substance, such as water, where there is Hydrogen and Oxygen <(H_2O)>. Clearly, if in chemistry the elements Hydrogen and Oxygen are separated, you still remain within the domain of chemistry. But, on the contrary, if you de[com]pose linguistic water <by removing the Hydrogen or the Oxygen> you are no longer within the linguistic domain <(there is no longer a linguistic entity)>.

Only as long as the association remains are we dealing with a concrete linguistic object.

We have not accomplished anything until we have delimited this entity or these entities.

Delimiting them is an operation that is not purely material but necessary or possible because there is a material element.

When we have made the delimitation, we can replace the term *entity* by *unit*. In the initial situation in which we are placed, nothing is delimited, but fortunately there is this circumstance, this condition to which I have drawn attention, that acoustic sonority extends in a single dimension. Consequently, I am not in the position of someone who is given a pair of scissors and invited to cut a shape out of a piece of paper - it is as if I were given a single thread to cut. The delimitation will form links along a single line.

Our units are delimited by the very conditions of language in a simple way, different from that suggested by the word *form*. To effect this delimitation it may be granted that the best method is to take speech. Speech comes in here only as evidence bearing on the language. The fact is that we cannot explore the pigeonholes inside our brain. [We are] obliged to employ an external method, given in speech.

It [speech] may be represented by a continuous double chain, a chain of concepts and an acoustic or sound chain:

Nothing in this is delimited in advance. The only means available to me to establish linguistic units is to keep a constant check on whether it is true that the concept matches the divisions introduced. To do this,

réalité pour cela, il faut comparer une série de chaînes de parole différentes. Ce n'est que dans une certaine mesure qu'en en prenant une seule je puis établir la division.

Par exemple, ***s i ž l a p r ã*** <(si je la prends)>.

Si je voulais dire qu'il y a une unité arrêtée ainsi: ***sižl***, cela serait réfuté. Par une série d'essais je verrai que les unités que j'ai à distinguer sont celles-ci:

> ***si.ž.l.aprã***, ou peut-être celles-ci: ***si.ž.la.prã***.

On [n']a pas d'autre moyen que de scruter la pensée courant à côté du signe.

Les divisions introduites valent pour les deux choses: chaînes sonores, et idée. Elles sont linguistiques.

siž | ***la*** | ***prã*** <en divisant ainsi, on obtient syllabes> ordre de division qui n'a rien de linguistique.

Il faut une quantité d'émissions de parole.

Comment est-ce que je m'assurerai qu'un mot est bien une unité délimitée[?] Il faut le prendre dans une série de phrases différentes.

la)fors(duvã
aboud)fors(

Si en séparant tout ce qui n'est pas acoustiquement *fors*, en ne gardant que ce qui coïncide, j'aurais avec probabilité délimité une unité qui est linguistique. Mais il faut constater que dans toutes les phrases le même concept coïncide avec la même suite acoustique délimitée. Et si dans telle ou telle phrase comme *i l m e* |*f o r s*| *a p a r l e*, <le concept ne correspond plus, car l'idée n'est plus la même,> il faut établir deux unités linguistiques distinctes.

Par là on n'a pas voulu définir le mot.

[9 mai 1911]

Toute unité comportera une tranche dans la sonorité liée indissolublement à un concept sans lequel on ne peut pas délimiter la tranche.

in practice, requires comparing a series of different speech chains. If I take just one, I can only divide it up to a certain point.

For example, ***s i ž l a p r ã*** <(si je la prends)>.

If I claimed that there were a unit ***sižl***, that would be refuted. After a series of attempts I shall see that the units I must distinguish are these:

si.ž.l.aprã, or perhaps these: *si.ž.la.prã*

There is no other way of inspecting the thought running alongside the sign.

The divisions introduced are valid for both things: sound chains and idea. They are linguistic.

siž | *la* | *prã* : <dividing in this way gives syllables> a type of division which is not linguistic at all.

We need a good number of utterances.

How can I be sure that a word is indeed a delimited unit [?] It is necessary to consider it in a series of different phrases.

la)*fors*(*duvã*
aboud)*fors*(

If by separating everything that is not acoustically *fors*, and retaining only what coincides, I shall probably have delimited a unit which is linguistic. But you must make sure that in all the phrases the same concept coincides with the same delimited acoustic sequence. If in certain phrases such as *i l m e* |*f o r s*| *a p a r l e*, <the concept no longer matches, since the idea is no longer the same,> you must set up two distinct linguistic units.

That is not an attempt to define the word.

[9 May 1911]

Each unit will include a segment of sound linked inseparably to a concept without which the segment cannot be delimited.

Nous n'essayons pas pour le moment de définir ces unités; on pourra aussi relever des sous-unités. Sans doute les unités correspondant à ce que nous appelons des mots joueront un très grand rôle, mais il n'y a pas que cela. <Il y a d'autres genres d'unité.> On peut prendre comme exemple les mots composés, ou *désireux*, *malheureux*, unité subordonnée à celle du mot.

Les entités concrètes envisagées comme des identités. Ce point de vue est très utile à observer; il fallait, nous l'avons vu, pour dégager une unité observer toujours l'association intime du sens et de la sensation auditive, en outre délimiter l'image, - mais cette même opération pourrait s'appeler la fixation d'identité pour un signe quelconque.

<On peut représenter le problème des identités sous cette forme.>

Qu'est-ce qui représente les identités dans la langue[?]

De même que nous avons eu de la peine à reconnaître ce que c'est qu'une entité, on a de même de la peine à reconnaître ce qu'est une identité.

Nous faisons souvent des identités comme celle-ci. Un train part à 5h.25 de Cornavin, tous les jours; pour nous il est identique.

Un orateur parle de la guerre et répète quinze ou vingt fois le mot *guerre*. Nous le déclarons identique. <Or chaque fois que le mot est prononcé, il y a des actes séparés.>

Voilà déjà un premier point. Mais ensuite, si nous considérons cet autre point que dans la même phrase je puis dire par exemple: *son violon a le même son*; si précédemment je m'étais appliqué sur l'identité du son, je verrais ici que la tranche auditive *son* répété deux fois ne représente pas une identité.

De même si on surprend la même suite auditive dans *cet animal porte plumes et bec* et *<prête-moi ton> porte-plumes* [sic], nous ne reconnaissons pas qu'il y a là une identité. Il faut qu'il y ait identité dans l'idée évoquée.

Elle comporte, cette identité, un élément subjectif, indéfinissable. Le point exact <où il y a identité> est toujours délicat à fixer.

Dans *lentille* (légume et microscope) y a-t-il identité ou non?

I am not for the moment trying to define these units: it will also be possible to pick out sub-units. No doubt the units corresponding to what we call words will play a very large part, but there is more to it than that. <There are other kinds of unit.> An example would be compound words, or *désireux*, *malheureux*, a lower-order unit than the word.

Concrete entities envisaged as identities. This is a very useful point of view to adopt; as we have seen, in order to identify a unit it was necessary always to keep to the close association between the sense and the auditory sensation, and delimit the image as well, - but this same operation could be called determining the identity of any given sign.

<The problem of identities can be raised in these terms.>

What form do identities take in the language[?]

Just as we have found difficulty in recognizing what an entity is, it is likewise difficult to recognize an identity.

We often posit identities like the following. A train leaves Cornavin at 5.25 every day; as far as we are concerned it is identical.

An orator speaks of the war and repeats the word *war* fifteen or twenty times. We count it identical. <But each time the word is pronounced there are separate acts.>

This is the first point. But then, if we consider a second point, that in the same sentence I can say for example: *son violon a le même son* ['his/her violin has the same sound']; whereas previously I had relied on the identity of the sound, I would see here that the auditory segment *son* repeated twice does not represent an identity.

Similarly if we detect the same auditory sequence in *cet animal porte plumes et bec* ['this animal has feathers and a beak'] and <prête-moi ton> *porte-plumes* [sic] ['<lend me your> penholder'], we do not recognize that there is any identity there. There must be identity in the idea evoked.

This identity includes a subjective, undefinable element. The precise point <where identity occurs> is always a tricky matter to decide.

In *lentille* (vegetable ['lentil'] and microscope ['lens']) is there identity or not?

Si le moyen nous fait défaut, cela n'est pas notre faute.

Il faut la correspondance parfaite dans la tranche auditive avec la correspondance appréciablement parfaite dans l'idée évoquée.

<Tout le mécanisme de langue roule autour d'identité et différence.>

Remarquons seulement ici que poser la question des unités ou celle des identités, c'est la même chose.

Voyons maintenant dans un chapitre très court.

Chapitre <IV>. Les entités abstraites de la langue.

C'est un domaine des plus difficiles à explorer. Nous ne voyons ici que des rayons et non la clarté totale.

Il <(ce domaine)> suppose l'étude préalable des entités concrètes. <C'est pourquoi nous pourrons le réserver.>

<Qu'est-ce qu'on appelle une entité abstraite?>

Il y a beaucoup de choses dans la langue qui reposent sur l'ordre donné aux unités. Comme simple exemple très clair, prenons la manière du vieux français de juxtaposer simplement les mots comme dans l'expression *Hôtel Dieu* (pour *Hôtel de Dieu*). Il faut qu'il s'agisse d'un nom de personne: *les quatre fils Aymon* (= *d'Aymon*). <Ici il y a une idée qui peut être exprimée par une unité (*de*), une sous-unité (grec *-ος*), et ici seulement par un ordre.>

Ou encore: *je dois* et *dois-je*, où c'est l'ordre qui décide de la valeur pour l'idée. Ou encore dans *désireux* (en admettant qu'il y a deux unités: *désir* et *eux*) - on ne peut pas dire *eux-désir*.

Donc il y a un ordre qui est employé ici comme moyen. D'un côté nous constatons bien que cela rentre dans la condition fondamentale que la langue est linéaire. <Si nous pouvons distinguer deux ordres, s'il y a un avant et un après, qui nous est un moyen, c'est que nous courrons sur une seule dimension.> Dans l'idée d'ordre on pourrait voir plutôt une notion abstraite; on pourrait ranger cela dans les entités abstraites puisque c'est un moyen.

<Il ne semble pas qu'on puisse l'appeler entité concrète.>

If we cannot tell, it is not our fault.

There must be an exact correspondence in the auditory segment, with a reasonably exact correspondence in the idea evoked.

<The whole language mechanism hinges on identity and difference.>

Here let me simply note that raising the question of units or the question of identities is the same thing.

I am going to look at this now in a very brief chapter.

Chapter <IV>. Abstract entities of the language.

This is one of the most difficult areas to explore. Here I see only glimmers, not broad daylight.

It <(this domain)> assumes a previous study of the concrete entities. <That is why it can be postponed.>

<What do I mean by an abstract entity?>

There are many things in the language based on the order of the units. As a simple, very clear example let us take the way in Old French words are simply juxtaposed, as in the expression *Hôtel Dieu* (for *Hôtel de Dieu*). There has to be a personal name involved: *les quatre fils Aymon* (= *d'Aymon*). ['the four Aymon sons (= of Aymon"]. <Here there is an idea which can be expressed by a unit (*de*), a sub-unit (Greek *-ος*), and here solely by a sequence.>

Or again: *je dois* ['I ought'] and *dois-je* ['ought I'], where it is the sequence that determines the value for the idea. Or again in *désireux* ['desirous'] (granted that there are two units: *désir* and *eux*) - you cannot say *eux-désir* ['ous-desir'].

So there is a sequence which is here used as a device. From one angle, we realize clearly that this relates to the fundamental condition that the language is linear. <If we can distinguish two sequences, if there is a before and an after, which we use as a device, it is because we are travelling in one dimension.> The idea of sequence could be seen as a somewhat abstract notion; it could be ranked among the abstract entities, since it is a device.

<It does not seem right to call it a concrete entity.>

<Autre exemple.> En latin, *domini*, *regis*, *regum* il n'y a rien dans le *i*, le *is*, le *um* qui coïncide et dont on puisse dire que c'est la même unité ou sous-unité. Et cependant il y a ici, avec ce support matériel divers, quelque chose qui est la conscience d'une certaine valeur, qui est la même <et dicte un emploi identique>. <Ici nous quittons tout à fait contact avec support matériel.> Il y a une abstraction positive opérée sans doute par tous les sujets parlants. Peut-on méconnaître la puissance présente au sujet parlant, de la valeur du génitif[?]

Cela <(des identités de ce genre)> peut rentrer aussi dans la notion de procédé.

Il est difficile d'introduire des classifications et de savoir jusqu'où on peut aller. <Une des grandes difficultés est de savoir si> la langue parlée va elle-même aussi loin que nos analyses grammaticales.

Il faudra tout de même toujours en revenir à des unités <identités ou entités> et <à> de ces identités du genre que nous avons distingué.

Sans une base quelconque, il n'y a pas de procédé imaginable. <L'étude des entités concrètes devra toujours précéder.> Tout reposera finalement sur ces unités-là comme base directe ou indirecte.

Il y a [aucun cas où *(b.)*]<toujours le signe concret à la base même quand> une chose [soit *(b.)*] est exprimée par zéro <même quand signe arrive à être zéro>. *L'homme* (*que*) *j'ai vu*: (en anglais on n'exprime pas *que*).

The man - I have seen. <Il y a là une unité rendue par zéro. On prendra l'unité (*the man I have seen*) et on en viendra toujours au support concret.>

Il reste à épiloguer sur ce mot *abstrait.*

D'abord, il y a des choses abstraites qui ne sont pas du tout linguistiques. Ainsi nous avons dit que si nous essayons de prendre les significations en elles-mêmes en les détachant radicalement du support sonore, du support matériel, on n'est plus dans la linguistique, mais dans la psychologie. Il y a des abstractions, mais comme nous ne sommes pas dans la linguistique, nous ne pouvons entendre par cela les entités abstraites de la langue. De même le son pris en lui-même n'est pas linguistique. 2°) Il y a un sens où l'on pourrait dire au contraire que rien ne peut être abstrait dans la langue; on pourrait

<Another example.> In Latin *domini, regis, regum* there is nothing in the *i*, the *is*, the *um* which they have in common and allows us to say that it is the same unit or sub-unit. And yet here there is something, with a different material basis, which prompts awareness of a certain value, that is the same <and dictates an identical use>. <Here we lose contact altogether with the material basis.> There is a positive abstraction made doubtless by all the speakers. Can we fail to recognize what the speaker is aware of, the value of the genitive[?]

That <(identities of this kind)> can also enter into the notion of process.

It is difficult to introduce classifications and to know how far you can go. <One of the great difficulties is to know whether> the spoken language itself goes as far as our grammatical analyses.

All the same, we always have to come back to units <identities or entities> and <to> identities of the kind I have specified.

Without a basis of some kind, there is no conceivable process. <The study of concrete entities must always come first.> Everything in the end will rest upon those units as a direct or indirect basis.

There is [no case of *(corr.)*] <always the concrete sign as a basis even when> something [being *(corr.)*] is expressed by zero <even when the sign turns out to be zero>. *L'homme (que) j'ai vu* : (in English the *que* is not expressed).

The man - I have seen. <There is a unit there rendered by zero. If you take the unit (*the man I have seen*) you will always get back to the concrete basis.>

Now for some quibbles about this word *abstract*.

First, there are abstract things that are not linguistic at all. As I have said, if we try to take meanings in themselves and detach them entirely from their basis in sound, their material basis, we are no longer doing linguistics but psychology. There are abstractions, but since this is no longer linguistics, we cannot take these as abstract entities belonging to the language. Similarly, the sound by itself is not linguistic. 2) There is a sense in which you could say, on the contrary, that nothing can be abstract in the language; you could justify this terminology by saying:

justifier cette terminologie en disant: dans la langue est concret tout ce qui est présent à la conscience des sujets parlants, en considérant comme abstraite telle ou telle distinction n'appartenant qu'aux grammairiens, mais non ratifiée par la conscience des sujets parlants.

Ce n'est pas dans ce sens que nous avons pris concret et abstrait. Nous avons réservé le terme de *concret*: le cas où l'idée a directement son appui dans une unité sonore. *Abstrait*: ayant indirectement son appui par une opération des sujets parlants.

Chapitre <V>. L'arbitraire absolu et l'arbitraire relatif dans la langue.

Nous avons posé comme étant une vérité évidente que le lien du signe par rapport à l'idée représentée est radicalement arbitraire. Dans toute langue, il faut distinguer ce qui reste radicalement arbitraire et ce qu'on peut appeler l'arbitraire relatif. Une partie seulement des signes dans toute langue seront radicalement arbitraires. Chez d'autres <signes> intervient un phénomène au nom duquel on peut distinguer un degré. Au lieu d'*arbitraire* nous pouvons dire *immotivé.*

Il arrive que le <lien entre le> signe et la sonorité est relativement motivé.

Ainsi *vingt*, *dix-neuf.*

Dans *vingt* il est absolument immotivé.

Dix-neuf n'est pas complètement immotivé, on voit dans quel sens *vingt* en effet <ne> fait appel à aucun terme coexistant dans la langue. *Dix-neuf* fait appel à des termes coexistants dans la langue (*dix* et *neuf*).

Eh bien, il essaie de se motiver. Ce qui est dans *dix* et ce qui est dans *neuf* est tout aussi arbitraire. Avec *dix-neuf* nous sommes dans la motivation relative.

Alors tout à fait de même, nous pourrons opposer:

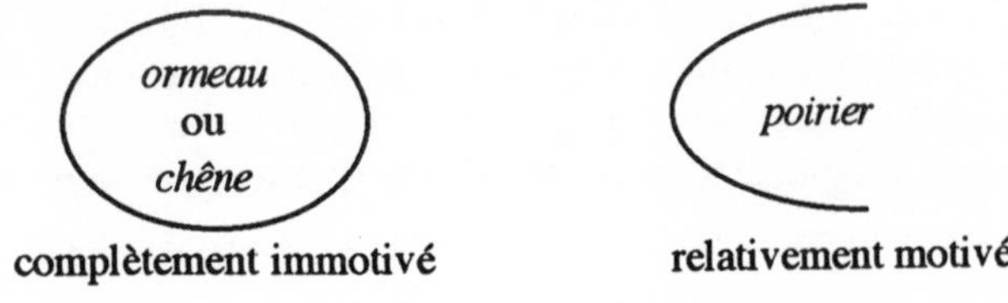

in the language everything is concrete that is present to the consciousness of the speakers, considering as abstract any distinction invoked only by grammarians, but not confirmed by the consciousness of the speakers.

It is not in this sense that I spoke of concrete and abstract. I reserved the term *concrete* for the case where the idea is directly supported by a sound unit. *Abstract*: having an indirect support through an operation carried out by the speakers.

Chapter <V>. Absolute arbitrariness and relative arbitrariness in the language.

I have taken it as an obvious truth that the link between the sign and the idea represented is radically arbitrary. In every language, we must distinguish between what remains radically arbitrary and what can be called relative arbitrariness. Only some of the signs in any language will be radically arbitrary. In the case of other <signs>, we encounter a phenomenon which makes it possible to distinguish degrees. Instead of *arbitrary* we can say *unmotivated*.

There are cases where the <link between the> sign and the sound is relatively motivated.

For example, *vingt*, *dix-neuf* ['twenty', 'nineteen'].

In *vingt*, it is absolutely unmotivated.

Dix-neuf is not completely unmotivated, you can see in what sense *vingt* in fact relates to no coexisting term in the language. *Dix-neuf* relates to coexisting terms in the language (*dix* ['ten'] and *neuf* ['nine']).

Well, it is trying to be motivated. What is in *dix* and what is in *neuf* is just as arbitrary. With *dix-neuf* we are into relative motivation.

Then in exactly the same way we can contrast:

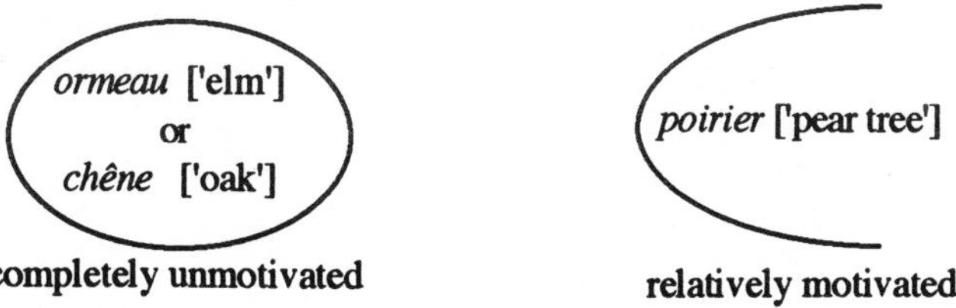

Poirier est relativement motivé puisqu['il] évoque le terme coexistant: *poire* et un second *-ier*. (Il essaie de se motiver.)

Ou bien:

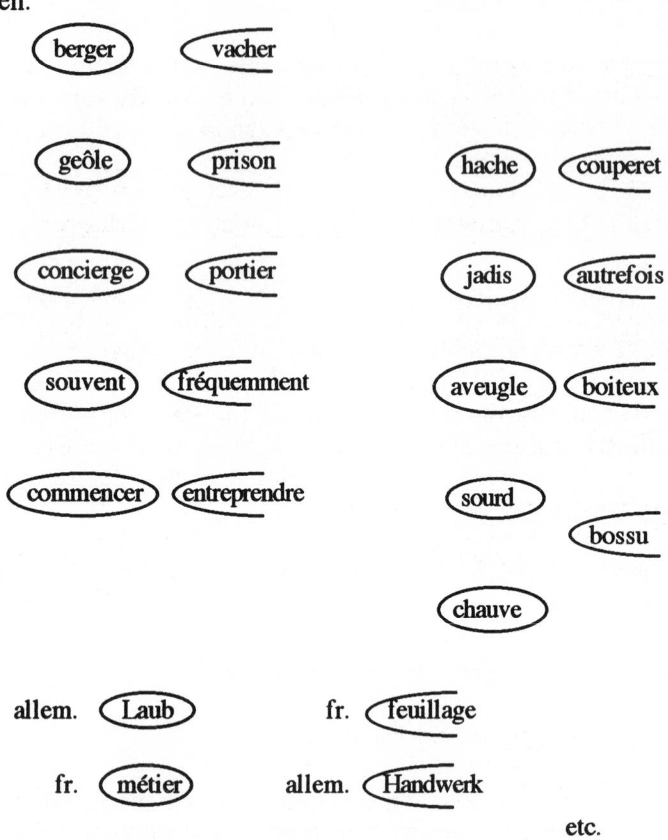

Troisième comparé à *premier* <ne se motive pas> ou à *second* <fait appel à rien>. *Dixième*, *cinquième* (se motivent).

Un mot comme anglais *ships* <(les navires)>, qui contient idée de navire et idée de pluralité. Il fait appel en ce qui concerne l'idée de pluralité à toute une série: *birds*, *flags*, *books*, etc.

Si nous prenons *men* unie à celle de pluralité; au moins quant à l'idée de pluralité, ne fait appel à rien.

Poirier ['pear tree'] is relatively motivated since [it] evokes the coexisting term *poire* ['pear'] and a second *-ier*. (It is trying to be motivated.)

Similarly:

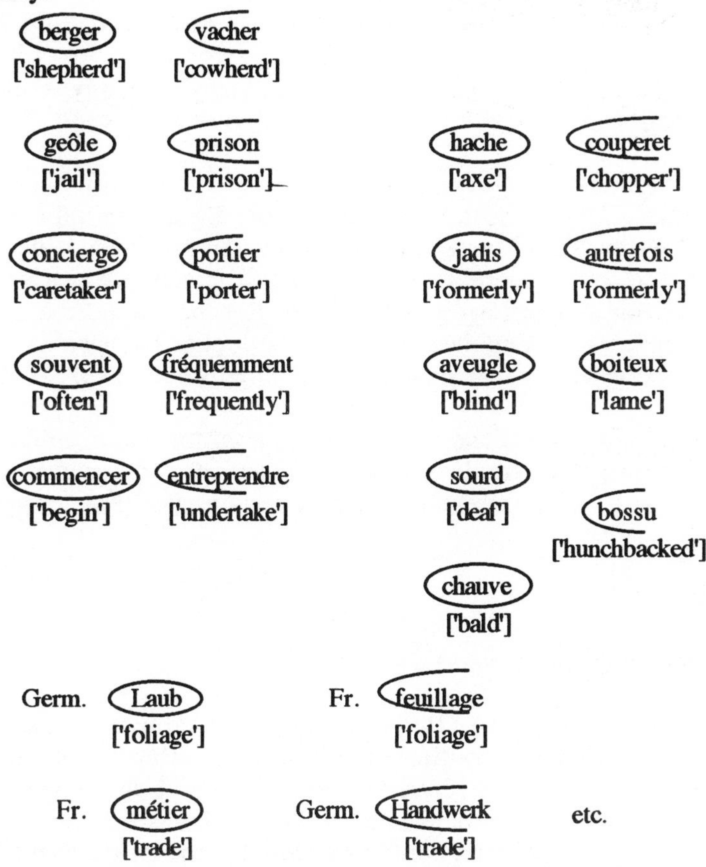

Troisième ['third'] compared to *premier* ['first'] <is not motivated> or to *second* ['second'] <relates to nothing>. *Dixième* ['tenth'], *cinquième* ['fifth'] (are motivated).

A word like English *ships* <(les navires)>, which contains idea of ship and idea of plurality. It relates as far as the idea of plurality is concerned to a whole series: *birds*, *flags*, *books*, etc.

If we take *men* united to that of plurality; at least as far as the idea of plurality is concerned, relates to nothing.

Sheep «les moutons» - ne fait appel à rien.

δώσω : idée de donner, unie à idée de temps futur, fait appel à *λύσω*, *στήσω*, *τύπσω*.

Si on prend *εἶμι* «j'irai» ne fait appel à rien, n'essaie pas de se motiver.

De même futur *ἔδομαι* «je mangerai» ne fait appel à rien pour justifier sa valeur future.

On peut entrevoir déjà par ces exemples opposés ou autant de considérations relatives à l'arbitraire absolu ou à l'arbitraire relatif. Tout ce qui fait d'une langue un système <ou un organisme> demande d'être abordé sous ce point de vue, où on ne l'aborde guère en général: <comme une> limitation de l'arbitraire par rapport à l'idée. Implicitement on s'appuiera ainsi sur la meilleure base possible, puisque la donnée fondamentale du signe linguistique, c'est l'arbitraire.

Nous ne choisissons donc pas le premier terrain venu, mais nous prenons comme terrain le principe fondamental, de même que la langue l'a pris <nécessairement> comme terrain pour tout ce qu'elle a construit.

[12 mai 1911]

[*Commencement de Cahier VIII*]

Mais il nous faudra reprendre le fait en lui-même pour le mettre en lumière. Toute langue contient parallèlement mêlés en proportions diverses les deux éléments: le parfaitement immotivé et le relativement motivé. Elle les contient dans une proportion diverse et très variable selon les langues. Cette proportion est une des choses qui fournit une des caractéristiques pour telle ou telle langue. On peut opposer une langue aux autres comme contenant plus ou moins de ces éléments. Tout le mouvement qui représente pour la langue l'évolution peut se résumer en un va-et-vient entre la somme respective du parfaitement immotivé et du relativement motivé. Par exemple dans l'évolution du latin vers le français. L'état français par rapport à l'état précédent sera caractérisé entre autres par un énorme déplacement dans le sens de l'immotivé. Il est facile à illustrer:

Sheep 'les moutons' - relates to nothing.

δώσω: idea of giving, united with idea of future time, relates to *λύσω*, *στήσω*, *τύπσω*.

If you take *εἶμι*, 'I will go', relates to nothing, does not try to be motivated.

Likewise future *ἔδομαι*, 'I will eat', relates to nothing to justify its future value.

You can already catch a glimpse through these contrasting examples of various considerations relevant either to absolute arbitrariness or to relative arbitrariness. Everything that makes a language a system <or an organism> needs to be approached from this point of view, which is not done in general: <as a> limitation on arbitrariness in relation to the idea. Implicitly you will thus proceed on the best possible basis, since the fundamental fact about the linguistic sign is arbitrariness.

Thus we shall not be choosing the first ground available, but opting for the fundamental principle, just as the language has <necessarily> taken it as the ground on which everything is to be built up.

[12 May 1911]

[*Notebook VIII begins here*]

But I must go back to the fact in itself in order to clarify it. Every language contains the two elements side by side - the completely unmotivated and the relatively motivated - mixed in various proportions. It contains them in different and very variable proportions in each case. This proportion is one of the things which constitutes one of the characteristics of a given language. One language may be contrasted with another on the basis of having more or less of these elements. The whole process of evolution in a language can be represented as a fluctuation in the overall balance between what is entirely unmotivated and what is relatively motivated. For example, in the evolution from Latin to French. The state of French compared with the preceding state will be characterized by, among other things, an enormous shift towards the unmotivated. It is easy to illustrate:

[Fig. en marge]

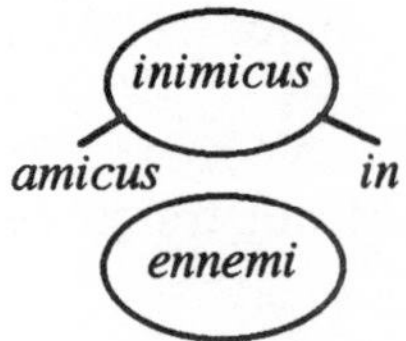

Ainsi *inimicus* ou <(*inamicus*)> fait appel à *amicus* et à *in* et se motive par là.

Ennemi ne fait appel à rien. Il est rentré dans l'arbitraire absolu qui est <d'ailleurs> la condition élémentaire des signes linguistiques. Nous n'avons pas à nous préoccuper par quel facteur (changement phonétique) on a passé de cet état à l'autre. Il y a seulement à observer la situation différente des mots si nous la mesurons à l'échelle de l'arbitraire relatif et de l'arbitraire absolu. <(La même chose s'étant produite par centaines d'exemples)>, le caractère du français en est affecté au plus haut point.

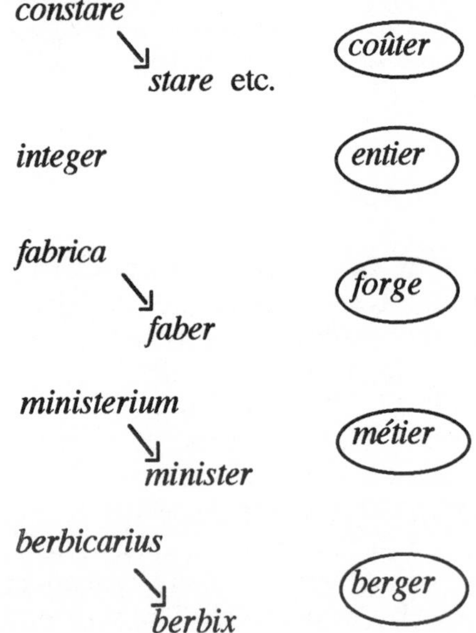

On peut se rendre compte assez vite en étudiant une langue quelconque, même sans approfondir, de la place <plus ou moins considérable> qu'elle accorde à l'élément motivé en regard de la masse indestructible de l'immotivé. <Il y a une échelle à établir> sans que

[Fig. in margin]

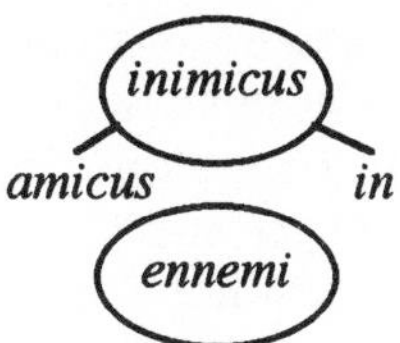

So *inimicus* or <(*inamicus*)> is related to *amicus* and to *in*, and hence is motivated.

Ennemi is not related to anything. It has gone back to being absolutely arbitrary, which is <in any case> the elementary condition of linguistic signs. We do not need to worry about the factor (phonetic change) which has led to changing from one state to the other. We may simply note the different situation of the words by measuring it on the scale of relative arbitrariness and absolute arbitrariness. <(The same thing happened in hundreds of cases)>, the character of French being profoundly marked by it.

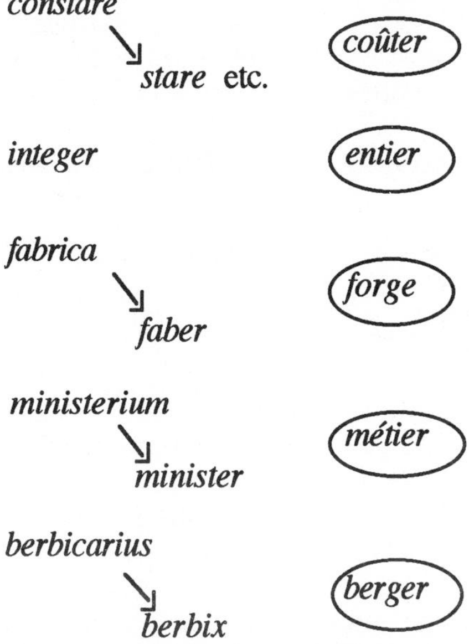

You can quite quickly assess, when studying any language, even without going deeply into it, the place <appreciable or otherwise> it assigns to the motivated element as compared with the indestructible mass of the unmotivated. <A scale can be established> but the

l'élément immotivé puisse <se réduire à zéro>, descendre par évidence au-dessous d'un certain minimum. L'anglais donne à l'immotivé une place bien plus considérable que l'allemand. Dans un certain sens qu'il ne faut pas serrer de trop près d'ailleurs, mais qui peut servir à rendre sensible une des faces de cette opposition, on pourra dire que les langues dans lesquelles l'immotivé est à son maximum sont plus lexicologiques, celles où il est à son minimum sont plus grammaticales, non que cela se corresponde directement et comme par synonymie. Mais il y a là quelque chose de commun dans le principe. En effet, on peut distinguer comme deux pôles contraires, comme deux courants antinomiques entre eux régnant en toutes langues, la tendance à employer l'instrument lexicologique ou la tendance à employer l'instrument grammatical. L'instrument lexicologique <étant> composé de casiers isolés, l'instrument grammatical étant comme une chaîne formée d'anneaux unis entre eux; où une unité fait appel à l'autre. Le type de l'ultralexicologique est par exemple dans le chinois. Le type de l'ultragrammatical: indo-européen primitif, sanscrit, grec. Mais je n'ai voulu en cela qu'indiquer l'opposition des éléments arbitraires ou relativement arbitraires comme un phénomène facile à surprendre. Nous n'avons pas pénétré autant qu'il est nécessaire dans le phénomène lui-même. <Il> met en présence deux relations <que je n'ai> pas séparés <jusqu'ici sans les opposer>. L'idée de relativement arbitraire fait intervenir deux relations qu'il faut soigneusement distinguer.

Nous avons d'une part cette relation dont il a été question:

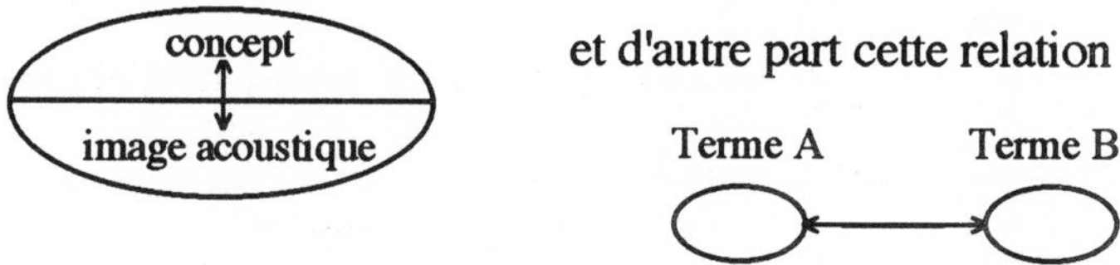

et d'autre part cette relation

Le mot de *terme* employé ici: <<u>des termes:</u>> ce sont les quantités avec lesquelles on a à opérer (terme d'une équation mathématique) ou termes ayant une valeur déterminée: cela revient dans ce sens à unité linguistique.

Il y a d'un côté une relation intérieure, qui n'est autre chose qu'une association entre l'image auditive et le concept. Chaque terme implique cette relation interne. C'est la seule qui soit à considérer.

chêne *poirier*
↘
poire

unmotivated element can never <be reduced to zero>, sink conspicuously below a certain minimum. English gives the unmotivated a much more prominent place than does German. In a certain sense, which, however, must not be taken too strictly, but which may serve to bring out one of the aspects of this contrast, it could be said that languages in which the unmotivated reaches its maximum are more lexicological, while those in which it is at its minimum are more grammatical, not that these correspond directly and synonymously. But there is something in common in the principle. In fact, we can discern as it were two opposite poles, or two contrary currents present in all languages, a tendency to employ the lexicological instrument and a tendency to employ the grammatical instrument. The lexicological instrument <being> composed of isolated pigeonholes, the grammatical instrument being like a chain of rings linked together, in which one unit is related to another. The ultra-lexicological type, for example, is found in Chinese. The ultra-grammatical type: primitive Indo-European, Sanskrit, Greek. But all I wanted to do here is point out the contrast between arbitrary and relatively arbitrary elements as a phenomenon which is easy to observe. I have not gone into the phenomenon itself in the necessary detail. <It> juxtaposes two relations <that I have> not distinguished <so far without contrasting them>. The idea of relative arbitrariness involves two relations that must be carefully distinguished.

On the one hand we have this relation, already mentioned:

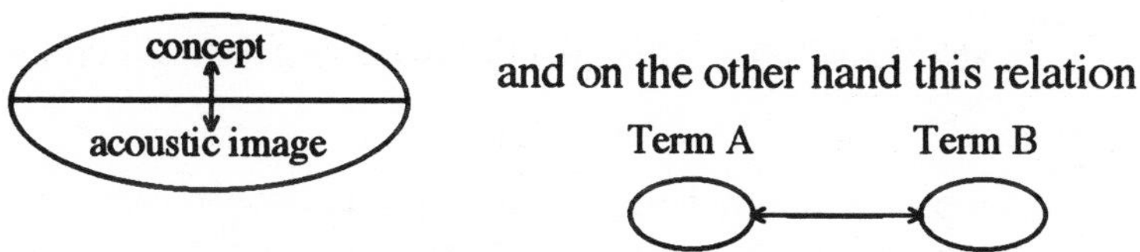

and on the other hand this relation

The word *term* used here: <terms> are the quantities one has to operate with (term of a mathematical equation) or terms having a determinate value: which in this sense comes down to the linguistic unit.

On the one hand there is an internal relation, which is nothing other than an association between the auditory image and the concept. Each term implies this internal relation. It is the only one to consider.

chêne *poirier*

↘

poire

L'idée du relativement motivé implique nécessairement un autre terme. En apparence il semble qu'il n'y ait rien de commun entre cette relation interne et cette relation externe avec un terme opposé.

Cette relation de terme à terme n'existe pas, autrement qu'en vertu des deux relations internes qui existeront ici.

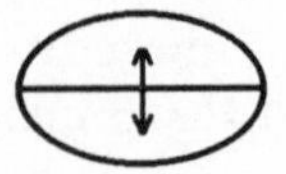
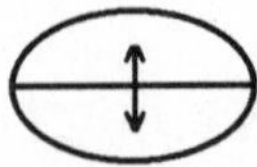

<La relation du concept avec l'image peut exister sans relation avec un terme externe. Mais relation entre deux termes ne peut exister sans réciproque intervention des deux relations internes.>

Cela ne frappe pas du tout au premier moment.

poirier *poire*
désireux *désir*

Il semble que <j'aie> une quantité qui est *désir* et une autre *eux*, et qu'il suffise d'invoquer le mot *désir* coexistant.

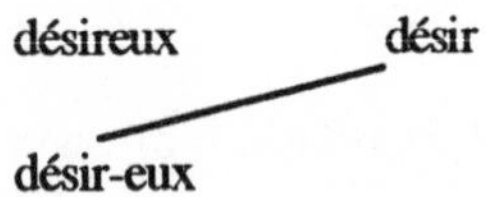

En réalité je n'ai évoqué <par là> que la forme extérieure, l'image auditive.

Il n'y a aucun rapport <rapprochement> possible entre ces deux mots si ce n'est pas en réalité le concept «désir» et l'image *désir* qui interviennent l'un et l'autre <et d'autre part l'image *désireux* et le concept «désireux»>.

concept «désir» concept «désireux»

———————— ————————

image *désir* image *désireux*

Nous <ne> pourrions <jamais> concevoir la relation d'un mot à l'autre sans concevoir la relation <interne> pour chaque mot entre le concept et l'image acoustique.

The idea of the relatively motivated necessarily implies another term. It looks as if there is nothing in common between this internal relation and this external relation with a contrasting term.

This relation between terms exists only in virtue of the two internal relations which will obtain here.

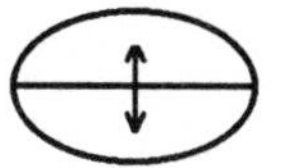 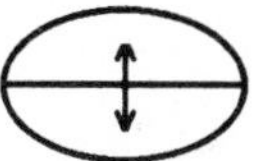

<The relation of the concept with the image may exist without any relation to an external term. But relation between two terms cannot exist without in turn involving the two internal relations.>

That is not immediately obvious at all.

poirier ['pear tree']	*poire* ['pear']
désireux ['desirous']	*désir* ['desire']

It seems as though <I have> one quantity which is *désir* and another which is *eux*, and that it suffices to invoke the coexisting word *désir*.

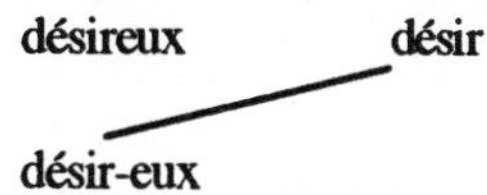

In reality all I have done <there> is evoke the external form, the auditory image.

There is no possible connexion <proximity> between these two words if in reality it is not the concept 'désir' and the image *désir* that are both involved <and on the other hand the image *désireux* and the concept 'désireux'>.

concept 'désir'	concept 'désireux'
image *désir*	image *désireux*

We could <never> conceive the relation between one word and the other without conceiving the <internal> relation for each word between the concept and the acoustic image.

[19 mai 1911]

<Reprise du cours sur la langue dès le premier chapitre en ajoutant remarques qui peuvent éclairer la suite.>

<A un moment nous prendrons même une direction différente, mais sans que cela amène confusion. Ces commentaires nous ramèneront au même point.>

En ce qui concerne le premier chapitre, il n'y a rien à y modifier. A la suite du premier chapitre, il y aura des considérations à intercaler entre le premier chapitre et le second <(distinction des diverses choses qu'il y a dans la linguistique)>. Il n'y a rien dans la langue qui n'y soit entré <directement ou indirectement> par la parole, c'est-à-dire par la somme des paroles perçues, et réciproquement il n'y a de parole possible que lors de l'élaboration du produit qui s'appelle la langue et qui fournit à l'individu les éléments dont il peut composer sa parole.

C'est l'œuvre de l'intelligence collective d'élaborer et de fixer ce produit. Tout ce qui est langue est implicitement collectif. En revanche il n'y a pas de parole collective. <Dire qu'un mot est entré dans la langue, c'est dire qu'il a reçu l'approbation collective.> Les actes de parole demeurent individuels outre qu'ils sont momentanés. Foule réunie sur une place de marché; de quelle manière la langue est-elle présente dans cette foule[?] Sous forme d'un dépôt <existant dans cerveau> de chacune des personnes composant la foule <comme un dictionnaire dont tous les exemplaires seraient réparties entre ces personnes>. Cette chose bien qu'intérieure à chaque individu est en même temps bien collectif, qui est placé hors de la volonté de l'individu. 1 + 1 + 1... = 1 (modèle collectif).

De quelle manière la parole est-elle présente dans cette même foule[?] Elle est la somme de ce que les gens se disent les uns aux autres; c'est-à-dire

a) combinaisons individuelles, phrases, dépendant de la volonté de l'individu et répondant à sa pensée individuelle,

b) d'actes de phonation, qui sont l'exécution de ces combinaisons, également volontaires.

Est-ce que ces actes de phonation et de combinaisons intérieures se correspondent entre eux? Y a-t-il un acte de parole collectif de cette foule? Non.

$$1 + 1 + 1... = 1 + 1 + 1...$$

[19 May 1911]

<Review of the course on the language from the first chapter, with additional comments to clarify what follows.>

<At one point I shall even take a different direction, but without giving rise to any confusion. These observations will lead to the same point.>

As regards the first chapter, there is nothing to alter. After the first chapter, there are remarks to put in between the first chapter and the second <(distinction between various things included in linguistics)>.There is nothing in the language which has not entered <directly or indirectly> through speech, that is through the sum total of words perceived, and conversely no speech is possible before the development of this product called the language, which supplies the individual with the elements for the composition of his speech.

Developing and fixing this product is the work of the collective intelligence. Everything that is the language is implicity collective. Whereas there is no collective speech. <To say that a word has come into the language is to say that it has received collective approval.> Acts of speech remain individual, apart from being momentary. Crowd gathered in a market square; in what way is the language present in this crowd [?] In the form of a deposit <existing in brain> of each of the persons making up the crowd <like a dictionary of which all the copies were distributed to these persons>. This thing, although internal to each individual, is at the same time collective, lying beyond the will of the individual. 1 + 1 + 1... = 1 (collective model).

In what manner is speech present in this same crowd[?] It is the sum total of what the people say to one another; that is

a) individual combinations, sentences, depending on the will of the individual and reflecting his individual thought,

b) acts of phonation, which are the execution of these combinations, likewise voluntary.

Do these acts of phonation and of internal combinations match up with one another? Is there a collective act of speech by this crowd? No.

1 + 1 + 1... = 1 + 1 + 1...

Nous concluons, s'il est vrai que les deux objets langue et parole se supposent l'un l'autre, ne peuvent exister l'un sans l'autre, en revanche ils sont si peu semblables de nature qu'ils appellent chacun leur théorie séparée. En cherchant chimériquement à ramener sous le même point de vue ces deux parties du langage, on ne fera jamais qu'une discipline assez confuse. Le tout global formé par le langage est inclassable parce que pas unité homogène. Il y a donc <dans étude une partie comprenant étude de la partie individuelle du langage, de la parole,> comprenant la phonation: c'est l'étude de la parole, et une seconde étude: partie du langage mise par delà la volonté de l'individu: convention sociale, qui est l'étude de la langue.

La première étude sera forcée d'être psycho-physique; la seconde sera uniquement psychique, vu que l'association des phénomènes de langue est psychique dans ses deux composants.

C'est là l'embranchement, la bifurcation que l'on rencontre immédiatement, savoir si c'est la parole ou la langue qu'on prend comme objet d'étude. On ne peut s'engager simultanément sur les deux routes, [il] faut les suivre toutes deux séparément ou en choisir une. Nous l'avons dit, c'est l'étude de la langue que nous poursuivons pour notre part.

Maintient-on le nom de *linguistique* pour les deux choses réunies, ou faut-il le réserver à l'étude de la langue[?] (<Nous pouvons distinguer en[tre]> linguistique de la langue et linguistique de la parole.)

Cela dit, il ne faut pas en conclure que dans la linguistique de la langue il ne faut jamais jeter de coup d'œil sur la linguistique de la parole. <Cela peut être utile, mais c'est un emprunt au domaine voisin.>

Le deuxième chapitre dans son titre pourrait d'abord porter: «La langue comme système de signes». <(Cela indiquerait la transition.)> Alors nous relevons dans ce chapitre deux vérités fondamentales, <(deux principes fondamentaux relatifs au signe linguistique)>: <1) Le signe linguistique est arbitraire. 2) Le signe linguistique possède une étendue et cette étendue se déroule dans une seule dimension>.

Une amélioration peut être apportée à la formule de ces deux vérités en employant les termes de *signifiant* et de *signifié*.

<Explication de cette modification de termes:> Quand on entre dans un système de signes de l'intérieur, il y a lieu de poser <d'opposer> le

I conclude that, if it is true that the two objects, the language and speech, presuppose each other, cannot exist without each other, nevertheless they are so little alike in nature that each requires a separate theory. Any chimerical attempt to bring these two parts of language together from the same point of view will result only in a rather muddled discipline. The global whole formed by language is unclassifiable because no homogeneous unity. There is, then, <in study one part comprising study of the individual part of language, of speech,> comprising phonation: this is the study of speech, and a second study: part of language lying beyond the will of the individual: social convention, which is the study of the language.

The first study will have to be psycho-physical; the second will be solely mental, given that the association in phenomena of the language is mental in its two components.

That is the parting of the ways, the bifurcation you immediately come to, deciding whether to take speech or the language as object of study. You cannot take both roads simultaneously, must follow both separately or choose one of them. As I have said, it is the study of the language that I am pursuing for my part.

Does one keep the name *linguistics* for both things together, or must one reserve it for the study of the language [?] (<We can draw a distinction between> linguistics of the language and linguistics of speech.)

That having been said, one should not conclude that in the linguistics of the language you must never glance at the linguistics of speech. <It may be useful, but it is borrowing from the domain next door.>

The second chapter could have first in its title: 'The language as a system of signs'. <(That would indicate the transition.)> Then in this chapter I point out two fundamental truths, <(two fundamental principles relating to the linguistic sign)>: <1) The linguistic sign is arbitrary. 2) The linguistic sign is extended and this extension develops in one dimension only>.

An improvement can be made to the formulation of these two truths by employing the terms *signifying* and *signified* elements.

<Explanation of this terminological change:> When we consider a system of signs from the inside, it is advisable to set up <in contrast>

signifiant et le signifié, ce qui les place vis-à-vis l'un de l'autre <(en laissant de côté opposition d'image et de concept)>.

Le signifiant <(est auditif)> et le signifié <(est conceptuel)> sont les deux éléments composant le signe. Nous dirons donc: <1°)> Dans la langue le lien unissant le signifiant au signifié est un lien radicalement arbitraire.

<Et 2°)> Dans la langue le signifiant, étant de nature auditive se déroule dans le temps seul, <a le> caractère qu'il emprunte au temps:

a) de représenter une étendue

b) de représenter une étendue qui n'est figurable que dans une seule dimension.

<Précédemment nous donnions simplement le mot *signe*, qui laissait confusion.>

Ajoutons cette remarque: nous n'aurons pas gagné par là ce mot dont on peut déplorer l'absence, et qui désignerait sans ambiguïté possible leur ensemble.

signifié

signifiant

<N'importe quel terme on choisira (*signe*, *terme*, *mot*, etc.) glissera à côté et sera en danger de ne désigner qu'une partie.> Probablement qu'il ne peut pas [y] en avoir. Aussitôt que dans une langue un terme s'applique à une notion de valeur, il est impossible de savoir si on est d'un côté de la borne ou de l'autre ou les deux à la fois. <Donc très difficile d'avoir un mot qui désigne sans équivoque association:

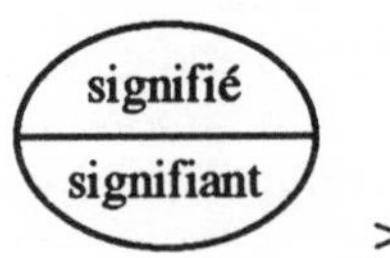

>

<3e chapitre>

Après le deuxième chapitre, il faut placer ce à quoi nous aurions été amené plus loin. Il y a à insérer comme troisième chapitre: <u>L'immutabilité et mutabilité du signe</u>.

the signifying and signified elements, which places them opposite each other <(leaving aside opposition of image and concept)>.

The signifying <(auditory)> and the signified <(conceptual)> elements are the two elements that make up the sign. So I shall say: <1)> In the language, the connexion between the signifying and signified elements is a radically arbitrary connexion.

<And 2)> In the language, the signifying element, being auditory in nature, extends in time only, <has the> character it borrows from time:

a) of being extended,

b) of being extended in a way which can be represented only as one-dimensional.

<Previously, I used simply the word *sign*, which left things unclear.>

I will add this comment: that still leaves us without a word whose absence is deplorable and which would designate without any possible ambiguity the combined whole:

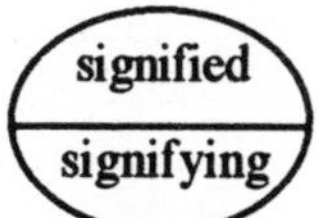

<Any term we choose (*sign*, *term*, *word*, etc.) will become slippery and risk designating only one of the parts.> Probably there isn't one to be found. As soon as any term in a language is applied to a notion of value, it is impossible to know whether we are on one side of the divide or the other or both at the same time. <Hence very difficult to find a word unambiguously designating the association:

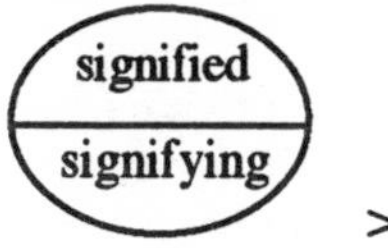

>

<Chapter 3>

After the second chapter, insert something I would have got round to later. Insert as the third chapter: <u>Immutability and mutability of the sign</u>.

<Voici le lien par où nous passons du précédent chapitre à celui-ci.> <Nous avons vu:> Par rapport à l'idée qu'il représente, le signifiant <signe> quel qu'il soit est arbitraire, apparaît comme librement choisi, pouvant être remplacé par un autre (*table* pouvant s'appeler *sable* ou inversement). Par rapport à la société humaine qui est appelée à l'employer, le signe n'est point libre mais imposé, sans que cette masse sociale soit consultée et comme s'il ne pouvait pas être remplacé par un autre. Ce fait qui dans une certaine mesure semble envelopper contradiction de la non-liberté de ce qui est libre, <ce fait> pourrait s'appeler familièrement le phénomène de la carte forcée. <On dit à la langue:> «Choisissez au hasard», mais on lui dit en même temps «vous n'avez pas le droit de choisir, ce sera ceci ou cela.»

Si un individu voulait changer un mot français ou un mode, il ne le pourrait pas, même la masse ne le pourrait pas; elle est rivée à la langue telle qu'elle est. Il faut examiner les causes de ce phénomène et ses conséquences qui sont incalculables. Quant aux causes, voici la première considération:

La langue, à quelque moment que nous la prenions, si haut que nous remontions, est à n'importe quel moment un héritage du moment précédent.

L'acte idéal par lequel, à un instant donné, des noms seraient distribués aux choses, l'acte par lequel un contrat serait passé entre les idées et les signes, entre les signifiés et les signifiants, cet acte reste dans le seul domaine de l'idée. C'est une idée inspirée par le sentiment que nous avons de l'arbitraire du signe, que nous reconnaissons n'appartenir à une réalité. Jamais une société n'a connu la langue que comme un produit plus ou moins perfectionné par les générations précédentes et à prendre tel quel. C'est-à-dire que nous distinguons à l'origine de tout état de langue un fait historique.

Jusqu'à présent, nous avons vu dans la langue un côté social. Il y a facteur historique qui apparaît lorsque nous cherchons pourquoi le signe apparaît comme immuable. Maintenant si nous parlons de l'héritage, on pourrait dire que cette vue de l'héritage n'explique rien si on ne va pas plus loin. Mais pourquoi est-ce un héritage? Pourquoi ne pourrait-on rien changer à cet héritage? Nous voyons d'autres choses héritées des siècles précédents: ainsi les lois. On n'est pas tenu à ne pas changer les lois.

Cette objection très justifiée revient à placer la langue dans son cadre social et à poser la question comme on la poserait pour une autre

<Here is the link which takes us from the previous chapter to this one.> <We have seen that> in relation to the idea it represents, the signifying element <sign>, whatever it may be, is arbitrary, appears to be freely chosen, is replaceable by another (*table* might be called *sable* or vice versa). In relation to the human society called upon to employ it, the sign is not free but imposed, and the corporate body is not consulted: it is as if the sign could not be replaced by another. This fact, which to a certain extent seems to embrace contradiction of the non-freedom of what is free, <this fact> could be called colloquially the Hobson's choice phenomenon. <You say to the language:> 'Choose at random', but at the same time 'You have no right of choice: it must be this or that.'

If an individual wanted to change a French word or a mood, he would not be able to; even the community could not; it is tied to the language as it is. We must examine the causes underlying this phenomenon and its consequences, which are incalculable. As for the causes, here is the first consideration:

The language, considered at any moment, however far back in time, is always an inheritance from the preceding moment.

The postulated act by which, at a given moment, names were assigned to things, the act by which a contract was completed between ideas and signs, between the signifying and signified elements, this act is purely imaginary. It is an idea inspired by the feeling we have of the arbitrariness of the sign, but belongs to no recognizable reality. Never has any society known its language other than as a product more or less perfected by preceding generations and to be taken just as it is. In other words, we recognize a historical fact at the origin of every language state.

So far, we have seen a social side of the language. There is [a] historical factor that emerges when we look for why the sign appears to be immutable. Now if we speak of inheritance, it could be said that this view of inheritance explains nothing if we go no further. But why is it an inheritance? Why could we not alter in any way what is inherited? We see other things inherited from previous centuries; such as laws. One is not bound not to change the laws.

This very cogent objection amounts to putting the language in its social context and raises the question as one might do for any other

institution sociale. La transmission des institutions humaines, voilà la question plus générale dans laquelle nous voyons enveloppée la question posée au début: pourquoi la langue n'est-elle pas libre[?] Il y aura lieu de comparer le degré de liberté qu'offrent d'autres institutions. Il s'agit d'une balance entre les faits <facteurs> historiques et sociaux.

Pourquoi tel facteur est-il moins puissant que tel autre? Pourquoi le facteur historique est-il tout puissant? Pourquoi exclut-il un changement général et subit? <(Car nous réservons changements partiels, de détail.)> Si l'on compare d'autres institutions (par exemple système de signes) il ne semble pas qu'une révolution complète soit exclue.

<u>Deuxième condition</u> <Deuxième considération>. <Réponse aux premières.> On pourrait s'attarder à des considérations générales <importantes, mais> qui ne seraient pas <les plus> topiques, par exemple le fait que les générations ne se succèdent pas comme les tiroirs d'une commode, <puisque dans une génération il y a des hommes de tous les âges>.

<Rappeler tout l'effort exigé par apprentissage d'une langue et de là, difficile à changer.>

On pourrait invoquer ce fait que l'on n'applique pas la réflexion à la langue <distinction entre conscient et inconscient> et préciser le degré de conscience qui préside en général aux faits de langage. <Ou bien que> la réflexion n'est pas même provoquée en ce sens que d'une manière générale chaque peuple est satisfait de la langue qu'il a reçue. A tout cela, il faut préférer énoncer ce qui est plus topique, <plus direct, qui enveloppe ces circonstances ci-dessus>.

1°) Parmi les circonstances extérieures à la langue elle-même, nous constatons que la langue est une chose dont se servent tous les individus, tous les jours, toute la durée de la journée. Ce fait fait de la langue une institution non comparable à d'autres: <(code civil, religion très formaliste)>.

Le degré de révolution radicale est ainsi diminué dans une très grande proportion.

Mais ce fait est encore extérieur à la langue. Les points suivants se trouvent contenus dans la langue elle-même.

social institution. The transmission of human institutions, that is the more general question within which we see the question posed at the beginning as being situated: why is the language not free [?] It will be relevant to compare the degree of freedom shown by other institutions. It is a question of balance between historical and social facts <factors>.

Why is this factor less powerful than that one? Why is the historical factor all-powerful? Why does it rule out any sudden general change? <(For we can set aside partial changes, of detail.)> If you compare other institutions (for example, system of signs), it does not seem that a complete revolution is out of the question.

<u>Second condition</u> <Second consideration>. <Reply to the above.> It would be possible to dwell on general considerations, <important, but> not <the most> pertinent, for example the fact that generations do not follow one another like drawers in a chest <since in a generation there are men of all ages>.

<Think of all the effort needed to learn a language and hence difficulty of change.>

It could be pointed out that one does not reflect on the language <distinction between conscious and unconscious> and examine the degree of awareness that there is of the facts of language. <Or that> reflection is not even provoked inasmuch as in general every people is satisfied with the language it has received. Instead, it is preferable to state something that is more relevant than all this, <more direct, embracing the above circumstances>.

1) Among the circumstances external to the language itself, we may note that the language is something that all individuals use, every day, all day long. This fact makes the language an institution that is not comparable with others <(civil law, very formalized religion)>.

The degree of radical revolution is thus greatly reduced.

But this fact is still external to the language. The following points are contained in the language itself.

2°) La multitude immense des signes constituant une langue. Si l'on cherche des points de comparaison, on n'en trouve pas. Et ce fait de la multitude des éléments qui sont en jeu n'est point à dédaigner. Une écriture n'a que vingt à quarante signes. On peut voir un système d'écriture remplacé par un autre.

S'il était concevable que la langue ne se composât que de quarante signes par exemple, il serait très concevable que la langue puisse être changée du tout au tout.

3°) Base arbitraire du signe. Les signes sont arbitraires et il semblerait qu'il soit aisé de les changer. Mais grâce à ce fait, la langue ne peut pas être sujet à discussion pour la masse, même la suppose-t-on plus consciente qu'elle n'est. En effet, il faut avoir une norme comparable aux choses pour avoir un terrain de discussion. (Ainsi le symbole pour une religion formaliste.) <Dès que cette base raisonnable de critique existe, en effet, les choses deviennent discutables. Déjà dans système de symboles, on peut discuter. Mais pas de norme d'un système arbitraire. Seuls des grammairiens et des logiciens pourraient renouveler.>

4°) Toute langue forme un corps et un système. Il est vrai que en premier lieu nous anticipons <(puisque ce chapitre est inséré au Chapitre IV)>; c'est le côté par où elle n'est pas entièrement arbitraire, où il lui faut reconnaître une raison relative. Le contrat est beaucoup plus compliqué entre le signe et l'idée.

Il ne faut pas le considérer ainsi:

mais ainsi:

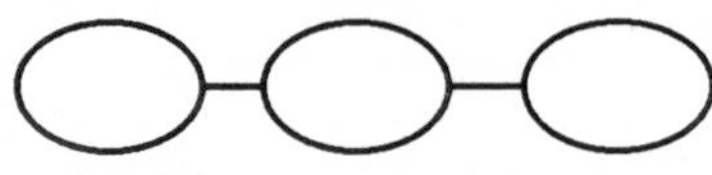

Aussi, de ce côté, l'opération <qui consisterait en un changement radical> échappe à la masse <sociale>.

Il faudrait qu'elle se fasse au sein d'une assemblée de grammairiens et de logiciens.

[30 mai 1911]

2) The immense number of signs that make up a language. If you look for points of comparison, there are none to be found. And this fact about the number of elements involved is not negligible. A system of writing has only between twenty and forty signs. It is possible to replace one system of writing by another.

If it were conceivable that a language consisted of only forty signs, for example, it would not be at all inconceivable that a language could be changed lock, stock and barrel.

3) Arbitrary basis of the sign. Signs are arbitrary and it might seem easy to change them. But thanks to this fact, the language is not open to discussion by the community, even if you supposed the community to be more aware than it is. In fact, you must have a norm comparable to things in order to have any ground for discussion. (For example, symbols for a formalized religion.) <As soon as this reasonable basis for criticism exists, then indeed things are open to discussion. Already in a symbol system, discussion is possible. But no norm for an arbitrary system. Only grammarians and logicians could renew.>

4) Every language forms a body and a system. It is true that in the first place I anticipate <(since this chapter is inserted in Chapter IV)>; it is the aspect which is not entirely arbitrary, where one must recognize a relative rationality. The contract between the sign and the idea is much more complicated.

It must not be considered like this: but like this:

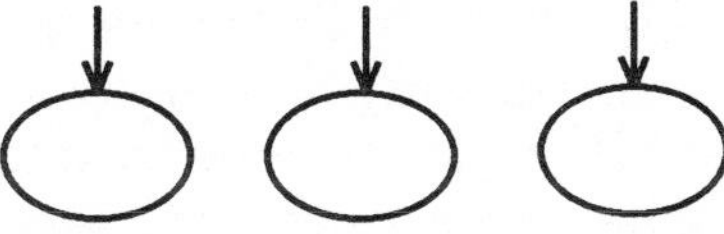

In this respect also the operation <consisting of a radical change> is too much for the <social> community.

It would have to be done by a body of grammarians and logicians.

[30 May 1911]

[Fig. en marge]

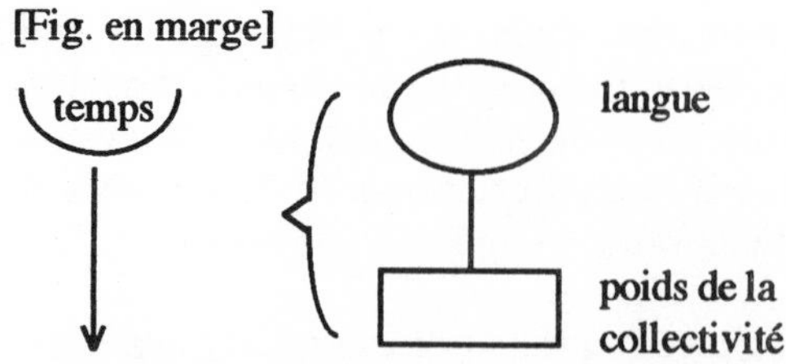

La circonstance que la langue est un fait social lui crée un centre de gravité. Mais nous avions admis dès le début ce fait, il est inutile de dédoubler maintenant la langue. Il faut ajouter le facteur temps. Les forces sociales agissent en fonction du temps et nous montrent en quoi la langue n'est pas libre.

En effet la langue est <tout le temps> solidaire du passé, c'est ce qui lui ôte sa liberté, et elle ne le serait pas, si elle n'était pas sociale. Mais il faut ajouter la considération de temps, la transmission de génération en génération.

Au premier moment on n'aperçoit pas que dans cette convention une place puisse être réservée au facteur temps. Et en effet, théoriquement, la langue peut être considérée indépendamment du temps <comme quelque chose logique ou psychologique>. La puissance temps vient mettre en échec à chaque instant la puissance qu'on peut appeler arbitraire <libre choix>. Pourquoi disons-nous, *homme*, *chien*? Parce qu'on a dit avant nous *homme*, *chien*. La justification est dans le temps. Cela ne supprime pas l'arbitraire et ça le supprime. Cela n'empêche pas de voir lien entre question du temps et la question de l'arbitraire qui agissent l'une antinomiquement à l'autre. <En résumé> la non-liberté des signes composant la langue tient au côté historique, ou est une manifestation du facteur temps dans la langue, puisque cette non-liberté des signes repose sur la continuité du facteur temps dans la langue, <sur la continuité du signe à travers générations>.

Autre manifestation du facteur temps c'est <fait en apparence contraire au premier:> l'altération des signes quand ils ont à traverser un certain nombre de générations. <C'est ainsi que> le titre de notre chapitre parle à la fois de l'immutabilité et de la mutabilité <altérabilité> du signe. Les deux choses se touchent intimement; il est clair qu'elles ont la même cause en dernière analyse.

Pourquoi le signe est-il dans le cas de s'altérer? Parce qu'il se continue.

[Fig. in margin]

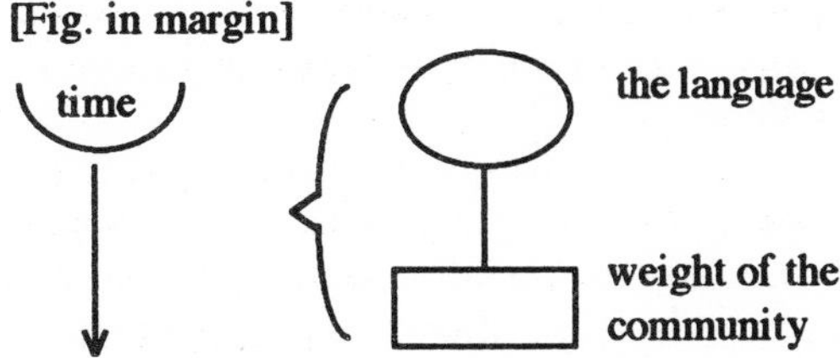

Because a language is a social fact, this gives it a centre of gravity. But I pointed this out right from the start and it serves no purpose now to split the language in two. The time factor must be added. Social forces need time to take effect, showing us in what respect a language is not free.

In fact a language is <at all times> bound up with the past; that is what curtails its freedom, and it would not be so if it were not social. But time must also be taken into account, the transmission from generation to generation.

Initially it is not apparent that in this convention there is room for the time factor. And indeed, theoretically, a language can be considered independently of time <as something logical or psychological>. The power of time constantly holds in check the power one may call arbitrariness <free choice>. Why do we say *man*, *dog*? Because before us people said *man*, *dog*. The justification lies in time. It does not suppress arbitrariness, and yet it does. That does not obscure connexion between question of time and the question of arbitrariness, which act in opposition to each other. <To sum up> the non-freedom of the signs which comprise a language has a historical explanation or is a manifestation of the time factor in the language, since this non-freedom of signs is based on the continuity of the time factor in the language, <on the continuity of the sign across generations>.

Another manifestation of the time factor is <a fact that appears to contradict the first:> the change in signs when they have to come down through a certain number of generations. <That is why> the title of my chapter mentions both immutability and mutability <variability> of the sign. The two things are closely linked: it is clear that in the final analysis they have the same cause.

Why is the sign subject to change? Because it perpetuates itself. If it

S'il ne se continuait pas, si tous les dix ans on instituait une nouvelle langue créée de toutes pièces sur des signes nouveaux, la notion de l'immutabilité du signe sera[it] abolie.

En toute altération, ce qui domine, c'est la persistance d'une bonne partie de ce qui existait. C'est une infidélité relative qui suppose qu'on s'appuie sur principe antérieur. Le principe d'altération se fonde sur le principe de continuité.

<Nous replaçant en face du point de départ, on aura:>

Hors de la donnée temps	En vertu de la donnée temps
Arbitraire du signe donc Liberté	1. Non-liberté (Immutabilité) 2. Altération (Mutabilité d'un certain ordre)

Les formes <ou les facteurs> de l'altération dans le temps sont de plusieurs espèces dont chacune constitue un immense chapitre de linguistique et dont chacune prise philosophiquement fournit un élément continuel à des discussions sur sa nature, sur sa portée, etc. Avant même de tenter un classement, voici ce qu'il est important de dégager:

Ne parlons pas de l'altération des signes comme nous venons de le faire momentanément pour plus de clarté. Cela nous fait croire qu'il s'agit seulement de phonétique (changement dans la forme des mots) <de déformation dans images acoustiques, ou bien changement de sens. Ce serait mauvais.>

Quels que soient les différents facteurs de l'altération et leur nature tout à fait distincte, tous agissant de concert aboutissent à l'altération du rapport entre idée et signe, ou du rapport entre signifiant et signifié. Il vaut peut-être mieux dire: au déplacement du rapport entre idée et signe.

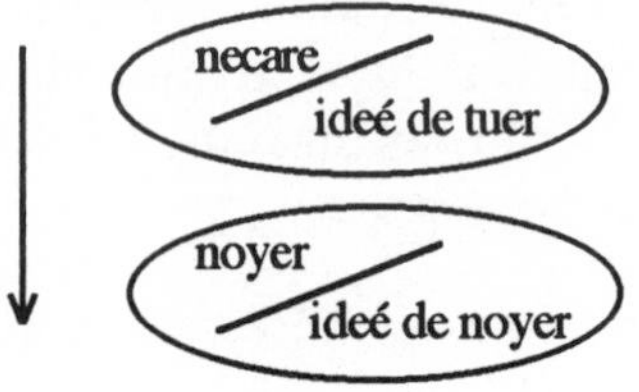

did not, if every ten years a new language was set up, made entirely out of new signs, the notion of the immutability of the sign would be abolished.

In every change, what prevails is the persistence of a great deal of what existed before. It is a relative infidelity, which presupposes reliance on previous principle. The principle of change is based on the principle of continuity.

<Starting again from the point of departure, we have:>

Outside temporality	In virtue of temporality
Arbitrariness of the sign hence Freedom	1.Non-freedom (Immutability) 2. Change (Mutability to a certain extent)

The forms <or the factors> of change in time are of several kinds, each constituting a vast chapter of linguistics, and each from a philosophical point of view supplying a constant element in discussions concerning its nature, scope, etc. Before even attempting a classification, this is what it is important to bring out:

Let us not talk of change in signs as I just did for a moment in the interests of clarity. That creates the impression that it is only a question of phonetics (change in the form of words) <of distortion of the acoustic images, or else change of meaning. That would be bad.>

Whatever the different factors of change and their quite distinct nature, all of them acting in concert result in a change of the relation between idea and sign, or of the relation between signifying and signified elements. Perhaps it would be better to say the shift in the relation between idea and sign.

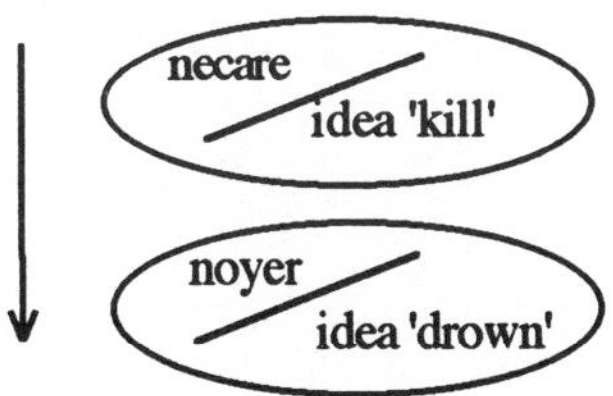

Necare est devenu au bout d'un certain temps *noyer* (car nous savons que le verbe *noyer* est la continuation de *necare*.) L'image acoustique est changée, l'idée aussi est changée. <Mais nous n'avons pas besoin d'entrer dans ces distinctions. Nous pouvons constater globalement qu'>il y a eu déplacement du rapport entre idée et signe.

<Reprenons exemple voisin:> C'est un trait du latin de Gaule (IVe ou Ve s.) que d'entendre par *necare*: noyer.

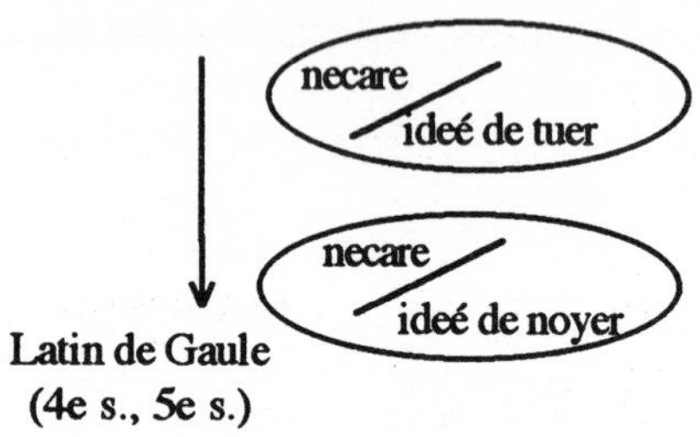

L'image acoustique n'a pas varié, mais il y a déplacement du rapport entre idée et signe.

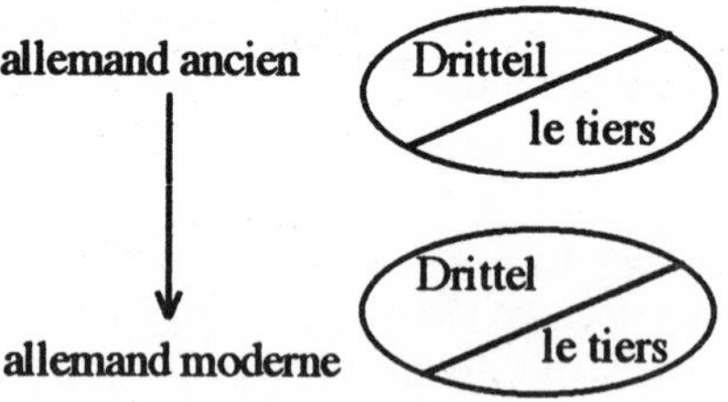

Est-ce le signifiant seul qui a changé? Si l'on veut; mais de deux manières dont l'une touche de très près à la signification. <De deux manières: 1°) altération non seulement dans forme, mais [2°)] *Drittel* n'implique plus sens de *Teil*, est un seul mot.>

En tout cas, déplacement du rapport entre idée et signe.

préhistorique anglo-saxon	*fôt* (le pied)	**fôti* (plur. les pieds)
↓	↓	↓
aujourd'hui	*fôt* (*foot*)	*fêt* (*feet*)

<Ici très complexe.> Il n'y a pas eu qu'une altération phonétique. Le mécanisme entre les deux mots a été changé. Mais nous ne risquons rien à dire: il y a eu déplacement du rapport entre idée et signe.

Une langue quelconque, si elle réalise les conditions de toute langue,

After a certain time *necare* became *noyer* (for we know that the verb *noyer* is the continuation of *necare*). The acoustic image has changed, the idea too has changed. <But we have no need to go into these distinctions. We can simply note the overall fact that> there has been a shift in the relation between idea and sign.

<Let us take related example:> It is a feature of the Latin of Gaul (IVc., Vc.) that *necare* means 'drown'.

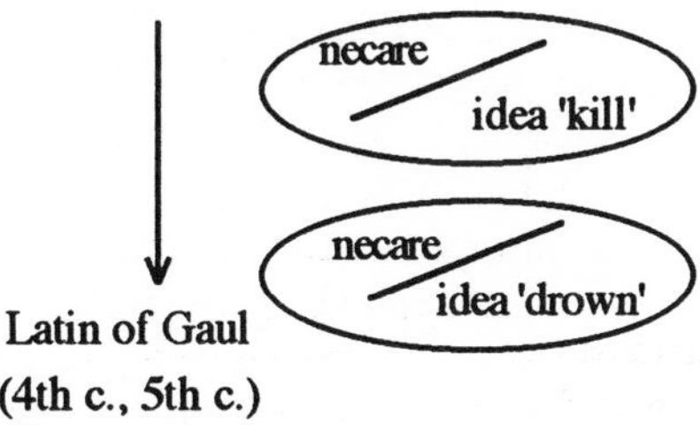

The acoustic image has not altered, but there is a shift in the relation between idea and sign.

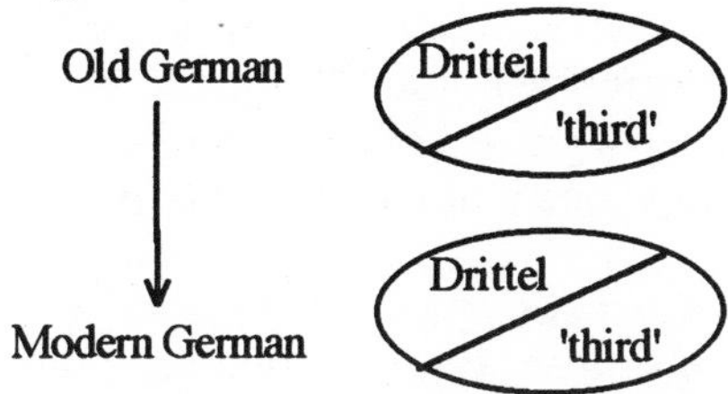

Is it just the signifying element that has changed? If you like; but in two ways, one of which is closely connected with the meaning. <In two ways: 1) change not only in form, but [2)] *Drittel* no longer carries the sense of *Teil*, is a single word.>

In any case, shift in the relation between idea and sign.

prehistoric Anglo-Saxon	*fôt* ('foot')	**fôti* ('feet', plural)
↓	↓	↓
today	*fôt* (*foot*)	*fêt* (*feet*)

<Very complex here.> There has not only been a phonetic change. The mechanism linking the two words has been changed. But we can at least say: there has been a shift in the relation between idea and sign.

Any language, if it conforms to the conditions governing every

est impuissante à se défendre contre les facteurs d'altération qui aboutissent à déplacer de moment en moment le rapport total du signifiant au signifié. On ne connaît aucun exemple où le rapport soit resté tout à fait tel quel. C'est le corollaire immédiat du principe de continuité. Par rapport au principe de liberté contenu dans l'arbitraire du signe, non seulement la continuité supprime la liberté, mais si par hypothèse on avait établi une langue <par législation>, le lendemain elle <(la masse)> aurait déjà déplacé ses rapports. On tient le contrôle de la langue tant qu'elle n'est pas en circulation, mais dès qu'elle remplit sa mission on voit les rapports se déplacer. Du moins on doit conclure qu'il <en> doit être fatalement ainsi d'après exemples offerts par l'histoire.

L'espéranto, <cet essai de langue artificielle qui paraît réussir> obéira-t-il à la loi fatale en devenant social[?]

Ce n'est pas une masse compacte qui se sert de l'espéranto, mais des groupes disséminés parfaitement conscients, qui n'ont pas appris cette langue comme une langue naturelle.

Dans les systèmes de signes (système d'écriture, cf. le pehlvi), et jusque même dans le langage des sourds-muets, des forces aveugles déplaceront les rapports. <Ce sera un fait de sémiologie générale: continuité dans le temps liée à altération dans [le] temps.>

On pourrait revenir sur cette question de la nécessité de l'altération, comme n'ayant pas été mise assez en lumière, <comparativement au temps accordé à envisager nécessité de continuité. En effet, nous nous sommes bornés à dire que [l']altération n'était qu'une des formes de la continuité.>

Cette lacune est voulue provisoirement pour cette simple raison que nous avons laissé les facteurs d'altération indistincts. Ces facteurs sont tellement mêlés dans leurs effets qu'il n'est pas prudent de les démêler. <Puisque nous n'avons pas recherché les causes de l'altération dans leur variété, nous ne pouvons pas rechercher si elles agissent nécessairement.>

<Tant qu'il s'agit des causes de la continuité, elle suivra la portée de l'observation *a priori*.> Quand il s'agit de l'altération à travers le temps, mieux vaut ne parler que du déplacement <du rapport global> des termes et des valeurs, <par conséquent en renonçant à se rendre compte du degré de nécessité.>

Les étapes suivies jusqu'à la fin du chapitre sont les suivantes:

language, is powerless to defend itself against factors of change which result in a constant shifting of overall relations between the signifying and signified elements. No example is known in which the relation has remained entirely as it was. This is the immediate corollary of the principle of continuity. In connexion with the principle of freedom contained in the arbitrariness of the sign, not only does continuity suppress freedom, but supposing you had established a language one day <by legislation>, the next day it <(the community)> would already have altered the relations. The language can be controlled as long as it is not in circulation, but as soon as it fulfils its function you see the relations shift. At least, that this is inevitably so is the conclusion we are bound to reach on the basis of historical examples.

Will Esperanto <this artificial language which seems to be a success> conform to the ineluctable law as it becomes social[?]

Those who use Esperanto are not a compact community, but scattered groups well aware of what they are doing, who have not learnt this language as a natural language.

In systems of signs (writing system, cf. Pahlavi), and even in the language of the deaf-and-dumb, blind forces will alter the relations. <This will be a general semiological fact: continuity over time bound up with change in time.>

This question of the necessity of change deserves further consideration, for not enough light has been thrown on it, <compared with the time spent on considering the necessity of continuity. In fact, all I said was that change was only one of the forms of continuity.>

This temporary lacuna is intentional, for the simple reason that I have not distinguished between the factors involved in change. These factors are so interwoven in their effects that it would be rash to disentangle them. <Since I have not inquired into the different kinds of cause of change, I cannot inquire into whether they operate necessarily.>

<As regards the question of the causes of continuity, it will come within the scope of observation *a priori.*> As far as change over time is concerned, it is best to speak only of the shift <of the overall relation> of terms and values, <and thus forego assessing the degree of necessity>.

The stages completed up to the end of the chapter are as follows:

1°) Définition de choses: dans le langage la langue a été dégagée de la parole. Quand on défalque du langage tout ce qui n'est que parole, le reste peut s'appeler proprement *langue* et se trouve ne comprendre que des termes psychiques. La langue = nœud psychique entre idée et signe. Mais ce ne serait là que la langue hors de sa réalité sociale, et irréelle (puisque ne comprenant qu'une partie de sa réalité). Pour qu'il y ait langue, il faut une masse parlante se servant de la langue. La langue pour nous résidait d'emblée dans l'âme collective.

Ce second fait rentre dans la définition; il ne s'applique pas à parole (les actes de parole sont individuels). <Par la définition, nous nous plaçons d'emblée devant les deux choses.>

Ainsi ce schéma:

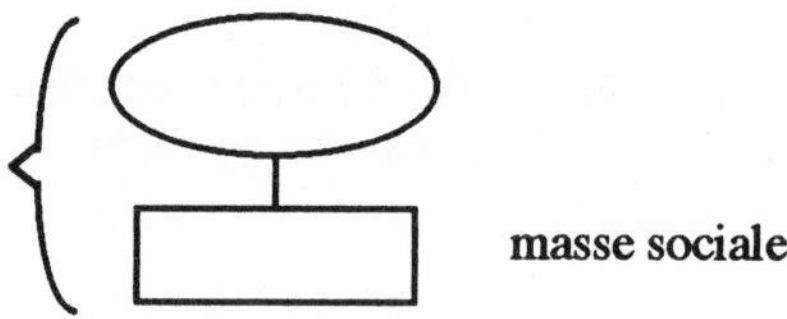

<Avec ce schéma la langue est viable.>

La définition même tient compte de la réalité sociale, mais elle ne tient pas compte du tout encore de la réalité historique.

Comme le signifiant est de sa nature arbitraire, prenant la langue ainsi définie, il semble que rien <n'>empêche de la prendre comme un système libre, ne dépendant que de principes logiques, se mouvant dans la sphère pure des rapports.

Est-ce que le fait en soi de la masse parlante empêcherait ce point de vue? Pas précisément - tant qu'on le prend tout seul. Comme une communauté ne pense pas logiquement ou uniquement logiquement, la langue dépendrait de principes psychologico-logiques. Mais les réalités extérieures comme celles qui se manifestent dans une masse sociale, n'ont pas occasion de se produire quand on considère les faits de langue hors du facteur temps, dans un seul point du temps.

Mais ici intervient la réalité historique du temps. Si l'on prenait le temps sans la masse parlante, il n'y aurait peut-être aucun effet externe <(d'altération)>. La masse parlante sans le temps: nous venons de voir

1) Definition of things: within language, the language has been separated from speech. When one deducts from language everything that is only speech, the rest can properly be called *the language* and turns out to include only mental terms. The language = mental bond between idea and sign. But that would only be the language apart from its social reality, and unreal (since comprising only one part of its reality). In order for there to be a language, there must be a body of speakers using the language. The language, in my view, was something located squarely in the collective soul.

This second fact is part of the definition; it does not apply to speech (acts of speech are individual). <By this definition, we confront both these things at the same time.>

Hence the schema:

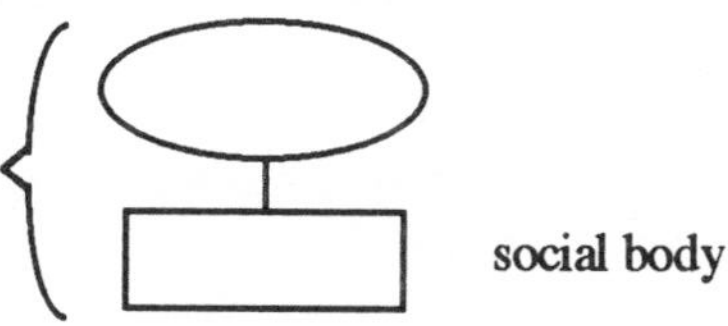

<With this schema, the language is practicable.>

The definition itself takes social reality into account, but it does not yet take historical reality into account at all.

As the signifying element is by nature arbitrary, taking the language as thus defined, it seems that there is nothing to prevent us from treating it as a free system, working solely on logical principles, in a pure sphere of relations.

Does the fact that there is a body of speakers in itself rule this out? Not exactly - as long as it is taken in isolation. Since a community does not think logically, or only logically, the language would work on psychologico-logical principles. But external realities such as those which emerge in a social body have no opportunity to arise when one considers linguistic facts without the time factor, at a single point in time.

But here the historical reality of time intervenes. If you had time without the body of speakers, perhaps there would be no external effect <(of change)>. The body of speakers without time: we have just

que les forces sociales de la langue ne se manifesteront que si on fait intervenir le temps. <Nous arrivons à la réalité complète avec ce schéma, c'est-à-dire en ajoutant l'axe du temps:>

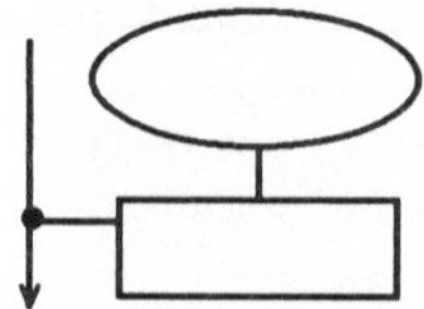

La masse parlante est multipliée par le temps, considérée dans le temps

<Dès lors> la langue n'est pas libre parce que même *a priori* le temps donnera occasion aux forces sociales intéressant la langue d'exercer leurs effets par la solidarité infinie avec les âges précédents.

2°) La continuité enferme comme par un fait <inséparable> l'altération, <déplacement plus ou moins considérable des valeurs, inévitable avec la durée>.

<Invoquons simplement ce fait que> nous ne connaissons aucune chose qui ne s'altère dans le temps.

[2 juin 1911]

Chapitre IV. (à intercaler à la suite du précédent:)

La linguistique statique et la linguistique historique. Dualité de la linguistique.

C'est la suite <directe> du précédent chapitre <et indication de base générale sur laquelle nous voulons nous placer pour la suite>. On peut hésiter sur le moment où il faut introduire la notion de temps et ses conséquences (maintenant on l'introduit plus vite que précédemment). <D'où intercalation de ces deux chapitres.>

Le fait que le temps intervient pour modifier la langue ne semble pas tout d'abord un fait bien grave ou ayant de grandes conséquences pour les conditions de la linguistique.

Peu de linguistes sont disposés à croire que la question de temps crée des questions particulières. Peu voient là une croisée centrale où l'on soit obligé de se demander s'il faut rester dans le temps ou marcher hors du temps.

seen that the social forces of the language will not act unless time is brought in. <We come to complete reality with this schema, that is to say by adding the axis of time:>

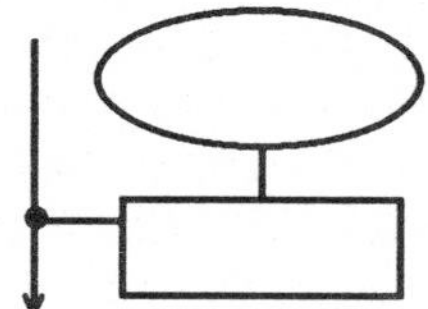

The body of speakers is multiplied by time, considered in time

<From that point on> the language is not free because, even *a priori,* time will provide the opportunity for the social forces affecting the language to take effect through countless ties with previous ages.

2) Continuity involves change as if it were an <inseparable> fact, <more or less appreciable shift of values, inevitable with duration>.

<I shall simply draw attention to this fact, that> we know of nothing that does not change over time.

[2 June 1911]

Chapter IV. (to be inserted after the previous one:)

Static linguistics and historical linguistics. Duality of linguistics.

This is the <direct> sequel to the preceding chapter <and indication of general basis on which I shall proceed in what follows>. One may hesitate over when to introduce the notion of time and its consequences (now it is being introduced earlier than before). <Hence intercalation of these two chapters.>

The fact that time intervenes to change a language does not at first seem to be a very momentous fact or to have important consequences for the conditions governing linguistics.

Few linguists are inclined to believe that the question of time gives rise to special questions. Few treat it as a central crossroads, at which you have to decide whether to follow time or step outside it.

En considérant les autres sciences, on ne reconnaît pas effet particulier du temps. L'astronomie a constaté de notables changements même dans le peu de temps dont elle a disposé, <mais on ne voit pas clairement qu'il y ait lieu de séparer astronomie en deux>. La géologie raisonne presque sans cesse sur des successivités, des changements dans le temps. Quand elle considère objets placés hors du temps <quand elle s'occupe aussi d'états fixes de la terre>, elle n'en fait pas un objet séparé <fondamentalement>. Il y a une science du droit et une histoire du droit. Mais nul ne les oppose.

L'histoire politique des états se meut éminemment dans le temps, mais ne fait aucune distinction importante <si quelque historien fait tableau d'une époque en excluant le temps>. L'histoire des institutions politiques recherche les états de choses hors du temps, mais elle ne croit pas changer en étudiant des modifications.

L'économie politique (*Wirtschaftslehre*) étudie <équilibre entre certaines> valeurs sociales: valeur du travail, valeur du capital. Mais ici contrairement à ce qui se passait pour toutes les sciences précédentes, on nous parle d'histoire économique (économie politique dans le temps) et économie politique (deux chaires différentes <pour ces deux sciences>). On n'a fait qu'obéir à une nécessité intérieure <et cette nécessité nous fera voir la nécessité de la dualité de la linguistique>. Cette raison, c'est qu'avec l'économie politique on est en face de la notion de valeur, <(et système de valeurs)> (mais à un moindre degré qu'avec la linguistique). On ne peut mener à la fois le système de valeur en soi, et le système de valeur selon le temps. Même les sciences qui s'occupent de choses auraient avantage à marquer plus complètement les deux axes où existent les choses: <u>axe des contemporanéités</u> (ou des rapports entre les choses coexistantes), laquelle [sic] équivaut à faire disparaître le facteur temps, et l'<u>axe des successivités</u> (ou rapport des choses successives) choses multipliées par le temps.

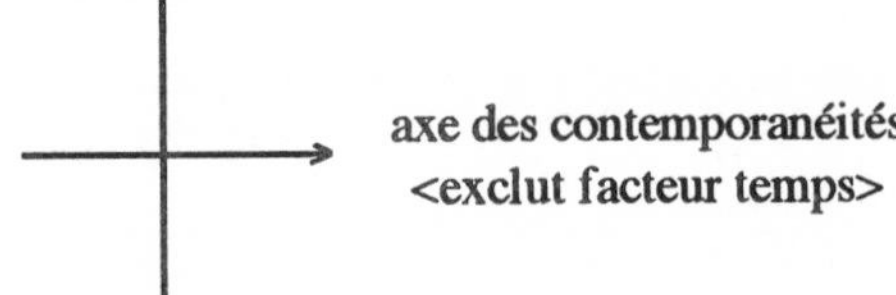

axe des successivités
<Dans axe vertical nous avons les choses multipliées par le temps>

Quand on arrive aux sciences qui s'occupent de valeur, cela

If you look at other sciences, you see no particular effect of time. Astronomy has recorded noteworthy changes even during its brief time span, <but it is not clear that there is a case for splitting astronomy in two>. Geology is more or less constantly concerned with sequences, changes over time. When it considers objects placed outside time <when it deals also with fixed states of the earth>, it does not set these up as <fundamentally> separate. There is a science of law and a history of law. But no one contrasts them.

The political history of states deals predominantly with time, but draws no important distinction <if some historian describes a period without reference to the passage of time>. The history of political institutions investigates states of affairs outside time, but recognizes no difference when studying changes.

Political economy (*Wirtschaftslehre*) studies <equilibrium between certain> social values: value of work, value of capital. But here, unlike what has happened in all the sciences just mentioned, we hear of economic history (political economy over time) as well as political economy (two different chairs <for these two sciences>). This simply meets the demands of internal necessity <and this necessity will show us the necessity of the duality of linguistics>. The reason is that in the case of political economy you are dealing with the notion of value <(and system of values)> (but less so than in linguistics).The system of values in itself and the system of values over time cannot be dealt with simultaneously. Even the sciences that deal with things would profit from a more complete differentiation of the two axes on which things exist: axis of contemporaneity (or of relations between coexisting things), which is equivalent to eliminating the time factor, and the axis of succession (or relations between successive things), things multiplied by time.

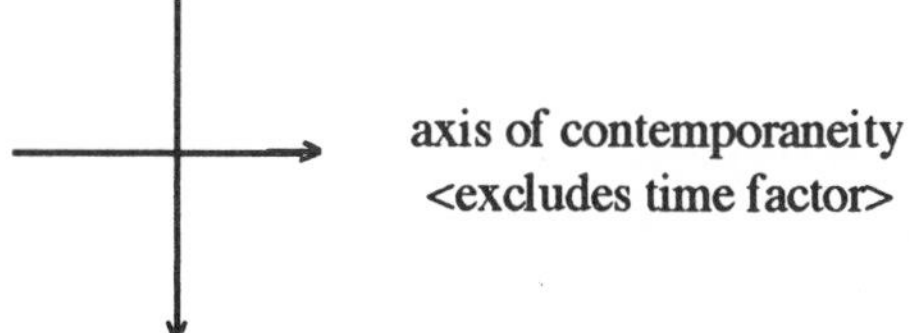

axis of succession
<In vertical axis we have things multiplied by time>

When we come to sciences dealing with value, it <(distinction)>

<(distinction)> devient une nécessité <(beaucoup plus sensible pratiquement)> <et suivant le cas une nécessité théorique de premier ordre>. On ne peut établir une science nette hors de la séparation des deux axes.

3°) Quand on arrive <au troisième degré> à système de valeurs (valeur arbitraire <arbitrairement fixable comme sémiologie>), la nécessité de distinguer les deux axes devient maximum. Car *a priori* ne vaut que ce qui est instantanément valable. Toute valeur a deux côtés comme le signe linguistique. Tant que cette valeur au moins par un de ses côtés a son pied, sa racine dans les choses, par exemple un fonds de terre Z correspondant à 50 000 francs, il est encore relativement possible de suivre cette valeur dans le temps avec ses variations, sans oublier cependant que à tout moment on pourra en douter (quand on pense par exemple que la contre-valeur comme 50 000 est elle-même sujette à varier selon les moments d'abondance de l'or, etc.). Mais cela garde une certaine base tangible, les matérialités resteront là.

Au contraire, dans l'association constituant le signe, il n'y a <rien> que deux valeurs (principe de l'arbitraire du signe).

Si l'un des côtés du signe linguistique pouvait passer pour avoir quelque base en soi ce serait le côté conceptuel. Nous sommes dans complication maximum des faits de valeur.

Toute valeur dépendra d'une valeur voisine ou d'une valeur opposée, et aussi, même *a priori*, puisqu'il se produit une altération, un déplacement du rapport, comment jugerait-on <de front> des termes en mêlant les époques[?] <Valeur ou contemporanéité, c'est synonyme. Choisissons-nous axe du temps ou axe opposé[?]> Toutefois ce n'est là que le raisonnement *a priori*. L'observation *a posteriori* vient-elle vérifier ce raisonnement[?] Oui! <L'expérience conduit à la même conclusion.>

Il faut séparer en deux la linguistique. Il y a une dualité irrémédiable, créée par la nature même des choses <quand il s'agit> de systèmes de valeurs.

Voyons un peu *a posteriori* ce qu'a fait la linguistique.

<On peut dire:> Il ne s'est guère fait pendant très longtemps que de la linguistique historique. L'idée d'une séparation ne frappant pas les esprits.

becomes a necessity <(much more obvious in practical terms)> <and in some cases a theoretical necessity of the highest importance>. You cannot set up a well defined science without separating the two axes.

3) When you come <at the third level> to system of values (arbitrary value <arbitrarily fixed like semiology>), the need to distinguish the two axes reaches its maximum. For, *a priori,* only what has an immediate value counts. Every value has two sides like the linguistic sign. As long as this value, at least on one side, has its basis, its root, in things - for example, a piece of land Z worth 50,000 francs - it is still more or less possible to trace this value over time, with its fluctuations, but nonetheless bearing in mind that at any moment it may be called in question (when one thinks for example that the exchange value of 50,000 is itself subject to variation, depending on the gold supply, etc.). But a certain tangible basis remains, the material facts will still be there.

On the contrary, in the association that constitutes the sign there are two values <and nothing else> (principle of the arbitrariness of the sign).

If one of the parts of the linguistic sign could claim to have some intrinsic basis, it would be the conceptual part. We have reached the maximum complexity of facts of value.

Every value will depend on an adjacent value or an opposite value, and also, even *a priori,* since a change occurs, a shift in the relationship, how could you evaluate terms <fairly> if you mixed periods[?]. <Value and contemporaneity are synonymous. Shall we choose the time axis or the opposite axis [?]> But all that is only *a priori* reasoning. Does *a posteriori* observation back it up [?] Yes! <Experience leads to the same conclusion.>

Linguistics must be separated in two. There is an irreconcilable duality, created by the very nature of things <when we are dealing> in systems of values.

Let us look *a posteriori* at what linguistics has done.

<You could say:> for a very long time there was almost no linguistics other than historical linguistics. The idea of a separation did not occur to anyone.

La grammaire comparée par laquelle on a commencé n'est que de la linguistique historique, puisqu'on ne fait qu'extraire des termes comparés l'hypothèse d'un type antécédent. On considère quelles ont été les altérations jusqu'aux dernières formes saisissables.

A propos des langues romanes, on fait de la linguistique historique <étude directe des différentes langues>.

Cela ne signifie pas que toute la linguistique historique se soit abstenue de jeter les yeux sur les états, elle n'aurait <pas> pu le faire par la force des choses. Mais les états entrent en question au hasard sans <qu'on soit> averti qu'on passe d'un des axes à l'autre.

On posera cette question: si la linguistique qui s'est développée depuis Bopp ne représente qu'un point de vue historique sur la langue, un point de vue mêlé et mal défini, <(que représente le travail des linguistes antérieurs (grammaire française, grammaire latine)>[?]

Elle représente un point de vue scientifique entièrement irréprochable au point de vue qui nous occupe. Dans ces grammaires, ou avec ces grammairiens on sait ou non si l'on veut décrire un état: pas un instant elle ne nous laisse un doute là-dessus. Elle <(la grammaire de Port-Royal)> veut par exemple fixer les valeurs du français de Louis XIV, sans y mêler la valeur du français du moyen âge ou du latin. <Elle remplissait complètement axe horizontal.>

Sa base <de la grammaire classique> était beaucoup plus scientifique que celle de la linguistique postérieure, parce que celle-ci se plaçant devant terrain illimité dans le temps <ne sait plus exactement ce qu'elle a devant elle>.

La grammaire traditionnelle ne connaissait que des époques. La linguistique devra choisir entre les époques et les successivités.

L'objet qu'elle <(la grammaire traditionnelle)> prenait était bien séparé d'un autre. <Cela n'implique pas qu'elle fût parfaite ou complète.>

La grammaire traditionnelle ignore des parties entières de la langue: la formation des mots.

C'est une grammaire normative, c'est-à-dire qu'elle croit devoir se préoccuper de lois à édicter au lieu d'être constative des faits existants, elle n'a pas de point de vue d'ensemble sur la langue, ne sait pas

Comparative grammar, which was the beginning, is nothing but historical linguistics, for it does nothing but derive from the terms compared hypotheses about an earlier type. It considers what the changes have been as far back as the earliest forms available.

In the case of the Romance languages, that is historical linguistics <(direct study of the various languages)>.

That does not mean that all historical linguistics refrained from looking at states, which could not have been avoided in the nature of the case. But states are brought in at random, without any awareness of switching from one axis to the other.

You may ask: if the linguistics which has developed from Bopp onwards represents only a historical view of the language, a confused and blurred perspective, <(what does the work of previous linguists (French grammar, Latin grammar) represent)>[?]

It represents a scientific perspective that is entirely impeccable from our present point of view. In these grammars, with these grammarians, you know whether or not a state is being described; no doubt on that score for a moment. It <(the Port-Royal grammar)> aims, for example, to establish the values of the French of Louis XIV, without bringing in the value of medieval French or Latin. <It remained entirely on the horizontal axis.>

Its basis <classical grammar's> was much more scientific than that of later linguistics, because the latter takes a field not delimited in time <and no longer knows exactly what it is dealing with>.

Traditional grammar dealt only with epochs. Linguistics must choose between epochs and sequences.

The object it <(traditional grammar)> took was quite unambiguous. <Which does not imply it was perfect or complete.>

Traditional grammar leaves out whole parts of the language: word formation.

It is normative grammar, that is to say focusses on laying down laws instead of recording the facts that exist, and it has no overall perspective on the language. It does not know <what the nature of the

<quelle est la nature des choses dont elle s'occupe>, si elle est dans une sphère psychique et autre; distingue pas la plupart du temps le mot écrit du mot parlé.

Après avoir fait de l'histoire linguistique très longtemps et après en avoir trouvé résultats précieux, il faudra revenir au point de vue statique, mais y revenir avec un point de vue renouvelé. Ce sera une des utilités de l'étude historique d'avoir mieux fait comprendre ce qu'était un état. <Donc même pour linguistique statique on gagnera à avoir fait linguistique historique.> On aura de toutes façons gagné à avoir fait de la linguistique historique.

La grammaire traditionnelle ne s'est occupée que de faits statiques; la linguistique nous a révélé tout le côté historique de la langue. Elle nous a fait connaître un nouvel ordre de faits mais ce que nous disons, ce n'est que l'opposition des deux ordres qui est féconde comme point de vue. Il ne faut pas en rester à constater qu'il y a des faits évolutifs et des faits statiques. Il y a lieu de les séparer afin d'en voir complètement le contraste. C'est à quoi nous arrivons.

On ne conteste pas existence des deux ordres, mais on ne les oppose pas suffisamment.

<Il y a un certain nombre de termes à peu près synonymes sur lesquels on peut se mettre d'accord.> En gros, *histoire*; nous l'appellerons d'un mot plus précis (*évolution <altération>*) et on peut proposer aussi le terme de *faits diachroniques* (faits se passant à travers le temps).

Diachronie = période se passant à travers le temps.

Cette période est <principalement> caractérisée par le fait qu'on se trouve en présence de faits successifs.

D'autre part, il y a des états de faits <(langues)> qui sont des équilibres (équilibres déterminés des termes et des valeurs placés dans un certain rapport). Ces termes sont forcément contemporains [<coexistants>*(b.)*] et ils composent des synchronies. On est en face de termes coexistants et non plus de faits successifs. On ne peut mener de front les deux disciplines. On pourrait les comparer aux deux parties de la mécanique:

things it deals with is>, whether it is in the realm of the mental or some other, does not distinguish most of the time between the written word and the spoken word.

After a very long period of historical linguistics, which produced valuable results, we must return to the static point of view, but with a fresh perspective. One of the useful results of historical study is to have improved our understanding of what a state was. <So even static linguistics will have profited from historical linguistics.> In any case we shall have benefited from historical linguistics.

Traditional grammar dealt only with static facts: linguistics revealed the whole historical side of the language. It drew our attention to a new order of facts, but my claim is that the only fruitful viewpoint is one which contrasts the two orders. We must not stop at recognizing that there are evolutionary facts and static facts. It is advisable to separate them in order to appreciate the contrast fully. That is what I am coming to.

No one disputes existence of the two orders, but the contrast is not emphasized sufficiently.

<There are a certain number of more or less synonymous terms to be agreed on.> Broadly, *history*: I shall give it a more precise designation (*evolution*, <*change*>) and the term *diachronic facts* (facts occurring through time) is another possibility.

Diachrony = period extending over time.

This period is <mainly> characterized by the fact that we are dealing with a succession of facts.

On the other hand, there are states of facts <(languages)> which are in equilibrium (fixed equilibrium of terms and values placed in a certain relationship). These terms are necessarily contemporaneous [<coexisting> *(corr.)*] and they constitute synchronies. We are dealing with coexisting terms and not facts in sequences. You cannot engage in both disciplines together. They might be compared to the two parts of mechanics:

<u>Statique</u>	<u>Dynamique</u> (Cinématique)
Forces en équilibre	Forces en mouvement
	T

Dans la dynamique intervient le facteur T (Temps).

[6 juin 1911]

Comme je le fais remarquer, le point de vue par lequel on sépare foncièrement ces deux ordres peut nous être inspiré par la plus simple observation, <(se déduit aussi d'une série d'expériences de la linguistique)>. C'est le premier point de vue auquel une observation nous frappe.

En se plaçant au point de vue du sujet parlant: la suite des faits dans le temps est une chose inexistante. Le sujet parlant est devant un état. De même, le linguiste doit faire table rase <de> ce qui est diachronique, de ce qui a produit un état dans le temps, pour comprendre cet état lui-même. Il ne peut entrer dans la conscience des sujets parlants qu'en adoptant le point de vue d'ignorance des sources.

<Encore une comparaison avant d'entrer dans les détails.> Qu'est-ce que représenterait un panorama de la chaîne des Alpes qu'il faudrait prendre simultanément depuis le Reculet, la Dôle, le Chasseral[?] Ce serait une absurdité comme c'est une absurdité de vouloir combiner le point de vue synchronique et le point de vue diachronique.

L'observateur placé en un point fixe, déterminé, c'est le sujet parlant ou le linguiste qui se met à sa place. Si l'on suppose un observateur en mouvement faisant le trajet entier <du Reculet au Chasseral>, le mouvement du tableau <les rapports des montagnes qui changent> représentera l'altération historique, l'évolution. Mais il est clair que pour dessiner ce panorama, <il faut être devant un certain état. On ne peut se servir de la langue que dans un état.>

Tout cela ne persuade peut-être pas encore de l'absolue nécessité de faire une séparation radicale. <Il y a des sciences qui ne le font pas.>

Considérons ce qui en linguistique amène à faire cette séparation plus qu'ailleurs. Nommons ces différents points. <1°)> La langue est un système. Dans tout système on doit considérer l'ensemble. <C'est ce qui fait le système.> <Or> les altérations ne se font jamais sur le bloc

Notebook VIII 107a

Statics	Dynamics (Kinematics)
Forces in equilibrium	Forces in movement
	T

In dynamics the T factor (Time) intervenes.

[6 June 1911]

As I pointed out, the perspective leading to the fundamental separation of these two orders may be derived from the simplest observation, <(can also be deduced from a series of trials in linguistics)>. This is the first viewpoint from which an observation strikes us.

If you take the speaker's point of view: the sequence of facts over time is something which does not exist. The speaker is dealing with a state. Similarly, the linguist should make a *tabula rasa* <of> what is diachronic, of what brought a state about over time, in order to understand the state himself. He cannot enter into the consciousness of the speakers except by adopting a point of view that ignores origins.

<One more comparison before going into details.> What would it be like to have to take a panorama of the Alpine range simultaneously from Reculet, Dôle and Chasseral [?] It would be a nonsense, as it is a nonsense to hope to combine the synchronic perspective and the diachronic perspective.

The observer placed at a fixed, determinate point is the speaker, or the linguist taking his place. If you imagine a moving observer, going the whole way <from Reculet to Chasseral> the movement of the drawing <the changing relations of the mountains> will represent historical change, evolution. But it is clear that in order to draw this panorama <you must focus on a certain state. You cannot make use of the language except in a state.>

All this perhaps does not yet persuade one of the absolute necessity of making a radical separation. <There are sciences which do not.>

Let us consider what calls for this separation in linguistics more than elsewhere. I will list these various points. <1)> The language is a system. In any system, one must consider the whole. <That is what makes a system.> <Now> changes are never made to the system as a

du système <sur l'ensemble> mais sur des points partiels. Si le système solaire est appelé un jour à changer, il y en aurait un point quelconque du système qui serait modifié.

L'altération se répercutera sur le système par le fait de la solidarité. <Mais le fait aura porté sur point spécial.>

Il y aura diverses espèces d'altération, mais toutes n'attaquent que des faits partiels.

Il y a là quelque chose qui fait voir que la langue étant un système, on ne peut suivre simultanément les deux choses.

2°) Le lien qui lie deux faits successifs ne peut avoir le même caractère que le lien qui lie deux faits coexistants. Ces deux points concernent donc la nature des faits évolutifs pris en eux-mêmes objectivement <par opposition aux faits statiques>. Il y a des faits qui sont subjectifs (qui tiennent à notre esprit, à nos capacités). 3°) La multiplicité des signes composant une langue fait qu'il sera pour ainsi dire impossible de suivre les deux axes simultanément. 4°) Il ne faut pas oublier le principe fondamental que les signes sont arbitraires. Les valeurs dont se compose la langue sont arbitraires. <Pour cela, n'étant pas fondés sur la chose> difficile de les suivre à travers le temps.

Voyons maintenant <au moyen> de quelques exemples cette opposition entre les choses évolutives et les choses statiques.

latin	*crispus*	*decrepitus*
après altération phonétique	*crêp-*	
	crêpir, décrépir	*décrépit*

Maintenant à un certain moment, d'une façon savante et par un de ces faits qu'on peut appeler pathologique, la langue s'est trouvée recevoir en elle <le mot latin> *decrepitus* latin, dont on ne sait l'origine. On l'a introduit on ne sait pourquoi dans la langue française <et on en a fait *décrépit*>. A l'heure qu'il est, *un mur décrépit*, *un homme décrépit* se conservent l'un l'autre. <Aujourd'hui, il est certain que la plupart des personnes voient un rapport entre *un mur décrépi* et *un homme décrépit*.> C'est un fait statique, puisque c'est le rapport d'une valeur de la langue à une autre coexistante.

Pour que ce fait <statique> se produisît, il y a fallu différents faits évolutifs ou diachroniques. <Il a fallu qu'on ne dise plus *crispus* mais

whole <in its entirety>, but to particular parts. If one day the solar system has to alter, there will be an adjustment at some point in the system.

The change will have repercussions on the system because of its interdependence. <But the fact will have affected one specific point.>

There will be various types of changes, but all affect particular points only.

This is something that shows that, the language being a system, one cannot follow both approaches simultaneously.

2) The connexion linking two successive facts cannot be of the same kind as the connexion linking two coexisting facts. These two points relate, then, to the nature of evolutionary facts considered objectively in their own right <as opposed to static facts>. There are subjective facts (that depend on our minds, our capacities). 3) The multiplicity of signs comprising a language makes it virtually impossible to follow the two axes simultaneously. 4) One must not lose sight of the fundamental principle that the signs are arbitrary. The values of which the language is constituted are arbitrary. <Hence, not being based on things,> difficult to follow over time.

Let us now see <by means of> a few examples this contrast between evolutionary things and static things.

Latin	*crispus*	*decrepitus*
after phonetic change	*crêp-*	
	crêpir, décrépir	*décrépit*

Now at a certain moment, through learned sources and by one of those developments that may be called pathological, the language happened to accept <the Latin word> Latin *decrepitus,* of which the origin is unknown. It was introduced into French, no one knows why <and made into *décrépit*>. Nowadays the expressions *un mur décrépit* ['a dilapidated wall'] and *un homme décrépit* ['a decrepit man'] support each other. <Today, it is certain that the majority of people see a connexion between *un mur décrépi* and *un homme décrépit*.> This is a static fact, since it is the relation between one language value and another coexisting one.

In order for this <static> fact to emerge, various evolutionary or diachronic facts were necessary. <People had to say *crêp-*, not *crispus*,

crêp-, qu'à un certain moment on ait introduit savamment un certain nombre de nouveaux mots directement du latin (autre fait diachronique).>

1°) Ces faits diachroniques, qui ont été nécessaires pour produire le fait <statique> en question <(qu'on confond *décrépit* et *décrépi*)> n'ont aucun rapport avec le fait statique relevé. Ils ont conditionné le fait mais en sont en eux-mêmes <1°)> parfaitement distincts.

[*Commencement de Cahier IX*]

2°) A-t-il été inutile pour bien saisir le fait statique de connaître son origine <de connaître les faits diachroniques>? Non, cela est utile. Cela nous montre un fait sur lequel nous aurons à revenir: la passivité des sujets parlants devant le signe. Nous voyons en effet que réunir ces deux mots c'est absurde au point de vue des origines mais parfaitement en règle au point de vue de l'état.

3°) Est-ce qu'on peut réunir un ensemble de faits diachroniques et un ensemble de faits synchroniques dans la même étude[?] <Non.> Ils apparaissent comme d'ordres différents.

Ce premier exemple a certains avantages, il est pour ainsi dire dans un quiproquo de la langue. <Nous en verrons un autre plus large.>

[9 juin 1911]

Un second exemple, c'est ce fait-ci:

vieux-haut-allemand	*gast*	*gasti*	*hant*	*hanti*
	l'hôte	les hôtes	la main	les mains

Plus tard, comme *i* exerce cet effet de changer l'*a* précédent en *e*, avec le temps cela a donné *gesti*, *henti:*

gasti ↓ *gesti*   *hanti* ↓ *henti*

<D'autre part, il est arrivé que *i* perd son timbre: *gesti* ↓ *geste* >

and at a certain point certain new learned words had to be introduced directly from Latin (another diachronic fact).>

1) These diachronic facts, which were necessary in order to produce the <static> fact in question <(the confusion of *décrépit* with *décrépi*)>, have no connexion with the static fact mentioned. They are prerequisites for the fact, but are themselves <1)> quite separate.

[*Notebook IX begins here*]

2) In order to grasp the static fact, is it irrelevant to know its origin <(to know the diachronic facts)>? No, it is useful. It shows us a fact we shall have occasion to return to: the passivity of speakers with respect to the sign. We see in fact that bringing these two words together is absurd from the point of view of their origins, but perfectly in order from the point of view of the state.

3) Can you combine a set of diachronic facts and a set of synchronic facts in the same study [?] <No.> They evidently belong to different orders.

This first example has certain advantages; it is, so to speak, a misunderstanding in the language. <We shall see a more extensive one.>

[9 June 1911]

A second example is this fact:

Old High German	*gast*	*gasti*	*hant*	*hanti*
	guest	guests	hand	hands

Later, as the *i* has the effect of changing the preceding *a* into *e*, in time that gave *gesti*, *henti*:

gasti	*hanti*
↓	↓
gesti	*henti*

<On the other hand, it came about that *i* loses its vowel quality: *gesti*
↓
geste >

Par suite de ces deux faits, on a aujourd'hui *Gast/Gäste*, *Hand/Hände* <etc., dans une grande série de mots>.

Un fait à peu près semblable s'est passé entre l'anglo-saxon historique et l'anglo-saxon antérieur:

**fôt /*fôti*	*tôd / tôdi*	*gôs / gôsi*
le pied / les pieds	dent / les dents	l'oie

Plus tard il s'est passé deux faits: l'*i* a changé l'*o* en *e* par son influence. <Par un fait phonétique>

fôti
↓
**fêti*

Puis un autre fait a supprimé l'*i* final <et on a alors> <maintenant>:

fôt / fêt	*tôd / têd*	*gôs / gês*
		(anglais *goose/geese*)

Si l'on prend aujourd'hui le rapport <actuel> *Gast/Gäste* et <le rapport> *fôt/fêt*; on voit ce qu'on pourrait appeler un certain mécanisme pour désigner le pluriel, <mécanisme qui n'est pas le même si l'on parle de l'allemand et [de l']anglais>.

En anglais: opposition de voyelles
En allemand: opposition de voyelles + quelque chose d'autre <(terminaison)>

Autrefois ce même rapport s'exprimait d'une manière toute différente. <Dans **fôt / fôti* le pluriel est indiqué par un élément de plus, non par une autre voyelle.>

Le rapport des termes quels qu'ils soient <entre formes plurielles quelles qu'elles soient (G.D.)> dans lequel se meut le singulier et le pluriel pourra s'exprimer ainsi:

⟷ <(dans axe horizontal)>
⟷ (faits synchroniques)

et les faits quels qu'ils soient qui ont formé le passage de l'un à l'autre pourront être exprimés ainsi:

<(dans axe vertical)>
↓ ↓ (faits diachroniques).

C'est-à-dire que nous sommes devant cette figure:

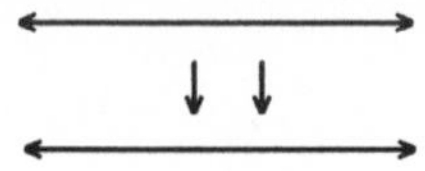

As a result of these two facts, today we have: *Gast /Gäste, Hand/Hände* <etc. in a large series of words>.

Something rather similar happened between Anglo-Saxon of the historical period and earlier Anglo-Saxon:

**fôt / *fôti*	*tôd / tôdi*	*gôs / gôsi*
foot/feet	tooth/teeth	goose

Later two things happened: the *i* influenced the *o* and changed it to *e*. <Phonetic development>

fôti
↓
**fêti*

Then another development removed the final *i* <so one has> <now>:

fôt / fêt	*tôd / têd*	*gôs / gês*
		(Eng. *goose / geese*)

If today you take the <current> relation *Gast/Gäste* and <the relation> *fôt/fêt*, you see what could be called a certain mechanism for forming the plural, <mechanism which is not the same as between German and English>.

In English: vowel contrast
In German: vowel contrast + something else
<(ending)>

Formerly this same relationship was expressed in a quite different manner. <In **fôt / fôti* the plural is marked by an extra element, not by a different vowel.>

The relation between terms, whatever they may be <between plural forms, whatever they may be (G.D.)> which marks singular and plural can be indicated thus:

←——→ <(on horizontal axis)>
←——→ (synchronic facts)

and the facts, whatever they may be, which constituted the transition from one to the other can be indicated thus:

<(on vertical axis)>
↓ ↓ (diachronic facts).

In other words we have this diagram:

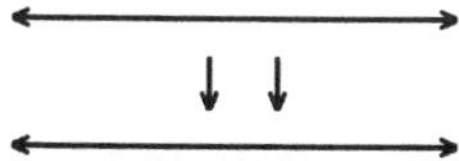

Nous pouvons faire à ce sujet un certain nombre de réflexions <qui rentrent directement dans notre sujet de la dualité de notre point de vue>:

1°) Les faits diachroniques (les changements) ont-ils eu pour but de marquer autrement le pluriel[?] Est-ce l'expression du pluriel qu'on a voulu changer? Nullement. Le fait qu'une forme *gasti* soit devenue *gesti* ne s'inquiète pas plus du pluriel que le fait: *tragit, trägt*.

2°) Ont-ils le caractère de tendre à changer le système[?] Incontestablement, il y a ici un système, puis un autre. A-t-on voulu passer d'un système <de rapports> à l'autre[?] Non, l'altération ne porte pas sur le système mais sur des éléments du système. Jamais un système ne s'altère dans son entier. L'altération porte sur éléments du système pris sans égard avec leur solidarité vis-à-vis du système.

fôt / fôti
fôti
fêt

Le système ne peut pas être composé autrement que de *fôt/fôti* ou de *fôt/fêt*.

Ce n'est pas l'ensemble qu'on a voulu changer, mais un élément du système. Il n'est pas vrai qu'un système ait engendré l'autre <mais un élément du système a été changé, d'où un autre système>.

3°) Observation. Un tel tableau est instructif pour connaître ce qu'est un état. Nous voyons le caractère fortuit de chaque état.

C'est une idée fausse que nous nous faisons que la langue <se présente comme un mécanisme> créé en vue et selon les concepts à examiner, nous voyons comme quoi l'état n'avait nullement pour destination de marquer les significations dont il s'imprègne ou de les marquer selon la convention des termes qu'on utilise. Un état fortuit est donné et on s'en empare.

Etat = état fortuit des termes.

C'est là une notion que n'aurait jamais acquise la grammaire traditionnelle.

Rien ne sera philosophiquement plus important. Mais il faudra séparer soigneusement l'état des modifiants.

I shall offer a certain number of comments on this <which are directly relevant to the topic of the two perspectives>:

1) Was the purpose of the diachronic developments (the changes) to mark the plural differently [?] Did people want to change the expression of the plural? Not at all. The fact that a form *gasti* became *gesti* has nothing more to do with the plural than the fact [that] *tragit* [became] *trägt*.

2) Do they tend by their nature to change the system [?] Undoubtedly, we find first one system and then another. Was there any wish to change from one system <of relations> to the other [?] No, the change relates not to the system but to elements of the system. Never does a system alter in its entirety. The change affects elements of the system regardless of their interconnexions within the system.

<u>*fôt / fôti*</u>
fôti
fêt

The system cannot be anything other than *fôt/fôti* or else *fôt/fêt*.

It is not the whole that anyone wanted to change, but an element of the system. It is not true that one system gave birth to the other <but an element of the system was changed, whence another system>.

3) Comment. A table like this is instructive for grasping what a state is. We see the fortuitous character of each state.

It is a mistaken idea we have that the language <appears to be a mechanism> created with a view to and in accordance with the concepts to be examined; we see how the state was never destined to express the meanings it acquires or to mark them according to a convention governing the terms employed. A fortuitous state occurs and is taken over.

State = <u>fortuitous</u> state of terms.

This is a notion that traditional grammar would never have acquired.

Nothing is more important from a philosophical point of view. But the state must be carefully distinguished from what changes it.

Dans chaque état, l'esprit insuffle, vivifie une matière donnée, mais il n'en dispose pas librement.

4°) Est-ce que tout de même les faits qui appartiennent à la série diachronique sont de même nature, du même ordre que ceux que nous relevons dans la série synchronique?

<Toujours avec cet exemple.>

Les états se succèdent par des choses complètement indépendantes.

<Nous avons établi que tout se passe hors de toute intention. Mais est-ce que dans les systèmes il y a un ensemble de faits qui se rapprochent du fait de changement? Non.>

Le fait de synchronie est <toujours> un fait significatif, qui intéresse la signification. Il a pour condition qu'il y ait au moins deux termes en présence.

<Ce n'est pas *fêt* qui contient l'idée de pluriel.> C'est l'opposition *fôt* - *fêt* qui engendre l'idée de pluriel. <Il faut deux termes au minimum.>

Si l'on prend le fait diachronique, <juste l'inverse> la condition pour que *fêt* existe, c'est que *fôti* disparaisse. <Nous sommes entre termes successifs au lieu d'être entre des termes coexistants.>

Il faut pour que *fôti* ait une valeur pluriel, qu'il ait à côté de lui *fôt*. Cela exclut la possibilité de faits analogues.

Dans la perspective synchronique de la langue, il y aurait autant de systèmes parfaitement différents que d'époques, mais que je puis étudier dans la même science parce qu'ils roulent sur des rapports semblables (sur des rapports [diachroniques *(b.)*] synchroniques).

Dans tout acte synchronique, on se meut dans des rapports analogues.

Réciproquement les différents faits diachroniques qui établissent passage d'un état à un autre, bien que très différents <sur des points du globe différents> peuvent être appréciés dans la même science.

Vouloir réunir ces deux ordres dans la même perspective, c'est une tentative chimérique. Dans la perspective diachronique, séries de faits conditionnant les systèmes mais n'ayant aucun rapport avec les systèmes.

In each state, the mind breathes life into, animates the material given, but does not freely arrange it.

4) All the same, are the facts belonging to the diachronic series of the same nature or the same order as those we have noted in the synchronic series?

<Still with this example.>

One state follows another through things that are completely independent.

<I have shown that everything that happens is unintentional. But in the systems is there a set of facts which comes close to the fact of change? No.>

The synchronic fact is <always> a meaningful fact, one which involves meaning. It requires the co-presence of at least two terms.

<It is not *fêt* that contains the idea of plural.> It is the contrast *fôt* - *fêt* that gives rise to the idea of plural. <Two terms at least are necessary.>

If we take the diachronic fact, <just the opposite> the condition for the existence of *fêt* is that *fôti* should disappear. <We are dealing with terms succeeding one another instead of with terms coexisting.>

In order for *fôti* to have a plural value, there must be *fôt* beside it. That precludes any possibility of the facts being similar.

In the synchronic perspective of the language, there would be as many entirely different systems as periods, but they can be studied within the same science because they are based on similar relations (on [diachronic *(corr.)*] synchronic relations).

In every synchronic act, similar relations obtain.

Likewise the different diachronic facts which effect a transition from one state to the next, although very different <at different places in the world> can be handled within the same science.

Any hope of combining these two orders in the same perspective is chimerical. In the diachronic perspective, series of facts affecting systems but having no connexion with the systems.

<Encore quelques exemples.> Si nous prenons une langue slave, le tchèque, nous voyons qu'un mot qui a été *slovo*, instrumental *slovem*, n. plur. *slova*, gén. plur. ***slovŭ*** <(voyelle faible)>.

Aujourd'hui toutes les voyelles <faibles> ont disparu de la langue.

Nous avons aujourd'hui *slovo*, *slovem*, *slova*, gén. plur. *slov*.

De même la femme: ***žena*** <la femme>, <acc.> ***ženon***, n. plur. ***ženy***, gén. plur. ***žen***.

Le signe du génitif pluriel en hongrois a pour exposant zéro. <Pas besoin d'avoir toujours figure acoustique en regard d'une idée. Il suffit d'une opposition et on peut avoir *x* / zéro.>

Sur un terrain semblable, on voit mieux qu'un état de langue est un état fortuit. Ce fait n'a aucun rapport avec les valeurs que crée ce système.

La langue est comparable à une machine qui marcherait toujours, quelles que soient les détériorations qu'on lui ferait subir.

<u>Autre exemple</u>. En français: loi que l'accent est toujours sur la dernière syllabe, à moins qu'elle ne possède un *e* muet. <Fait synchronique: rapport entre ensemble de mot français et l'accent.>

D'où vient ce fait [?] Ou plutôt, en nous plaçant dans un état antérieur: l'état latin <plus compliqué>: l'accent est toujours sur la pénultième et l'antépénultième des mots selon que la pénultième est longue ou brève.

Cette loi évoque des rapports tout autres que la loi française. C'est le même accent qui n'a pas bougé dans un seul mot:

ánge	*metiér*
ángelus	*ministérium*

Cependant deux formules différentes à deux moments. Pourquoi? Comme tout le monde <le> sait, c'est parce que la forme des mots a changé. Tout ce qui était après l'accent a disparu ou s'est transformé en syllabe *e* muet. <(Les sujets parlants mettront instinctivement l'accent sur la dernière syllabe. Conscience d'un certain rapport.)>

<A few more examples.> If we take a Slavic language, Czech, we see a word which was *slovo*, instrumental *slovem*, nom. pl. *slova*, gen. pl. *slovŭ* <(weak vowel)>.

Today all the <weak> vowels have disappeared from the language.

Today we have *slovo*, *slovem*, *slova*, gen. pl. *slov*.

Similarly 'woman': *žena* <'woman'>, <accusative> *ženon*, nom. pl. *ženy*, gen. pl. *žen*.

The sign of the genitive plural in Hungarian is marked by zero. <No need always to have acoustic form corresponding to idea. A contrast is enough and *x* / zero will do.>

On this ground, it is easier to see that a language state is a fortuitous state. This fact has no connexion with the values that the system creates.

The language is like a machine which keeps going regardless of the damage inflicted on it.

<u>Another example</u>. In French: law that the stress is always on the last syllable, unless it contains a mute *e*. <Synchronic fact: relation between whole French word and stress.>

Where does this come from [?] Or rather, let us begin with an earlier state: the Latin state <more complicated>: the accent is always on the penultimate and the antepenultimate of words, depending on whether the penultimate is long or short.

This law gives rise to relations quite different from the French law. It is the same stress, which has not shifted in a single word:

ánge	*metiér*
ángelus	*ministérium*

However, two different formulas at two points in time. Why? As everyone knows, it is because the form of the words has changed. Everything that came after the stress has disappeared or become a syllabic mute *e*. <(The speakers will instinctively put the stress on the last syllable. Awareness of a certain relation.)>

La formule est complètement différente? <On n'a pas voulu changer la formule, puisqu'on n'a pas voulu changer l'accent.> A-t-on voulu changer le système d'accent? Non, pas la moindre volonté même inconsciente de changer l'accent.

Il s'est interposé un fait diachronique: io *mansión(e*
e *maison*

Il ne concerne pas l'accent mais les syllabes qui se conservent ou non.

On peut concevoir la loi de l'accent comme un ordre et tous les états <systèmes (G.D.?)> comme des ordres qui existent indépendamment de toute volonté de les créer. Et ainsi se vérifie aussi l'idée du caractère fortuit de chaque état.

[13 juin 1911]

Comparaison avec une partie d'échecs; il y a certains traits importants qui se trouvent et là et dans la langue, entre autres de courir comme la langue sur des valeurs conventionnelles, et valeurs <de positions> réciproques.

Le mot de *valeur* revient dans cette comparaison. <(Nous ne nous proposons que plus tard dans un prochain chapitre d'étudier la langue comme un système de valeurs.)>

Dans le jeu d'échecs, une position donnée est comparable à un état de langue par ces trois choses: 1°) On sent que la valeur des pièces <n'>est déterminée <que> par leur position réciproque dans un système comme

foot / *feet*
singulier / pluriel.

2°) On sent que le système d'où dépendent ces valeurs est tout le temps momentané. La valeur de chaque pièce dépend du système, et du système momentané. 3°) Qu'est-ce qui fait passer d'une position des pièces à l'autre, d'un système à l'autre, d'une synchronie à l'autre? C'est le déplacement d'une pièce, ce n'est pas un remue-ménage de toutes les pièces. Dans ce troisième fait, nous avons <I)> le fait diachronique dans toute sa portée et dans tout ce qui le fait autre des faits synchroniques qu'il conditionne. Chaque coup d'échecs ne s'attaque matériellement qu'à une pièce, de même le fait diachronique. En

Is the formula completely different? <There was no wish to change the formula because there was no wish to change the stress.> Did they want to change the stress system? No, not the least desire, even unconsciously, to change the stress.

A diachronic fact intervened: io *mansión(e*
e *maison*

It does not concern the stress, but whether syllables survive or not.

You can think of the stress law as an order and all states <systems (G.D.?)> as being orders that exist independently of any intention to create them. And so this too confirms the idea of the fortuitous character of each state.

[13 June 1911]

Comparison with a game of chess; there are certain important features to be found there and in languages, including being based, as a language is, on conventional values and correlative <positional> values.

The word *value* features in this comparison. <(I do not intend to consider the language as a system of values until a later chapter.)>

In the game of chess, a given position is comparable to a language state in these three respects: 1) You feel that the value of the pieces is determined <only> by their respective positions in a system like

foot / *feet*
singular / plural.

2) You feel that the system on which these values depend is always temporary. The value of each piece depends on the system, on the temporary system. 3) What brings about the transition from one position of the pieces to another, one system to another, one synchrony to another? It is moving one piece, not changing all the pieces round. In this third fact we have <I)> the diachronic fact with all its implications and everything that distinguishes it from the synchronic facts that it affects. Each chess move physically involves only one piece, like the diachronic fact. In the second place, <II)> in

second lieu, <II)> malgré cela le coup d'échecs n'est pas calculable pour l'effet produit sur le système. Le changement de valeur qui en découle pour chacune des pièces peut être nul suivant les cas ou bien révolutionner l'ensemble <même pour les pièces oubliées sur l'échiquier>.

3°) <III> Ce fait du déplacement quel qu'il soit est absolument autre de celui de l'équilibre a) antécédent et de l'équilibre b) subséquent.

Ce sont les états seuls qui sont importants comme dans la langue. <Le changement ne rentre dans aucun des deux états. Or on n'a jamais parlé qu'avec des états de langue.>

Il y a un point où la comparaison est en défaut, mais par contraste elle permet cependant montrer:

Dans le jeu d'échecs le joueur a l'intention en déplaçant une pièce de faire <le déplacement et d'opérer> une action sur le système. Quand la langue fait un coup (un changement diachronique), elle ne prémédite rien. C'est spontanément et fortuitement que les pièces d'échecs

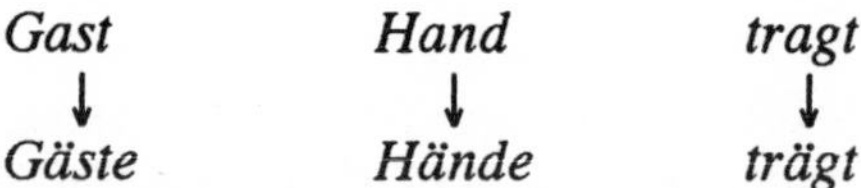

se trouvent en face les unes des autres. Les pièces d'échecs <*Gast*/*Gäste*> de signifier singulier et pluriel.

<Mais même quand intention préside,> le déplacement de valeur <les faits diachroniques (G.D.)> est irréductible en son essence à ce que sont les systèmes de valeurs (qui le conditionnent) <(qu'il conditionne)>.

La différence entre le fait évolutif et le fait statique entraîne que tous les termes secondaires, toutes les notions relatives à l'un et à l'autre présentent les irréductibilités les unes par rapport aux autres. Je ne mentionnerai que la notion de loi. Assurément, il est important de savoir s'il y a oui ou non des lois dans la langue. Or la notion même de loi ne peut s'aborder avec chances de succès que si l'on a préalablement séparé les sphères du diachronique et du synchronique. Il faudra dire: a) y a-t-il des lois diachroniques et quelle est leur nature[?]

b) y a-t-il des lois synchroniques et quelle est leur nature[?]

spite of that the effect of the chess move on the system is incalculable. The change in value which results for each of the pieces may, depending on the case, be none or change the entire situation <even affecting pieces overlooked on the board>.

3) <III> This shift, whatever it may be, is something quite other than the preceding equilibrium *A* or the following equilibrium *B*.

It is the states alone that are important, as in languages. <The change belongs to neither of the two states. Now, people have never spoken except with language states.>

There is one respect in which the comparison is defective, but the contrast is revealing:

In the game of chess the player intends by moving a piece to make <that move and bring about> an effect on the system. When a language makes a move (a diachronic change), nothing is premeditated. It is unintentionally and fortuitously that the chess pieces

Gast	*Hand*	*tragt*
↓	↓	↓
Gäste	*Hände*	*trägt*

find themselves facing one another. The chess pieces <*Gast*/*Gäste*> signifying singular and plural.

<But even if there were intention,> the shift in value <the diachronic facts (G.D.)> cannot in essence be reduced to the systems of value (that affect it) <(that are affected by it)>.

The difference between the evolutionary fact and the static fact entails that all the secondary terms, all the notions pertaining to each, are mutually irreducible. I will simply mention the notion of law. Certainly, it is important to know whether or not there are laws in the language. But the very notion of law cannot be approached with any chance of success unless you have first separated the diachronic and synchronic domains. One must ask: a) are there diachronic laws and what is their nature [?]

b) are there synchronic laws and what is their nature [?]

Sans cette distinction, on pourra se débattre contre un fantôme. C'est la seule façon de déterminer cette notion.

La confusion partout où on la permettra sera très grave pour la clarté des faits particuliers.

Examinons quelques lois.

1) *ca-* → en français *cha-*.
loi de changement de *k* en *ch* devant *a* français:
cattus, *cantus*, (*chat*, *chant*).

2) l'accent français est toujours sur la dernière syllabe des mots.

3) la langue grecque termine tous ses mots par voyelles ou bien par consonnes σ, ρ, ν <(exclut toute autre consonne à la fin des mots)>.

4) En grec, σ initial devient *h* (*ἑπτά* – *septem*).

5) En grec, *m* final → *n* (*ζυγόν* - *jugum*).

6) En grec, les consonnes occlusives finales (*t* ou *d*, <*p* ou *b*, *k*, *g*, etc.>) disparaissent: *γύναι(κ)*, *ἔφερε(τ)*, 3e plur. *ἔφερον(τ)*.

Dans cette liste, il y a des lois qui sont synchroniques et d'autres qui ne le sont pas. <Les unes sont selon axe synchronique, les autres axe diachronique.>

Et si l'on voulait extraire la notion de loi de ces exemples, on se heurterait à cet obstacle caché que les uns courent dans l'axe synchronique et les autres dans l'axe diachronique.

Il faut se demander entre quels termes ils courent <(pour savoir s'ils sont diachroniques ou synchroniques)>.

1) est diachronique *ka* (*ca*)
↓
ša (*cha*)

Ce qui était *ka* sera *cha*.

Without that distinction, you risk tilting at windmills. It is the only way to make the notion precise.

Wherever that confusion is allowed, the consequences as regards elucidating particular facts will be dire.

Let us examine a few laws.

1) *ca-* → *cha-* in French.
law of *k* changing to *ch* before *a* in French:
cattus, cantus (*chat, chant*).

2) French stress is always on the last syllable of words.

3) Greek has all its words ending either in vowels or in the consonants σ, ρ, ν <allowing no other consonant at the end of a word>.

4) In Greek, initial σ becomes *h* (*ἑπτά – septem*).

5) In Greek, final *m* →*n* (*ζυγόν – jugum*).

6) In Greek, final stops (*t* or *d* <*p* or *b*, *k*, *g*, etc.>) disappear: *γύναι(κ), ἔφερε(τ),* 3rd plural *ἔφερον(τ).*

In this list, there are laws which are synchronic and others which are not. <Some on synchronic axis, others on diachronic axis.>

And if you attempted to derive the notion of a law from these examples, you would run up against the hidden obstacle that some operate along the synchronic axis and others along the diachronic axis.

You must inquire which terms they govern <(in order to know whether they are diachronic or synchronic)>.

1) is diachronic *ka* (*ca*)
↓
ša (*cha*)

What was *ka* will become *cha.*

2) accent français - contrat entre les différentes tranches représentant les mots:

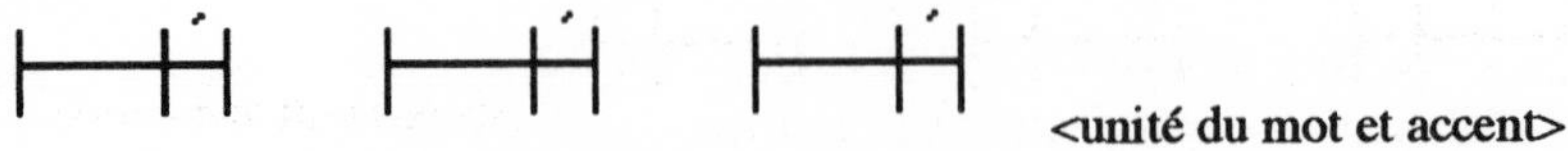

<unité du mot et accent>

La loi exprime un rapport entre deux termes coexistants. <(synchronique)>

La 3°) on ne peut trouver que les consonnes grecques σ, ρ, ν (<loi> synchronique) à la fin du mot. C'est une loi mère qui se passe entre termes contemporains. <Contrat entre les tranches de mots et fait de finir toujours par voyelle ou σ, ρ, ν.>

4) est une loi diachronique - on est entre termes successifs: ce qui était σ sera *h*.

5) ce qui était *m* sera ν:

↓ *ζυγόμ*
ζυγόν diachronique.

6) là <où> il y avait **γύναικ*, **ἔφερετ*
il y aura *γύναι*, *ἔφερε* diachronique.

Une loi synchronique est tellement différente de la diachronique que 3) exprime le résultat de 5) et 6).

Quand on était dans l'état *ζυγόμ*, *γύναικ*, *ἔφερετ*, la loi 3) ne valait pas.

Il a fallu deux lois diachroniques pour édifier la loi 3) (synchronique).

Une fois ces lois séparées, on peut voir si elles méritent le nom de loi, <étudier> quelle est leur nature. On verra que l'idée même de loi <n'est pas la même sur terrain diachronique et sur terrain synchronique>.

Sur le terrain diachronique, la loi est impérative ou dynamique. Elle fait disparaître une chose et en fait paraître une autre. Elle se traduit par un effet. Il y a une force en elle. <*septa* a dû disparaître.>

Une loi diachronique exprime une chose impérative qui s'exécute contre toute résistance.

2) French stress - contract between different segments representing words:

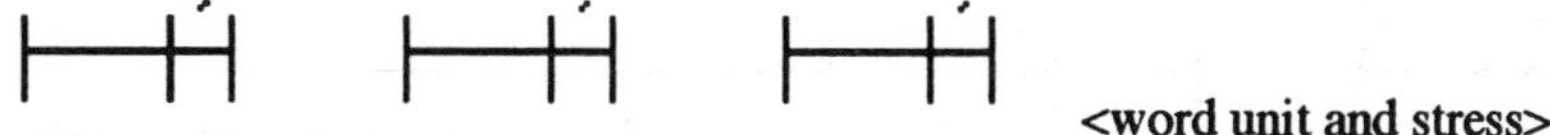

<word unit and stress>

The law expresses a relation between two coexisting terms. <(synchronic)>

3) Only the Greek consonants σ, ρ, ν (synchronic <law>) are found at the ends of words. It is an overriding law holding between contemporaneous terms. <Contract between word segments and final always ending in vowel or σ, ρ, ν.>

4) is a diachronic law - relating terms in succession: what was σ will become *h*.

5) what was *m* will become *ν*:

↓ ζυγόμ
ζυγόν diachronic.

6) where there was: *γύναικ, *ἔφερετ
there will be: γύναι, ἔφερε diachronic.

A synchronic law is so different from a diachronic law that 3) expresses the result of 5) and 6).

During the state which had ζυγόμ, γύναικ, ἔφερετ, law 3) was not valid.

It needed two diachronic laws to establish law 3) (synchronic).

Once these laws are distinguished, we can see whether they deserve to be called 'laws', <examine> their nature. We shall see that even the concept 'law' <is not the same in the diachronic domain as in the synchronic domain>.

In the diachronic domain, a law is imperative or dynamic. It abolishes one thing and introduces another. It makes itself felt by its effect. It has a force. <*septa* had to disappear.>

A diachronic law expresses an imperative which is carried out whatever the resistance.

Une loi synchronique exprime un ordre existant. C'est une loi de même genre que celle dont on dit: quelle est la loi dont a été planté arbres du jardin[?]

Cette loi constate un état de choses, réalisant un ordre. <Pas impérative, pas dynamique.>

L'accent français est sur la dernière syllabe. C'est un état de choses, qui contient limitation régulière, exprimant un ordre, donc nous pouvons lui donner le nom de loi. Cet ordre est précaire <par le fait qu'il n'est pas impératif>, il existe tant qu'on le laisse exister. <La loi ne défend pas état de choses contre un changement.>

Le jour où une autre loi qui ne s'est produite aurait supprimé quantités de voyelles en grec (s'est produit dans apocopes: *κατ', ἀπ'*), la loi n'existerait plus, elle est à la merci de toute loi diachronique qui la changera.

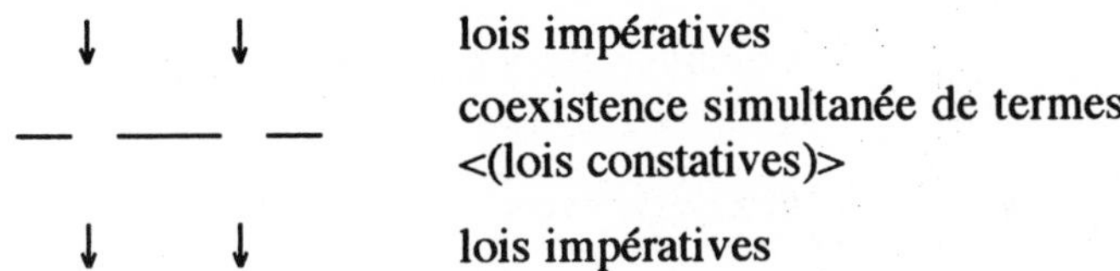

La même observation pourra se faire sur une série d'autres notions.

*[16 juin 1911]

Nous arrivons à cette dualité de l'objet qui figure au titre du chapitre. La linguistique se trouve devant son second carrefour. (Le premier carrefour: doit-on étudier la langue ou la parole?) Doit-on étudier les faits synchroniques de la langue ou les faits diachroniques[?] (En effet, ce sont deux disciplines). On ne peut mélanger les deux voies. C'est le lieu d'ajouter, puisque dans le premier carrefour il s'agissait du choix entre langue et parole, que tout ce qui est diachronique <dans la langue> naît par la parole. Le rudiment de tout changement dans la langue n'y arrive que par la parole. Toute espèce de changement est essayé par un certain nombre d'individus <(des ballons d'essai)>. Ils ne seront faits linguistiques que quand ils seront devenus acceptés par la collectivité. Tant qu'ils sont dans la parole, ils ne comptent pas (la parole étant individuelle). Quand le changement sera fait langue, nous l'étudions.

Mais les changements commencent toujours par des faits de parole.

A synchronic law expresses an existing order. It is a law of the same kind as when one asks: on what plan were trees planted in the garden[?]

This law captures a state of affairs, an arrangement. <Not imperative, not dynamic.>

French stress is on the last syllable. This is a state of affairs, implying regular limitation, expressing an arrangement, so we can call it a law. The arrangement is precarious <since it is not imperative>, it exists for as long as it is allowed to exist. <The law does not preserve state of affairs against a change.>

The day another law, which has not emerged, suppresses lots of vowels in Greek (as in cases of apocope: *κατ', ἀπ'*) the law would no longer hold; it is at the mercy of any diachronic law that would alter it.

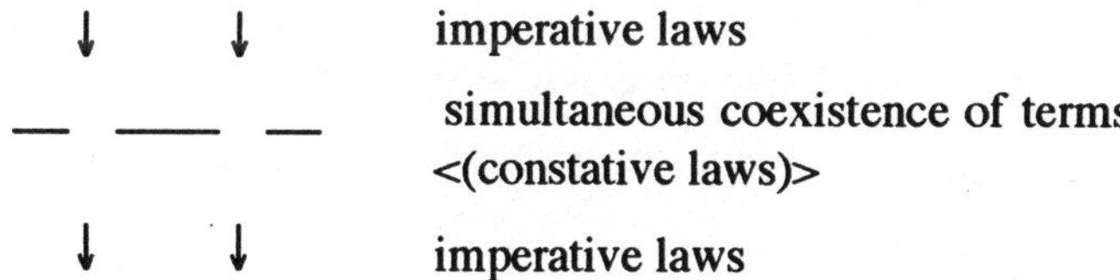

The same comment might be made concerning a number of other notions.

*[16 June 1911]

I now come to the duality of the object which features in the title of this chapter. Linguistics comes to its second crossroads. (The first crossroads: should we study the language or speech?) Should we study synchronic linguistic facts or diachronic facts[?] (In fact, these are two disciplines.) You cannot mix the two approaches. This is the place to add, since at the first crossroads there was a choice between the language and speech, that everything diachronic <in a language> is born in speech. The rudiments of any change in a language are brought in only through speech. Every kind of change is tried out by a certain number of individuals <(trial balloons)>. They will only become linguistic facts when they have come to be accepted by the collectivity. As long as they remain in speech, they do not count (speech being individual). When the change becomes linguistic, we study it.

But changes always begin with facts of speech.

119 Cahier IX

Quelle doit être la forme de la linguistique[?]

Toute évolution, tout fait évolutif dans la langue commence par un fait de parole. Il est entendu que ceci reste en dehors du fil des études relatives à la langue.

La cause des faits évolutifs de langue gît dans les faits de parole.

Dans les différentes sphères à distinguer on constate qu'il y a des faits homologues qui se répondent de l'une à l'autre. Mais il ne faut pas pour cela confondre les sphères elles-mêmes. Mais au même moment, on verra que les faits de parole où l'on essaie une innovation sont toujours individuels. Pourquoi arrive-t-on en allemand à dire: *ich war - wir waren* au lieu de *ich was - wir waren* (<comme en> anglais *I was: we were*)[?]

Parce que quelques individus ont commencé à dire *ich war* <par analogie>. Ce ne fut qu'un fait de parole et pas un fait de langue tant qu'il n'y eut que quelques individus qui le firent.

Ainsi la confusion suivante n'est pas à craindre. <(Nous ne rentrons pas dans la sphère parole que nous avons écartée.)>

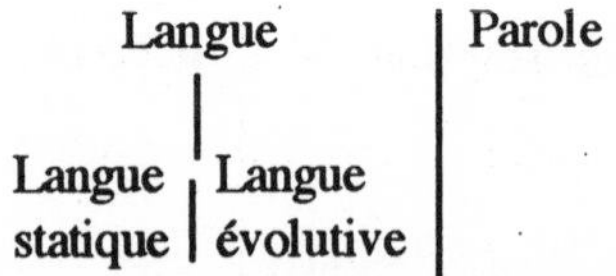

Par suite de ce dernier embranchement devant lequel nous sommes, quelle sera la forme que prendra rationnellement la linguistique? La forme sous laquelle une science s'offre théoriquement, rationnellement, idéalement est indépendante de la manière dont on peut être forcé de la pratiquer. Si ce n'était pas vrai, nous aurions à peine le droit de parler d'une science linguistique, vu que la plupart des linguistes font en même temps de la philologie (la philologie n'a rien à faire en soi avec la linguistique). L'on s'occupera des textes littéraires du slave aussi bien que de langue slave. Cela n'empêche pas l'objet <linguistique> de rester séparé de la matière littéraire et l'étude linguistique d'être séparée en principe de l'étude philologique.

De même si l'on reprend à son tour la linguistique pure pour en reconnaître les divisions internes, il sera bien difficile de dire comment elle s'embranche et subdivise théoriquement et d'imposer ce cadre à

What form should linguistics take [?]

Every evolution, every evolutionary fact in a language begins with a fact of speech. It goes without saying that this remains outside the mainstream of studies bearing on the language.

The cause of evolutionary linguistic facts lies in facts of speech.

In the various domains to be distinguished it may be observed that there are mutually corresponding facts. But we must not on that account conflate the domains themselves. But at the same time, it will be seen that the facts of speech where an innovation is tried out are always individual. Why in German did people come to say *ich war - wir waren* instead of *ich was - wir waren* (<as in> English *I was: we were*) [?]

Because a few individuals began to say *ich war* <by analogy>. It was only a fact of speech and not a fact of the language as long as there were only a few individuals who did it.

So the following confusion is not to be feared. <(We are not going back into the domain of speech that we have set on one side.)>

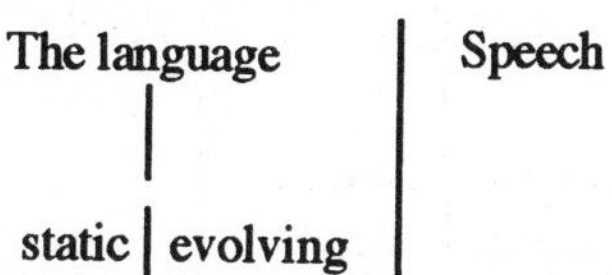

As a result of this last bifurcation we have come to, what will be the form that, from a rational point of view, linguistics should take? The form in which a science is presented theoretically, rationally, ideally is independent of the manner in which, in practice, you may be forced to pursue it. If this were not true, we would scarcely have the right to speak of linguistic science, seeing that the majority of linguists do philology at the same time (philology as such having nothing to do with linguistics). They will deal with Slavic literary texts as well as with the Slavic language. That does not stop the <linguistic> object remaining separate from the literary material and linguistic study from being separated in principle from philological study.

Similarly, if in turn we go back to pure linguistics in order to investigate its internal divisions, it will be very difficult to say how it divides and subdivides theoretically and to impose this framework on

toutes les recherches. Malgré ce que les lignes de ce cadre ont d'absolu, il serait difficile d'observer absolument les frontières qu'on aura dressées théoriquement. Aussi il faut entendre le plan théorique que l'on veut dresser. Ce sont les divisions qui devraient exister plutôt que celles qu'on peut au courant de la plume observer. Si l'on prend les faits synchroniques du français du XIIe s. par exemple, cela représente un ensemble qui est de nature dissemblable à ce que contient l'histoire du français du 13e au 20e s., la marche de la langue du 13e au 20e s. Ce qui est de nature toute semblable à ce que contient un tableau du japonais actuel, ou d'une langue bantoue de l'Afrique actuelle, ou le tableau du grec attique en 400 ou le tableau du français au 20e s. Or dans ces différents tableaux, ce seront autant de rapports similaires qui sont objet de l'exposé et d'études. Les faits seront du même ordre.

D'un autre côté, si l'on prend la somme de faits évolutifs, d'altérations diachroniques qui marquent une période comme celle du français du 13e s. et le français du 20e s., d'autre part la somme des faits évolutifs relevés dans autre période, par exemple dans le malais, ces différentes périodes offriront une somme de faits similaires de période en période. Et aussi leur réunion serait naturelle; il serait <naturel> que le même savant s'occupât de ces différentes diachronies. Mais en fait il est clair que la répartition du travail scientifique ne se fera pas ainsi. Difficulté de connaître dans une carrière différentes langues à fond <pour faire ce départ>.

Autre chose très importante: <Une fois ces distinctions théoriques établies> on peut généraliser dans chacune des deux directions d'études indiquées, par le fait qu'en étudiant série d'états <je me trouve devant des états d'une ou de périodes similaires, je pourrai généraliser les faits dans chacune de ces sphères par le fait que ces sphères représentent chacune un tout similaire>, et l'on pourra instituer une science coordonnant et classant phénomènes observables dans états de langue.

Rien n'empêche de généraliser les faits d'altération surpris dans domaines différents.

Très en gros, l'opposition entre les deux sera celle-ci: La linguistique statique s'occupera de rapports logiques et psychologiques <entre termes> coexistants <tels qu'ils sont> aperçus par la même conscience collective (dont du reste une conscience individuelle peut donner l'image - chacun de nous a en soi la langue) et formant un système.

all research. Although the lines of this framework may be unequivocal, it would be difficult to respect rigorously the boundaries drawn up in theory. This is how any theoretical scheme must be interpreted. The divisions are those that should exist rather than those currently observable. If you take the synchronic facts of French of the XIIc., for example, that represents a set which is quite different in nature from what is included in the history of French from the 13c. to the 20c., the progress of the language from the 13c. to the 20c. But is quite similar in nature to the contents of a sketch of present-day Japanese, or of a Bantu language of present-day Africa, or a sketch of Attic Greek in 400, or a sketch of French in the 20c. Now in these various sketches there will be a number of similar relations, which are the object of description and study. The facts will belong to the same order.

On the other hand, if you take the sum total of evolutionary facts, of diachronic changes which characterize a period like the 13c. to the 20c. in French, and compare it with the sum total of evolutionary facts noted in another period, for example in Malay, these different periods will show a total of similar facts as between the two periods. And so bringing them together would be natural; it would be <natural> that the same scholar should deal with these different diachronies. But in fact it is clear that the distribution of scientific work will not go like that. Difficulty in a single career of acquiring a thorough knowledge of different languages <to implement this division>.

Another very important point: <Once these theoretical distinctions are established> it is possible to generalize in each of the two directions of study indicated, given that in studying series of states <I am dealing with states of one or more similar periods, and I can generalize from the facts in each of these domains because these domains each represent a similar whole>, and it will be possible to set up a science coordinating and classifying phenomena observable in language states.

Nothing prevents our generalizing from facts of change observed in different domains.

Very roughly, the contrast between the two will be the following: Static linguistics will be concerned with coexisting logical and psychological relations <between terms> <as they are> perceived by the same collective consciousness (of which moreover the consciousness of any individual may give a picture - each of us has the language inside us) and forming a system.

Maintenant la linguistique évolutive s'occupera de rapports entre termes successifs, se remplaçant les uns les autres, non soumis à une même conscience et ne formant pas entre eux de système.

Dans les faits évolutifs, il ne s'agit pas uniquement de faits phonétiques.

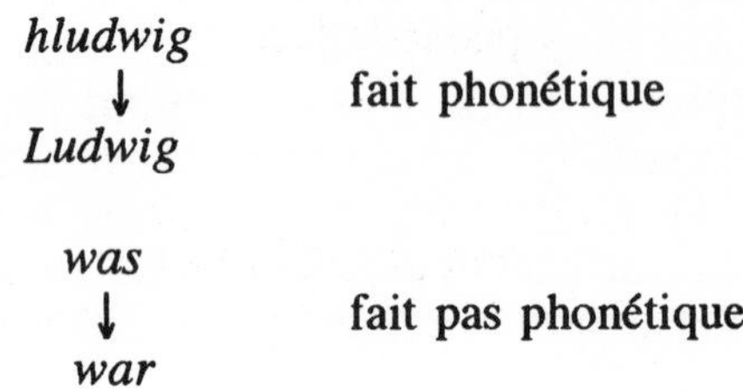

*[20 juin 1911]

Il faut ajouter à ce chapitre une ou deux observations.

1°) Nous n'avons presque pas parlé des pièges que tend continuellement le fait synchronique dans sa ressemblance et aussi parfois dans sa dissemblance avec le fait diachronique. On pourrait appeler ça le mirage qui s'établit du fait évolutif au fait synchronique et tendant à les faire confondre. On peut distinguer deux sortes de mirages contraires l'un de l'autre. 1°) La vérité synchronique se présente comme la négation de la vérité diachronique. Alors, si on ne prend garde, on s'imagine qu'il faut choisir et on ne voit qu'une des deux vérités alors que l'une n'exclut pas l'autre.

Par exemple: On nous dit en français <(dans grammaire traditionnelle)> que le participe est variable, s'accorde comme un adjectif dans cas déterminés: *des ruisseaux débordants*, *une charité agissante*, tantôt est invariable <dans cas déterminés>, ainsi dans l'union avec *en*: *en agissant*, *une charité agissant de la sorte.*

Il se trouve que dans un de ces cas nous sommes en face de la continuation du latin *dicentem* <etc.> <(variable)>, et dans l'autre cas dans la continuation de *in dicendo* <(invariable)>. La chose est assez complexe. Alors interviennent ceux qui ont fait l'histoire de la langue, ceux qui s'occupent de linguistique historique, et ils trouvent que c'est une absurdité de dire cela.

Au premier abord, il semble que la loi synchronique est absurde vis-à-vis du fait évolutif. Et on ne voit plus que le fait évolutif.

While evolutionary linguistics will be concerned with relations between successive terms, which replace one another, not subjected to a single consciousness and not forming any system among themselves.

In evolutionary facts, it is not a question solely of phonetic facts.

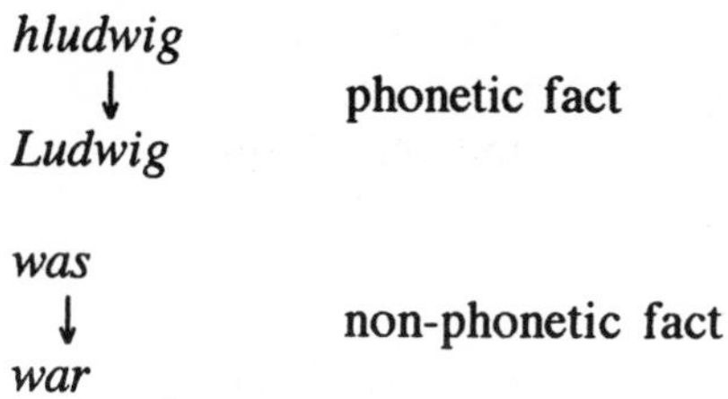

*[20 June 1911]

One or two <u>remarks</u> to add to this chapter.

1) I have said hardly anything about the pitfalls that arise from the similarity and sometimes also the dissimilarity between synchronic and diachronic facts. It might be called the mirage that is projected by the evolutionary fact on to the synchronic fact and blurs the difference between them. You can distinguish two kinds of mirage, one the opposite of the other. 1) The synchronic truth appears to negate the diachronic truth. Then, if you are not careful, it seems that you have to choose, and you see only one of the two truths, whereas they are not mutually exclusive.

For example, we are told <(in traditional grammar)> that in French the participle is variable and agrees like an adjective in specific cases - *des ruisseaux débordants, une charité agissante* - but is sometimes invariable <in specific cases>, as when combined with *en*: *en agissant, une charité agissant de la sorte.*

It turns out that in one of these cases we are dealing with the continuation of Latin *dicentem* <etc.> <(variable)>, and in the other case with the continuation of *in dicendo*, <(invariable)>. Quite a complex thing. Then along come those who have studied the history of the language, those who deal with historical linguistics, and they claim that it is absurd to say that.

At first sight, it seems that the synchronic law is absurd in view of the evolutionary fact. And then you see nothing but the evolutionary fact.

<Le vrai point de vue (point de vue complet)>: Ce fait évolutif est parfaitement vrai, mais la vérité synchronique par laquelle dans le sentiment actuel il n'y a qu'un «disant», cette vérité-là n'est pas moins absolue que l'autre.

Voici le cas contraire aboutissant à <un mirage>: la vérité synchronique concorde tellement avec la vérité diachronique qu'on les confond, ou bien on n'en aperçoit qu'une seule, ou on croit qu'il n'est pas besoin de dédoubler un pareil fait.

Exemple: *ǎ* <bref latin, s'il n'est pas initial, est converti en *i* >

fǎcio *confĭcio*

ǎmicus *inĭmicus* <etc.>

On dira l'*a* de *facio* devient *i* dans *conficio*. Ici intervient la distinction à faire: non jamais l'*a* de *facio* n'est devenu l'*i* de *conficio*. Ce n'est pas dans *facio* que s'est opéré le changement. Il faut quatre termes:

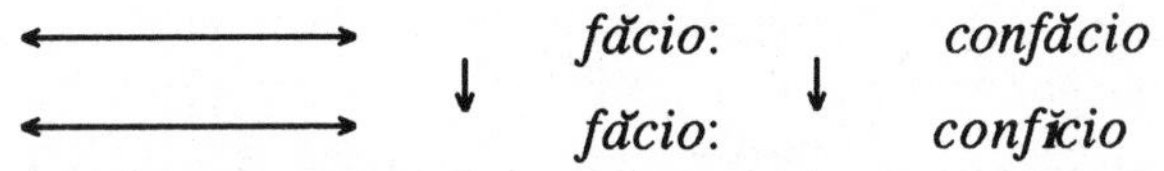

On sera tenté de dire: c'est une querelle byzantine. Cela revient au même, c'est le même fait. Les vérités synchroniques et diachroniques sont <concordantes>.

<Autre exemple.> γ de φυγεῖν est le κ de φυκτός:

φυγεῖν : φυκτός
λέχος : λέκτρον

Le fait diachronique est autre:

φυγτός ↓
φυκτός

<Beaucoup d'exemples montrent conséquence de cette négligence.>

<Autre exemple> Si l'on prend τρίχες : θρικ-σί. La formule synchronique: l'aspiration saute au commencement du mot si elle est empêchée de se manifester à l'endroit où elle se trouvait. <Mais> à l'origine le rapport est θρίχες : θρικσί. La formule est complètement fausse. Il n'y a pas eu de saut de l'aspiration. Deux aspirées consécutives font que la première est supprimée.

<The true point of view (complete point of view)>: This evolutionary fact is perfectly true, but the synchronic truth according to which it is nowadays felt that there is only one *disant*, this truth is no less incontrovertible than the other.

Here is a case of the opposite resulting in <a mirage>: the synchronic truth agrees so much with the diachronic truth that the two are confused, or only one is noticed, or you think that there is no need to split a fact of this kind in two.

Example: ă<when short in Latin, if it is not initial, is changed to *i* >

făcio *confĭcio*

ămicus *inĭmicus* <etc.>

It will be said that the *a* of *facio* becomes *i* in *conficio*. This is the distinction that should be made: no, the *a* of facio never became the *i* of *conficio*. It was not in *facio* that the change was made. We need four terms:

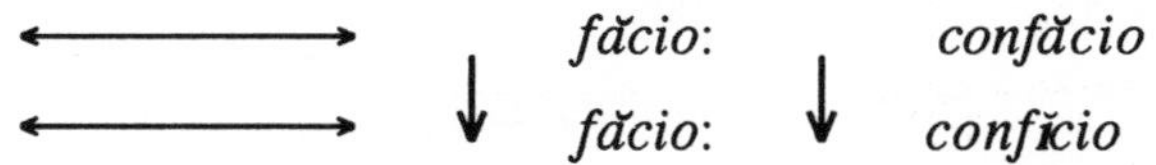

There will be a temptation to say: what a bizarre quibble. It comes to the same, it is the same fact. The synchronic and diachronic truths are <in agreement>.

<Another example.> The γ of *φυγεῖν* is the κ of *φυκτός*:

φυγεῖν : *φυκτός*
λέχος : *λέκτρον*

The diachronic fact is different:

φυγτός ↓
φυκτός

<Many examples show consequence of this oversight.>

<Another example.> Take *τρίχες* : *θρικ-σί*. The synchronic formula: aspiration skips to the beginning of a word if it is prevented from occurring at the place where it was. <But> originally the relation is *θρίχες* : *θρικσί*. The formula is completely wrong. There was no skipping of aspiration. Two consecutive aspirates bring about the suppression of the first.

Ainsi on voit la faute énorme commise lorsqu'on a cru qu'on pouvait confondre les deux vérités.

Exemple sanscrit: *ć : k*

Le *ć* devient *k* dans telles conditions.

vaćas : vaktum

vaćam : *vâk*

Tous les *ć* à l'origine étaient des *k*.

**vakas : vaktum*

↓

vaćas : vaktum

Dans une deuxième observation permettant de faire voir la dépendance et l'indépendance du fait synchronique par rapport au fait diachronique, c'est d'appeler le fait synchronique une projection de l'autre, de le comparer à <ce qu'est> une projection sur un plan par rapport au corps lui-même qui est projeté.

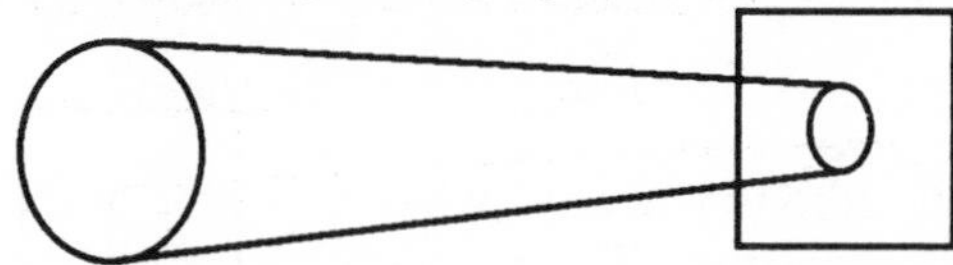

Naturellement, la projection n'est pas indépendante de l'objet et au contraire elle en dépend directement. Mais en regard de cela:

1°) c'est une autre chose,

2°) c'est une chose existant en soi à côté de l'autre.

Si elle n'était pas autre chose, il n'y aurait pas toute une partie des mathématiques et de l'optique servant à considérer comment la projection se fait sur le plan. <Il suffirait de considérer le corps.> La réalité historique, c'est le corps, et la réalité dans un état linguistique par rapport à la première, c'est la projection. Ce n'est pas en étudiant les corps = réalité diachronique qu'on connaîtra les projections = réalité synchronique = aspect de la réalité diachronique projeté sur un plan déterminé.

Pas plus qu'on ne possède notions de projection pour étudier corps (dodécaèdres).

So you can see the enormous mistake made by supposing that the two truths can be conflated.

Sanskrit example: *ć* : *k*.

The *ć* becomes *k* under certain conditions.

vaćas : vaktum

vaćam : vâk

All the *ć*'s were originally *k*'s.

**vakas : vaktum*

↓

vaćas : vaktum

<u>Second remark</u> to elucidate the dependence and independence of the synchronic fact in relation to the diachronic fact: we can call the synchronic fact a projection of the other, compare it to a projection on a surface in relation to the actual body that is projected.

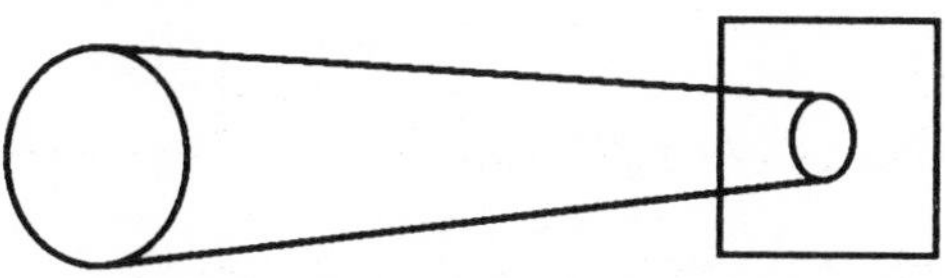

Naturally, the projection is not independent of the object, on the contrary it is directly dependent. But then again:

1) it is something else,
2) it is something existing in its own right along with the other thing.

If it were not something else, there would not be a whole part of mathematics and optics concerned with examining how the projection is made on to the plane. <Considering the body would suffice.> Historical reality is the body, and the reality of a linguistic state in relation to it is the projection. It is not by studying bodies = diachronic reality that you will become acquainted with projections = synchronic reality = aspect of diachronic reality projected on to a given plane.

Any more than you grasp notions of projection by studying bodies (dodecahedra).

On peut tenir pour juste de dire en parlant d'un état de la langue la *projection*: par exemple, la projection française du 20e s. ne conçoit plus le rapport entre:

forge et *fèvre* (*orfèvre*).

Quand même le corps des réalités diachroniques ne sépare pas *faber* de *fabrica*.

Ou bien, inversement, la projection française <du 20e s.> conçoit un rapport entre *un mur décrépit* et *un vieillard décrépit*, alors que la réalité historique qu'on peut suivre n'en comportait aucun.

Ici nous pouvons ajouter autre comparaison encore plus simple. Si l'on sectionne <horizontalement> certains végétaux, on aura devant soi dessin plus ou moins compliqué.

Section horizontale

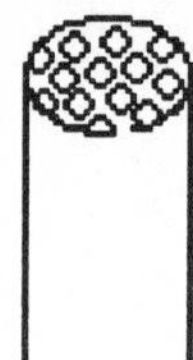

Section verticale

Ce dessin n'est autre chose qu'une certaine perspective, une certaine vue que l'on prend des fibres verticales que laissera voir une autre section, la section verticale. L'une dépend de l'autre.

La section horizontale est déterminée par ce qu'il y a dans le sens vertical, mais cette vue est un fait indépendant de celui que j'ai par le développement vertical <par le fait déjà que section horizontale crée une unité des rapports entre ce qui est à gauche et à droite>. Quand il n'y aurait que ce[ux-]ci, entre ce[ux-]ci une unité. <Les deux choses sont indépendantes.>

On peut appeler ces sections: section synchronique et section diachronique.

Laquelle est la plus importante, laquelle peut passer pour avoir la primauté[?]

Retransportant l'image dans la linguistique, c'est la tranche horizontale qui a la primauté, <(parce qu'on parle dans tranche [verticale *(b.)*] horizontale)>.

Applying the term *projection* to a language state is arguably accurate: for example, the 20th-century projection of French recognizes no connexion between:

forge and *fèvre* (*orfèvre*).

Although the body of diachronic realities does not separate *faber* from *fabrica.*

Or, the other way round, the <20th-century> projection of French recognizes a connexion between *un mur décrépit* and *un viellard décrépit*, whereas the historical reality we can trace recognizes none.

I will add to this another comparison, even simpler. If we take a <horizontal> section of certain plants, we discover a more or less complex pattern.

Horizontal section

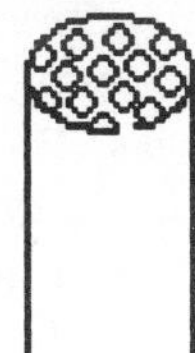

Vertical section

This pattern is nothing other than a certain perspective, a certain view of the vertical fibres to be seen by taking another section, the vertical section. The two are interdependent.

The horizontal section is determined by what there is in the vertical direction, but this view is a fact which is independent of the one given by the vertical development <through the fact that horizontal section already creates unity of relations between what is on the left and what is on the right>. These [relations] alone, apart from anything else, confer unity. <The two things are independent.>

These sections may be called: synchronic section and diachronic section.

Which is the more important, which may be considered as taking priority[?]

Carrying the image over into linguistics, it is the horizontal slice which takes priority <(because one speaks in the [vertical *(corr.)*] horizontal slice)>.

Autant de tranches horizontales, autant d'états qui servent à parler. La section verticale ne sera considérée que par le linguiste.

Troisième observation. Toujours en empruntant le langage de l'optique, il est juste de parler de deux perspectives fondamentales (car on peut distinguer des sous-perspectives) comme exprimant ce qu'il y a dans un état ou ce qu'il y a dans une diachronie. Il est important de remarquer que la perspective statique concerne à la fois les sujets parlants et le linguiste; la perspective des objets statiques concerne soit la masse parlante, soit la grammaire. Pour la masse parlante, la perspective où se présente les termes, c'est la réalité. Ce n'est pas un fantôme, une ombre. D'un autre côté, le linguiste doit, s'il veut comprendre un état de langue, se mettre lui-même dans cette perspective et abandonner la perspective diachronique ou historique qui sera pour lui une gêne, un empêchement. La perspective verticale ou diachronique ne concerne que le linguiste.

D'un autre côté, les différentes opérations du linguiste peuvent prendre le nom de perspective. Dans la perspective diachronique, on pourra distinguer la perspective allant de bas en haut et de haut en bas. Pour les mêmes raisons, le mot de *plan* n'est pas non plus à rejeter. Il y a des choses qui sont dans le plan diachronique et dans le plan synchronique à se figurer comme perpendiculaires l'un à l'autre.

Arrivés à la bifurcation <linguistique statique et linguistique dynamique>, nous choisissons de poursuivre la linguistique statique.

[23 juin 1911]

La linguistique statique.

Beaucoup de choses que l'on fait entrer dans la linguistique en général appartiennent plus précisément à la linguistique statique.

Sans doute, il y a certains principes généraux dont on peut se demander s'il faut les mentionner avant ou après l'embranchement. De là le décousu du cours: l'embranchement a été introduit plus haut que cela n'avait été projeté. La linguistique statique peut réclamer bien des choses qu'on range dans linguistique générale.

Elle prendra ce qu'il y a de commun entre tous les états de langue observables.

Every horizontal slice is a state which is used for speech. The vertical section will be considered only by the linguist.

Third remark. Still borrowing from the language of optics, it is accurate to speak of two basic perspectives (for sub-perspectives can be distinguished) as expressing what there is in a state or what there is in a diachrony. It is important to note that the static perspective is of interest both to the speakers and to the linguist; the perspective of static objects is relevant on the one hand to the body of speakers, on the other hand to grammar. For the body of speakers, the perspective in which the terms appear is reality. It is not a ghost, a shadow. Whereas the linguist, if he wishes to understand a language state, must adopt this perspective and abandon the diachronic or historical perspective which will impede and hamper him. The vertical or diachronic perspective concerns the linguist only.

Again, the various operations performed by the linguist may be called a perspective. In the diachronic perspective, we may distinguish the bottom-up and the top-down perspective. For the same reasons, the word *plane* is not to be rejected either. There are things that are in the diachronic plane and in the synchronic plane, that can be pictured as perpendicular to each other.

On reaching the bifurcation <static linguistics and dynamic linguistics>, I choose to pursue static linguistics.

[23 June 1911]

Static linguistics.

Many things that are included under linguistics in general belong more exactly to static linguistics.

Doubtless it is debatable whether certain general principles should be introduced before or after the bifurcation. Hence the rambling character of this course of lectures: the bifurcation was introduced sooner than anticipated. Static linguistics can lay claim to many things that are included under general linguistics.

It will claim what there is in common between all the language states we can observe.

C'est à cette généralisation qu'appartient même ce que l'on a appelé «la grammaire générale», qui comprendra notamment les points où la linguistique touche de près à la logique. Les catégories comme le substantif, le verbe, voilà qui peut être réclamé finalement par la linguistique statique, car c'est seulement au moyen d'états de langue que s'établissent les rapports et les différences telles qu'on trouve dans grammaire générale.

Que l'on prenne les généralisations ou les états particuliers, il est certain que les objets sont tout à fait différents dans les deux disciplines (linguistique évolutive et linguistique statique). Ils ne sont pas comparables quant à leur nature. Il est beaucoup plus facile de faire de la linguistique historique que de faire de la linguistique statique. Les objets sont beaucoup plus saisissables. Les rapports entre termes successifs, la série des transformations n'est pas sujet ardu.

La linguistique statique a uniquement à se mouvoir entre des rapports et des valeurs. Il faut apporter volonté persévérante pour s'occuper de linguistique statique, alors que linguistique évolutive est beaucoup plus attrayante.

Remarques préliminaires <(concernant toute la linguistique statique)>.

Il y a une part de convention indéniable à accepter en parlant d'un état. Les limites de ce que nous appelons un état seront forcément imprécises. Ces difficultés qu'on pourrait comparer à ceci: un point n'a aucune dimension - une ligne composée de points en a une. Ou: un plan n'a qu'une seule dimension, par conséquent un volume ne devrait pas pouvoir se composer de plans.

Ce qui revient à une convention nécessaire. Il y a quelque chose de semblable quand nous parlons d'un état de la langue. Il y a des espaces de temps où la somme des modifications survenues est presque nulle, alors que d'autres espaces de temps moins considérables se trouvent d'ailleurs le théâtre d'une somme de modifications très importantes.

<Nous ne disons donc pas qu'un état est 10 ans ou 50 ans ou en général pas de limites de ce genre.> Nous appelons un état tout l'espace pendant lequel aucune modification grave n'a changé la physionomie de la langue. Quelque chose d'un peu semblable dans l'histoire des événements: en principe époque (point du temps) est à distinguer de période (espace de temps). Espace [sic] et période sont opposés et cependant on se permet de parler de l'époque des Antonins,

To this general section belongs even what has been called 'general grammar', which will include, in particular, points on which linguistics comes very close to logic. Categories like the substantive, the verb, these can ultimately be claimed by static linguistics, for it is only through language states that relations and differences found in general grammar are established.

Whether we take generalizations or particular states, it is certain that the objects are quite different in the two disciplines (evolutionary linguistics and static linguistics). They are not comparable in nature. It is much easier to do historical linguistics than to do static linguistics. The objects can be grasped much more easily. The relations between successive terms, the series of transformations is not a difficult subject.

Static linguistics can only deal with relations and values. You have to have perseverance to do static linguistics, whereas evolutionary linguistics is much more attractive.

Preliminary remarks <(concerning all static linguistics)>.

There is undoubtedly a measure of convention that one has to accept in speaking of a state. The limits of what I call a state will necessarily be imprecise. We might compare these difficulties to the following case: a point has no dimensions - a line made up of points does. Or: a plane has only one dimension, therefore a volume ought not to be able to consist of planes.

Which comes down to a necessary convention. There is something similar when we speak of a language state. There are periods of time when the sum total of changes taking place is virtually nil, whereas shorter periods see very important changes going on.

<So I am not saying that a state is 10 years or 50 years, or placing any limits of that kind on it in general.> What I call a state is any period in which no significant change has altered the physiognomy of the language. Rather as in the history of events: in principle, an epoch (point in time) is to be distinguished from a period (space in time). Space [sic] and period stand opposed, and yet it is legitimate to speak of the Antonine epoch or the Crusading epoch (in the sense of

de l'époque des Croisades (dans le sens de périodes: grand espace de temps). On se permet d'employer le mot opposé comme synonyme parce que l'ensemble des caractères n'a pas changé <pendant ce temps>.

Toutefois et à ce point de vue-là on pourrait employer le mot d'*époques* de langue au lieu d'*état*. Mais le mot *état* vaut mieux. Dans l'histoire politique en général une époque est bornée dans son commencement et sa fin plus ou moins par une révolution, intention de changer les choses. Avec le mot *état* nous ne laissons pas percer une idée accessoire de ce genre. Les états peuvent se changer par changements tout à fait fortuits. *Epoque* lie trop la langue à choses externes à la langue.

Pour la rigueur il vaudrait mieux définir un état autrement que par l'absence de changements importants, mais nous ne le pouvons pas. Nous faisons comme les mathématiciens avec leurs plans, ils négligent aussi changements infinitésimaux. C'est la part de convention nécessaire: pour la démonstration des choses on est obligé de les simplifier.

Il va sans dire qu'un état est limité géographiquement. Sans cela on pourrait dire qu'au même moment quelque chose qui est vrai n'est pas vrai parce qu'on aura pris un dialecte plutôt qu'un autre d'une langue.

[Un second point où il y a part de convention incontestable à consentir depuis le commencement. (*b*.)] (supprimé.)

[27 juin 1911]

La première question <(qu'on ait à se poser)> dans la linguistique statique, c'est bien celle des entités ou des unités à reconnaître, mais ce n'est pas la question qui permet d'entrer <le plus facilement> dans ce qui constitue la langue.

On peut admettre provisoirement que ces unités nous sont données. On peut parler des mots de la langue comme si c'étaient des touts séparés en eux-mêmes, c'est-à-dire en s'appuyant sur le fait empirique par lequel les grammairiens et ceux qui ont écrit leur langue ont su distinguer des mots. Prenons donc sans les scruter les unités que nous avons dans les mots.

periods: large space in time). It is legitimate to use the antonym as a synonym because the set of features has not changed <during that time>.

Even so, from that point of view the expression language *epoch* would be possible instead of *state*. But the word *state* is better. In political history in general an epoch is more or less delimited at its beginning and end by a revolution, intention to change things. With the word *state*, we allow in no subsidiary idea of that kind. States can be changed by quite fortuitous events. *Epoch* ties the language too closely to things that are external to it.

Strictly, it would be better to define a state otherwise than by the absence of important changes, but that cannot be done. We proceed as mathematicians do with planes: they too ignore infinitesimal changes. This is where necessary convention comes in: in order to demonstrate things you are obliged to simplify them.

It need hardly be said that a state has geographical limits. Otherwise you would be able to say that something is true and not true at the same time because you were considering one dialect of the language rather than another.

[A second point where convention undeniably comes in to be agreed from the start. *(corr.)*] (omit)

[27 June 1911]

The first question <to be asked> in static linguistics concerns the entities or units to be recognized, but this is not the question that leads <most easily> into how the language is constituted.

Provisionally, we can take it that these units are given. We can speak of the words of the language as if these were entities self-evidently delimited, in other words, trading on the empirical fact that grammarians and those who have written their language have been able to distinguish words. So let us take words as units without subjecting them to scrutiny.

Prenons d'abord les mots comme termes d'un système, et il y a nécéssité de les envisager comme les termes d'un système. Tout mot de la langue se trouve avoir affaire à d'autres mots, ou plutôt il n'existe que par rapport aux autres mots, et en vertu de ce qu'il a autour de lui. C'est ce qui ne peut manquer de devenir toujours plus clair, quand on se demande en quoi consiste la valeur d'un mot, quoique au premier moment une illusion nous fait croire qu'un mot peut exister isolément. La valeur d'un mot ne vaut à tout moment que par rapport aux autres unités semblables. Le rapport <et la différence> des mots entre eux se déroule suivant deux ordres, dans deux sphères tout à fait distinctes: chacune de ces sphères sera génératrice d'un certain ordre de valeur et l'opposition <même> qu'il y a entre les deux rend plus claire chacune d'elles. Il s'agit de deux sphères ou de deux façons de coordonner les mots avec d'autres.

[*Commencement de Cahier X*]

Il y a 1°) la coordination syntagmatique et la sphère de rapports syntagmatiques.

Exemple: *contre tous*: ici il y a un rapport qui lie d'une certaine façon *contre* avec *tous*. On peut l'exprimer ainsi:

contre tous

Contremarche donne lieu à une observation semblable: ici il y a deux rapports à distinguer:

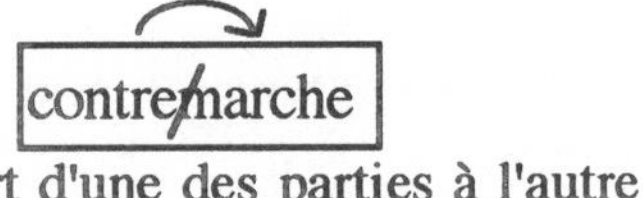

rapport d'une des parties à l'autre

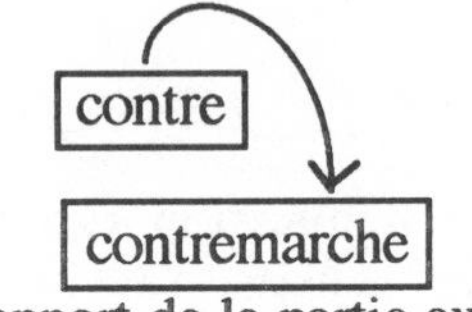

rapport de la partie au tout

De même par exemple: *magnanimus*

1) Rapport allant de *animus* à l'ensemble *magnanimus*,
2) Rapport entre *magn* et *animus*.

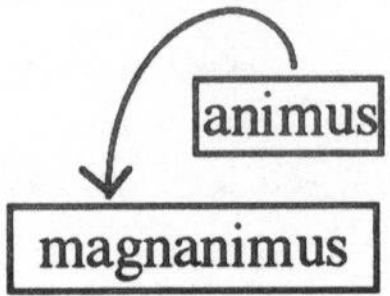

Let us first take words as terms of a system, for it is necessary to consider them as the terms of a system. Every word in the language turns out to be related to other words, or rather does not exist except in relation to the others and in virtue of what there is adjacent to it. This cannot fail to become even clearer when we ask what the value of a word consists in, even though at first we may succumb to the illusion that a word can exist in isolation. The value of a word at any given moment exists only in relation to other similar units. The relation <and the difference> between words has its basis in two dimensions, two quite separate domains: each of these generates a certain kind of value and the contrast between the two <itself> throws light on each. We are dealing with two domains or two ways of connecting words with one another.

[*Notebook X begins here*]

There is 1) syntagmatic co-ordination and the domain of syntagmatic relations.

E.g. *contre tous* ['against all']: here there is a relation which in some way links *contre* with *tous*. One may mark it thus:

contre tous

Contremarche ['countermarch'] occasions a similar observation: here there are two relations to distinguish:

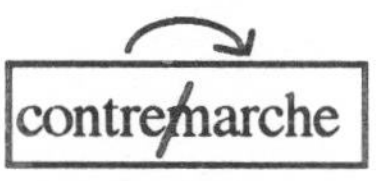

relation of one part to another

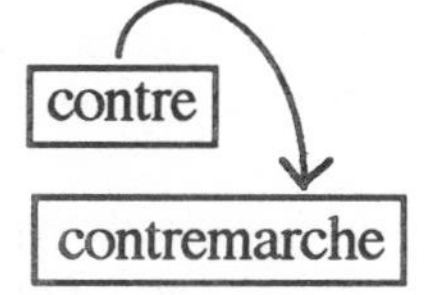

relation of part to whole

Similarly, for example: *magnanimus*

1) Relation of *animus* to the whole *magnanimus*
2) Relation between *magn* and *animus*.

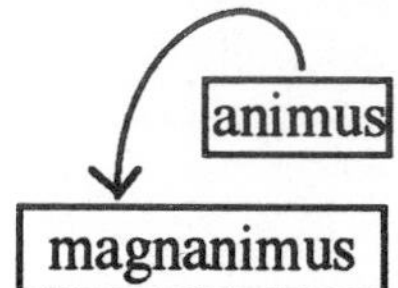

Cette combinaison donnant lieu à de certains rapports peut s'appeler un *syntagme*. C'est la combinaison de deux ou plusieurs unités, également présentes qui se suivent les unes les autres. Si elles se suivaient sans offrir aucun rapport entre elles, nous ne les appellerions pas syntagme, mais plusieurs unités consécutives ayant un rapport entre elles <ou avec le tout> forment un syntagme.

Les rapports qui appartiennent au syntagme se déroulent dans l'étendue, ont pour support l'étendue <et la suite des unités dans l'étendue laquelle n'a qu'une seule dimension et une seule direction>, par opposition à l'autre genre de rapports qui viendra ensuite.

Les termes opposés entre eux se trouvent dans une opposition spatiale et le jeu qui s'établit entre eux a pour base ce principe spatial.

L'espace dont nous parlons est bien entendu un espace de temps.

Ce qui coexiste syntagmatiquement coexiste dans l'étendue, comme les pièces d'une machine (mais ici nous n'avons qu'une seule dimension).

2°) La coordination associative.

Par association psychique avec d'autres termes existant dans la langue.

Exemple: un mot comme *enseignement* appellera d'une façon inconsciente pour l'esprit en particulier l'idée d'une foule d'autres mots qui par un côté ou par un autre ont quelque chose de commun avec lui. Ce peut être par des côtés très différents. Par exemple *enseignement* se trouvera compris dans une série associative où on verra:

enseignement
enseigner
enseignons
enseigne, etc.

Il y a quelque chose de commun dans l'idée représentée et quelque chose de commun dans l'image acoustique. Le signifiant et le signifié forment à la fois cette série associative.

De même: *enseignement*
armement
rendement.

This combination giving rise to certain relations may be called a *syntagma*. It is the combination of two or several units, all present and consecutive. If they formed a sequence with no connexion between them, I would not call them a syntagma, but several consecutive units with a connexion between them <or with the whole> form a syntagma.

The relations that belong to the syntagma are extensional, physically extended <and the sequence of units extends in one dimension only and one direction only>, as distinct from the other kind of relation to be examined later.

The contrasting terms are spatially opposed to one another and the connexion established between them is based on this spatial principle.

The space I refer to is of course a space in time.

What coexists syntagmatically coexists extensionally, like the parts of a machine (but here we have one dimension only).

2) Associative co-ordination.

By mental association with other terms existing in the language.

E.g. a word like *enseignement* will unconsciously evoke in the mind the idea in particular of a host of other words which in one way or another have something in common with it. This may be in very different respects. For example, *enseignement* will find itself in an associative series which includes:

enseignement ['teaching']
enseigner ['to teach']
enseignons ['(we) teach']
enseigne ['teaches'], etc.

There is something in common in the idea represented and something in common in the acoustic image. The signifying and signified elements together form this associative series.

Similarly: *enseignement* ['teaching']
armement ['arming']
rendement ['rendering'].

Une autre série associative reposant également sur rapport entre signifiant et signifié, mais dans une autre partie du mot.

Série associative reposant sur le signifié:

enseignement
instruction
apprentissage
éducation

<et d'autres séries encore>.

<On peut avoir:> simple communauté dans les images auditives:

blau
durchbleuen → n'a pas de rapports avec *blau*
ä
(frapper de verges)

<Cf. série associative dans le fait que *enseignement* étant un substantif est en rapport avec les autres substantifs.>

Ainsi séries d'associations inévitables tantôt au nom de la communauté double du sens et de la forme, tantôt uniquement à cause de la forme <ou sens>. Ces coordinations peuvent être considérées comme existant dans cerveau aussi bien que les mots eux-mêmes. Un mot quelconque évoque tout de suite <par association> tout ce qui peut lui ressembler. Cette association est tout à fait différente de la première. Cette coordination-là n'a pas pour support l'étendue. Ce n'est pas au nom de leur place dans une chaîne que l'on pourra marquer les rapports entre ces différentes unités.

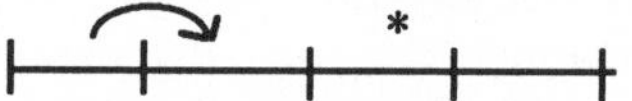

<Du reste *enseignement* n'est pas nécessairement le premier dans la série; il est comme partie d'une constellation.>

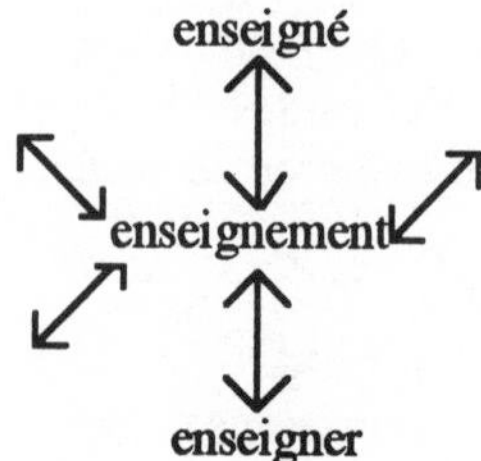

La notion d'espace n'intervient pas ici.

Another associative series also based on relation between signifying and signified elements, but in another part of the word.

Associative series based on the signified element:

enseignement ['teaching']
instruction ['instruction']
apprentissage ['apprenticeship']
éducation ['education']

<and other series again>.

<You can have:> a common factor simply in the auditory images:

blau
durchbleuen → has no connexion with *blau*
ä
(beat with rods)

<Cf. associative series in the fact that *enseignement*, being a noun, is related to the other nouns.>

Hence series of inevitable associations, sometimes based on double conformity of meaning and form, sometimes solely on the form <or meaning>. These correlations may be considered as existing in the brain along with the words themselves. Any word immediately evokes <by association> everything that may resemble it. This association is entirely different from the first. It is not an association based on extension. It is not on the basis of their place in a chain that the relations between the various units can be indicated.

<In any case, *enseignement* is not necessarily the first in the series; it is like part of a constellation.>

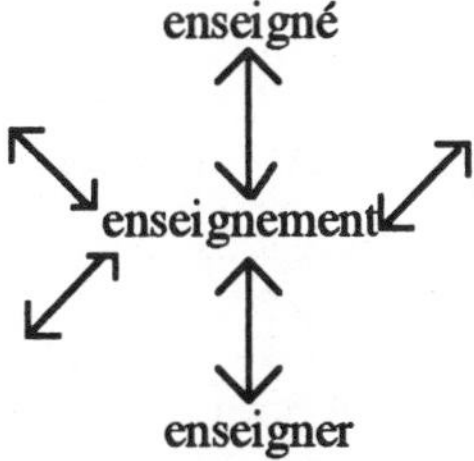

The notion of space does not come into it.

Voilà les deux manières dont un mot est en rapport avec les autres.

<C'est le rapport d'un mot avec les autres qui fait le mot, cette distinction de deux sortes de rapports est fondamentale.>

Observations à ce propos.

1) Ce qu'un mot a autour de lui sera discuté par le linguiste tantôt dans la sphère syntagmatique, tantôt dans la sphère associative.

Ce qu'il y a autour de lui syntagmatiquement, c'est ce qui vient avant ou après, c'est le contexte, tandis que ce qui va autour de lui associativement, cela n'est dans aucun contexte, vient de la conscience <(uni par lien de la conscience, pas d'idée d'espace)>.

L'entourage d'un mot doit être distingué syntagmatiquement et associativement. <Placé dans le syntagme, le mot agit en vertu de ce qu'il a un commencement et une fin, et de ce que les autres mots doivent être avant ou après.>

Placé dans la série associative, le commencement et la fin n'interviennent pas.

On pourrait dire: l'assemblage *in praesentia* et l'assemblage *in absentia.*

2) Les syntagmes, quoiqu'à constater dans des combinaisons qui ne sont pas des phrases, ont pour types assez évidents les phrases elles-mêmes. Toute phrase sera un syntagme. Or la phrase appartient à la parole et non à la langue.

Objection: est-ce que le syntagme n'appartient pas à la parole et ne mélangeons-nous pas les deux sphères (langue - parole) pour distinguer les deux sphères (syntagmatique - associative)[?]

<C'est en effet ici qu'il y a quelque chose de délicat dans la frontière des domaines.> Question difficile à trancher.

En tous cas même dans les faits qui appartiennent à la langue, il y a des syntagmes. Ainsi les mots composés. <Un mot comme *magnanimus* appartient aussi bien au dépôt de la langue que *animus*.>

These are the two ways in which one word is related to others.

<It being the relation of one word with the others that makes the word, this distinction between two kinds of relation is fundamental.>

<u>Comments relevant to this.</u>

1) What surrounds a word will be discussed by the linguist sometimes in the syntagmatic domain, sometimes in the associative domain.

What surrounds it syntagmatically is what comes before or after, the context, whereas what surrounds it associatively is in no context, comes from the mind <(linked by the mind, no notion of space)>.

What accompanies a word must be distinguished syntagmatically and associatively. <Placed in the syntagma, the word functions in virtue of having a beginning and an end, with other words having to come before or after.>

Placed in an associative series, the beginning and the end play no role.

You could speak of the arrangement *in praesentia* and the arrangement *in absentia.*

2) Syntagmas, although they are to be seen in combinations that are not sentences, clearly include sentences themselves as types. Every sentence will be a syntagma. Now the sentence belongs to speech and not to the language.

Objection: doesn't the syntagma belong to speech and am I not confusing the two domains (the language - speech) in order to distinguish the two domains (syntagmatic - associative) [?]

<There is indeed a nice point here over the boundary of the domains.> Difficult question to resolve.

In any case, even in facts that belong to the language, there are syntagmas. Compound words, for instance. <A word like *magnanimus* belongs in the language inventory just as much as *animus*.>

Il y a entre autres toute une série de phrases qui sont toutes faites pour la langue et que l'individu n'a pas à combiner <lui-même>.

Dans le syntagme point délicat: la séparation entre parole et langue.

Rapport syntagmatique dans les mots comme

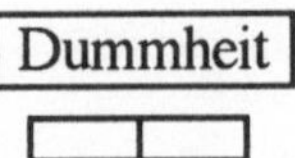

Aussi que les parties agissent en vertu de ce qu'elles sont en avant ou en arrière: rapports syntagmatiques.

<3)> L'opposition associative ou la coordination associative peut à son tour réfléchir sur l'opposition spatiale. Si *Dummheit* en une certaine mesure contient deux unités, *enseigne - ment* en contient deux aussi (au nom du syntagme qui passe par la sphère associative).

[30 juin 1911]

On peut dire en renversant l'ordre des deux séries que nous avons considérées que l'esprit établit en tout deux ordres de rapports entre les mots.

1°) Hors de la parole, l'association qui se fait dans la mémoire entre mots offrant quelque chose de commun crée différents groupes, séries, familles au sein desquelles règnent rapports très divers <mais rentrant dans une seule catégorie>: ce sont les rapports associatifs.

2°) Dans la parole, les mots sont soumis à un genre de rapports indépendant du premier et dépendant de leur enchaînement, ce sont les rapports syntagmatiques, dont nous avons parlés.

Ici une objection est soulevée naturellement, parce que le second <ordre de> rapports paraît évoquer faits de parole et non faits de langue. <Mais> la langue elle-même connaît ces rapports, quand ce ne serait que dans les mots composés (all. *Hauptmann*), <ou même dans un mot comme *Dummheit*, ou locution comme *s'il vous plaît*> où un rapport syntagmatique règne.

Quand on parle de la structure d'un mot, on évoque la seconde espèce

Among others, there is a whole series of sentences which are ready-made in the language, and the individual does not have to construct them <himself>.

Nice point as regards the syntagma: the separation of speech from the language.

Syntagmatic relation in words like

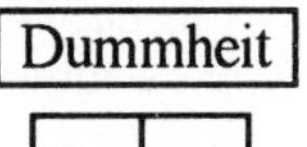

Also that the parts function in virtue of preceding or following: syntagmatic relations.

<3)> Associative contrast or associative coordination may in turn sustain spatial contrast. If *Dummheit* up to a point contains two units, *enseigne - ment* contains two as well (on account of the syntagma passing via the associative domain).

[30 June 1911]

Reversing the order of the two series I have considered, we can say that the mind establishes just two orders of relations between words.

1) Outside speech, the association that is made in the memory between words having something in common creates different groups, series, families, within which very diverse relations obtain <but belonging to a single category>: these are associative relations.

2) Within speech, words are subject to a kind of relation that is independent of the first and based on their linkage: these are syntagmatic relations, of which I have spoken.

Here of course there is a problem, because the second <order of> relations appears to appeal to facts of speech and not linguistic facts. <But> the language itself includes such relations, even if only in compound words (German *Hauptmann*), <or even in a word like *Dummheit*, or expressions like *s'il vous plaît* ['if you please']> where a syntagmatic relation holds.

When we speak of the structure of a word, we are referring to the

de rapports; ce sont les unités mises bout à bout comme supports de certains rapports. Si nous parlons d'une chose comme un paradigme de flexion (*dominus, domini, domino*) nous sommes dans un groupe où règne le rapport associatif. Ce ne sont pas des unités mises bout à bout et entrant de ce fait dans un certain rapport.

Magn-animus: le rapport où est *animus* est syntagmatique. <Idée est exprimée par position des deux parties mises bout à bout.> Jamais, ni dans *magn* ni dans *animus* on ne trouverait quelque chose qui signifierait, qui possède une grande âme.

Si on prend *animus* par rapport à *anima* et à *animal*, c'est un autre ordre de rapport. Il y a famille <associative>:

Ces deux ordres de rapports sont irréductibles et tous deux agissants.

Si nous comparons les parties d'un édifice: des colonnes seront dans un certain rapport avec une frise qu'elles supportent. Ces deux pièces sont mises en un certain rapport comparable au rapport syntagmatique. C'est l'agencement de deux unités présentes. Si je vois une colonne dorienne, je pourrais l'associer en une série associative d'objets non présents <rapports associatifs> (colonne ionienne, colonne corinthienne).

La somme des rapports avec les mots que l'esprit associe aux mots présents, c'est une série virtuelle, une série formée par la mémoire, (une série mnémonique), par opposition à l'enchaînement, au syntagme que forment deux unités présentes entre elles. C'est une série effective par opposition à la série virtuelle et engendrant d'autres rapports.

La conclusion que nous voulons en tirer est celle-ci: quel que soit l'ordre de rapports où un mot fonctionne (il est appelé à fonctionner <dans les deux>), un mot se trouve toujours, avant tout, membre d'un système, solidaire d'autres mots, tantôt dans un des ordres de rapport, tantôt dans un autre ordre de rapport.

Cela va être une chose à considérer pour ce qui constitue la valeur. Il fallait avant considérer que les mots sont les termes d'un système.

second kind of relation: these are units arranged end to end as exponents of certain relations. If we speak of something like a flexional paradigm (*dominus, domini, domino*) we are referring to a group based on associative relations. These are not units arranged end to end and related in a certain way in virtue of that fact.

Magn-animus: the relation involving *animus* is syntagmatic. <Idea expressed by juxtaposition of the two parts in sequence.> Nowhere, either in *magn* or in *animus* do you find something meaning 'possessing a great soul'.

If you take *animus* in relation to *anima* and *animal*, it is a different order of relations. There is an <associative> family:

Neither order of relations is reducible to the other: both are operative.

If we compare them to the parts of a building: columns will stand in a certain relation to a frieze they support. These two components are related in a way which is comparable to the syntagmatic relation. It is an arrangement of two co-present units. If I see a Doric column, I might link it by association with a series of objects that are not present <associative relations> (Ionic column, Corinthian column).

The sum total of word relations that the mind associates with any word that is present gives a virtual series, a series formed by the memory (a mnemonic series), as opposed to a chain, a syntagma formed by two units present together. This is an actual series, as opposed to a virtual series, and gives rise to other relations.

The conclusion I should like to draw from this is as follows: in whichever order of relations a words functions (it is required to function <in both>), a word is always, first and foremost, a member of a system, interconnected with other words, sometimes in one order of relations, sometimes in another.

This will have to be taken into account in considering what constitutes value. First, it was necessary to consider words as terms in a system.

Dès que nous disons *terme* <au lieu de *mot*>, c'est que nous envisageons ses rapports avec d'autres (l'idée de solidarité avec d'autres mots est évoquée).

Il ne faut pas commencer par le mot, le terme, pour en déduire le système. Ce serait se figurer que les termes ont d'avance une valeur absolue, qu'il n'y a qu'à les échafauder les uns sur les autres pour avoir le système. Au contraire, c'est <du système>, du tout solidaire qu'il faut partir; ce dernier se décompose en certains termes que du reste il n'est nullement aussi facile à dégager qu'il ne semble. Partant du globe [du système *(b.)*] (des valeurs) pour en dégager les différentes valeurs, il est possible que nous rencontrions les mots comme série de termes <à connaître>. (<Entre parenthèses:> associativement, je puis appeler mot *dominus* aussi bien que *domino*, <*domine*, *domin-?*> ; syntagmatiquement, je dois prendre ou *dominus* ou *domini*.)

Pas attacher d'importance au mot de *mot*. <Le mot de *mot* reste ici vague pour nous. Le mot *terme* nous suffit; le mot *mot* n'a du reste pas le même sens dans les deux séries>.

Chapitre V [sic]. Valeur des termes et sens des mots. En quoi les deux choses se confondent et se distinguent.

Là où il y a des termes, il y a aussi des valeurs. On implique tacitement l'idée de valeur dans celle de terme. Toujours difficile de séparer ces deux idées.

Quand on parle de valeur, on sent que cela devient <ici> synonyme de *sens* (*signification*) et cela indique un autre terrain de confusion (<ici la confusion> sera davantage dans les choses elles-mêmes).

La valeur est bien un élément du sens, mais il importe de ne pas prendre le sens autrement que comme une valeur.

C'est peut-être une des opérations les plus délicates à faire en linguistique, de voir comment le sens dépend et cependant reste distinct de la valeur. Là éclate différence entre vue du linguiste et vue bornée considérant la langue comme une nomenclature.

Prenons d'abord la signification comme nous la représentons <et l'avons nous-mêmes marquée>:

As soon as we substitute *term* <for *word*>, this implies consideration of its relations with others (appeal to the idea of interconnexions with other words).

We must not begin with the word, the term, in order to construct the system. This would be to suppose that the terms have an absolute value given in advance, and that you have only to pile them up one on top of the other in order to reach the system. On the contrary, one must start from <the system>, the interconnected whole; this may be decomposed into particular terms, although these are not so easily distinguished as it seems. Starting from the whole [of the system *(corr.)*] (of values), in order to distinguish the various values, it is possible that we shall encounter words as <recognizable> series of terms. (<Incidentally:> associatively, I can summon up the word *dominus* just as easily as *domino*, <*domine*, *domin-*?>; syntagmatically, I have to choose either *dominus* or *domini*.)

Attach no importance to the word *word*. <The word *word* as far as I am concerned has no specific meaning here. The word *term* is sufficient; furthermore, the word *word* does not mean the same in the two series.>

Chapter V [sic]. Value of terms and meanings of words. How the two coincide and differ.

Where there are terms, there are also values. The idea of value is tacitly implied in that of term. Always hard to keep these two ideas apart.

When you speak of value, you feel it <here> becomes synonymous with *sense* (*meaning*) and that points to another area of confusion (<here the confusion> will reside more in the things themselves).

The value is indeed an element of the sense, but what matters is to avoid taking the sense as anything other than a value.

It is perhaps one of the most subtle points there is in linguistics, to see how sense depends on but nevertheless remains distinct from value. On this the linguist's view and the simplistic view that sees the language as a nomenclature differ strikingly.

First let us take meaning as I have represented it <and have myself set it out>:

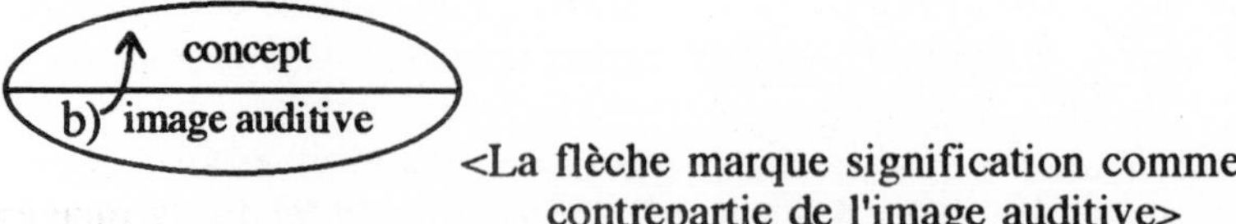

<La flèche marque signification comme contrepartie de l'image auditive>

Dans cette vue, la signification est la contrepartie de l'image auditive et rien d'autre. Le mot apparaît ou est pris comme un ensemble isolé et absolu; intérieurement, il contient l'image auditive ayant pour contrepartie un concept.

Voici le paradoxe, en langage baconien «la caverne» contenant un piège: c'est que la signification qui nous apparaît comme la contrepartie de l'image auditive est tout autant la contrepartie des termes coexistants dans la langue. Nous venons de voir que la langue représente un système où tous les termes apparaissent comme liés par des rapports.

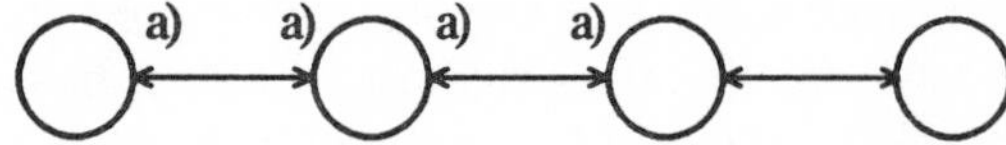

Au premier abord, pas de rapports entre flèches a) et flèches b). La valeur d'un mot ne résultera que de la coexistence des différents termes. La valeur est la contrepartie des termes coexistants. Comment cela se confond-il avec ce qui est contrepartie de l'image auditive[?]

Autre figure: série de cases:

signifié
signifiant

<Le rapport à l'intérieur d'une case et entre les cases est bien difficile à distinguer.>

La signification comme contrepartie de l'image et la signification comme contrepartie des termes coexistants se confondent.

<Avant exemple, constatons que:> La valeur en la prenant en dehors de la linguistique paraît comporter partout la même vérité paradoxale. Terrain délicat. <Très difficile dans n'importe quel ordre de dire ce qu'est la valeur. Aussi prendrons-nous beaucoup de précautions.> Il y a deux éléments formant la valeur. La valeur est déterminée 1°) par une chose dissemblable qu'on peut échanger, qu'on peut marquer ainsi ↑ et 2°) par des choses similaires qu'on peut comparer ⟷.

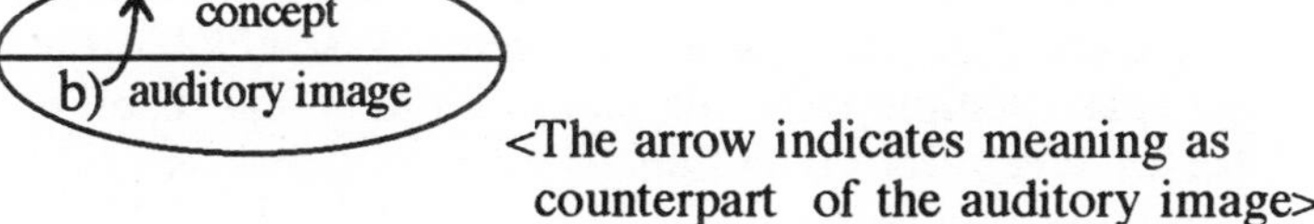

<The arrow indicates meaning as counterpart of the auditory image>

In this view, the meaning is the counterpart of the auditory image and nothing else. The word appears, or is taken as, an isolated, self-contained whole; internally, it contains the auditory image having a concept as its counterpart.

The paradox - in Baconian terms the trap in the 'cave' - is this: the meaning, which appears to us to be the counterpart of the auditory image, is just as much the counterpart of terms coexisting in the language. We have just seen that the language represents a system in which all the terms appear as linked by relations.

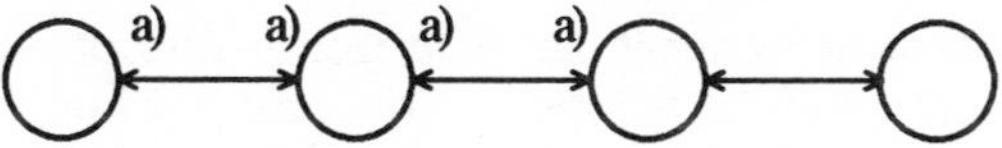

At first sight, no relation between the a) and the b) arrows. The value of a word will be the result only of the coexistence of the different terms. The value is the counterpart of the coexisting terms. How does that come to be confused with the counterpart of the auditory image[?]

Another diagram: series of slots:

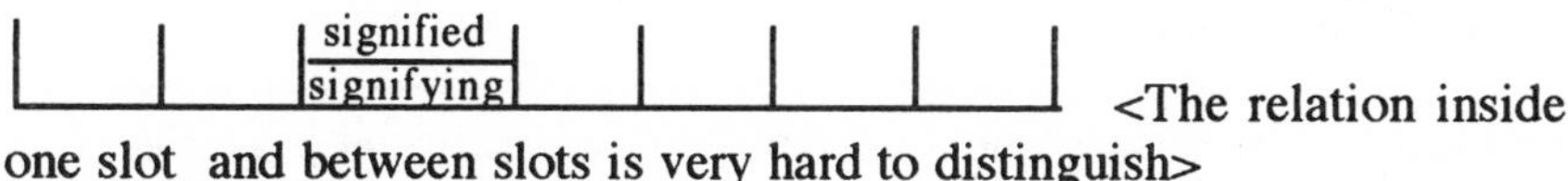

<The relation inside one slot and between slots is very hard to distinguish>

The meaning as counterpart of the image and the meaning as counterpart of coexisting terms merge.

<Before example, note that:> Outside linguistics, value always seems to involve the same paradoxical truth. Tricky area. <Very difficult in any domain to say what value consists of. So let us be very wary.> There are two elements comprising value. Value is determined 1) by a dissimilar thing that can be exchanged, and that can be marked ↑ , and 2) by similar things that can be compared ⟷.

Il faut ces deux éléments pour la valeur. Par exemple une pièce de 20 francs. Il entre dans sa valeur une chose dissemblable que je peux échanger (par exemple livres de pain), 2°) la comparaison de la pièce de 20 francs avec pièces d'un franc et de deux francs, etc., ou pièces de valeur similaire (guinée).

La valeur est à la fois la contrepartie de l'un et la contrepartie de l'autre.

Jamais on ne pourra trouver la signification d'un mot en ne considérant que chose échangeable, mais on est obligé de comparer la série <similaire> de mots comparables. On ne peut prendre les mots isolément. C'est ainsi que le système <d'où procède le terme> est une des sources de la valeur. C'est la somme des termes comparables par opposition à l'idée échangée.

La valeur d'un mot ne sera jamais déterminée que par le concours des termes coexistants qui le limitent; <ou pour mieux appuyer sur le paradoxe relevé:> ce qui est dans le mot n'est jamais déterminé que par le concours de ce qui existe autour de lui. (Ce qui est dans le mot, c'est la valeur.) Autour de lui syntagmatiquement ou autour de lui associativement.

Il faut [l' *(b.)*]aborder <le mot> du dehors en partant du système et des termes coexistants.

Quelques exemples.

Le pluriel et les termes quel qu'il soit [sic] qui marquent le pluriel.

La valeur d'un pluriel allemand ou latin n'est pas la valeur d'un pluriel sanscrit. <Mais> la signification, si l'on veut, est la même.

En sanscrit, on a le duel.

Celui qui a attribué au pluriel sanscrit la même valeur qu'au pluriel latin est dans l'erreur <parce que je ne puis appliquer pluriel sanscrit dans tous les cas où j'applique pluriel latin>.

D'où cela vient-il? <La valeur dépend> de quelque chose qui est en dehors.

Si l'on prend d'autre part un simple fait de vocabulaire, un mot quelconque comme, je suppose, *mouton - mutton*, cela n'a pas la même

These two elements are essential for value. For example, a 20-franc coin. Its value is a matter of a dissimilar thing that I can exchange (e.g. pounds of bread), 2) the comparison between the 20-franc coin and one-franc and two-franc coins, etc., or coins of similar value (guinea).

The value is at the same time the counterpart of the one and the counterpart of the other.

You can never find the meaning of a word by considering only the exchangeable item, but you have to compare the <similar> series of comparable words. You cannot take words in isolation. This is how the system <to which the term belongs> is one of the sources of value. It is the sum of comparable terms set against the idea exchanged.

The value of a word can never be determined except by the contribution of coexisting terms which delimit it: <or, to insist on the paradox already mentioned:> what is in the word is only ever determined by the contribution of what exists around it. (What is in the word is the value.) Around it syntagmatically or around it associatively.

You must approach [it *(corr.)*] <the word> from outside by starting from the system and coexisting terms.

A few examples.

The plural and whatever terms mark the plural.

The value of a German or Latin plural is not the value of a Sanskrit plural. <But> the meaning, if you like, is the same.

In Sanskrit, there is the dual.

Anyone who assigns the same value to the Sanskrit plural as to the Latin plural is mistaken <because I cannot use the Sanskrit plural in all the cases where I use the Latin plural>.

Why is that? <The value depends> on something outside.

If you take on the other hand a simple lexical fact, any word such as, I suppose, *mouton - mutton*, it doesn't have the same value as *sheep* in

valeur que l'anglais *sheep*. Car si l'on parle de mouton qui est sur pied et pas sur la table, on dit [*mutton (b.)*] *sheep*.

C'est la présence dans la langue d'un second terme qui limite la valeur qu'on peut mettre dans *sheep*.

mutton / sheep / mouton (Exemple limitatif.)

<Donc flèche ↑ ne suffit pas. Il faut toujours tenir compte des flèches ←→.>

Il s'agit d'un fait semblable dans cet exemple: *décrépit*.

D'où cela vient que l'on attache à un vieillard *décrépit* un sens ressemblant à un mur *décrépi*[*t (b.)*][?]

C'est le mot d'à côté qui a influé. <Ce qui se passe dans *décrépit* (un vieillard) vient de la coexistence du terme voisin *décrépi* [*t (b.)*] (un mur).>

Exemple contagieux.

[4 juillet 1911]

On ne peut <pas <u>même</u>> déterminer en soi la valeur du mot *soleil*, à moins de considérer tous les mots voisins qui en limiteront le sens. <Il y a des langues où je puis dire: *mettez-vous au soleil*. Dans d'autres, pas la même signification au mot *soleil* (= astre). Le sens d'un terme dépend de présence ou absence d'un terme voisin.>

Le système conduit au terme et le terme à la valeur. <Alors on s'apercevra que la signification est déterminée par ce qui entoure.>

<Nous en reviendrons aussi aux chapitres que nous avons vus précédemment, mais par la vraie voie, par le système, non en partant du mot isolé.>

Pour arriver à l'idée de valeur, nous avons choisi de partir du système de mots par opposition au mot isolé. Nous aurions pu choisir de partir d'une autre base.

Psychologiquement, que sont nos idées, abstraction faite de la

English. For if you speak of the animal on the hoof and not on the table, you say [*mutton (corr.)*] *sheep.*

It is the presence in the language of a second term that limits the value attributable to *sheep.*

mutton / *sheep* / *mouton*   (Restrictive example.)

<So the ↑ arrow is not enough. The ← → arrows must always be taken into account.>

Something similar in the example of *décrépit.*

How does it come about that an old man who is *décrépit* and a wall that is *décrépi* [*t (corr.)*] have a similar sense [?]

It is the influence of the neighbouring word. <What happens to *décrépit* (an old man) comes from the coexistence of the neighbouring term *décrépi* [*t (corr.)*] (a wall).>

Example of contagion.

[4 July 1911]

It is not possible <even> to determine what the value of the word *sun* is in itself without considering all the neighbouring words which will restrict its sense. <There are languages in which I can say: *Sit in the sun.* In others, not the same meaning for the word *sun* (= star). The sense of a term depends on presence or absence of a neighbouring term.>

The system leads to the term and the term to the value. <Then you will see that the meaning is determined by what surrounds it.>

<I shall also refer back to the preceding chapters, but in the proper way, via the system, and not starting from the word in isolation.>

To get to the notion of value, I have chosen to start from the system of words as opposed to the word in isolation. I could have chosen a different basis to start from.

Psychologically, what are our ideas, apart from our language [?] They

langue[?] Elles n'existent probablement pas. Ou sous une forme qu'on peut appeler amorphe. Nous n'aurions <d'après philosophes et linguistes> probablement <pas> le moyen de distinguer <clairement> deux idées sans le secours de la langue (langue intérieure naturellement).

Par conséquent, prise en elle-même, la masse purement conceptuelle de nos idées, la masse dégagée de la langue représente une espèce de nébuleuse informe où l'on ne saurait rien distinguer dès l'origine. Aussi donc réciproquement pour la langue, les différentes idées ne représentent rien de préexistant. Il n'y a pas: a) des idées qui seraient toutes établies et toutes distinctes les unes en face des autres, b) des signes pour ces idées. Mais il n'y a rien du tout de distinct dans la pensée avant le signe linguistique. Ceci est le principal. D'un autre côté, il vaut aussi la peine de se demander si en face de ce royaume des idées tout à fait confus, le royaume du son offrirait <d'avance> des idées bien distinctes, (pris en lui-même en dehors de l'idée).

Il n'y a pas non plus dans le son des unités bien distinctes, circonscrites d'avance.

C'est entre deux que le fait linguistique se passe:

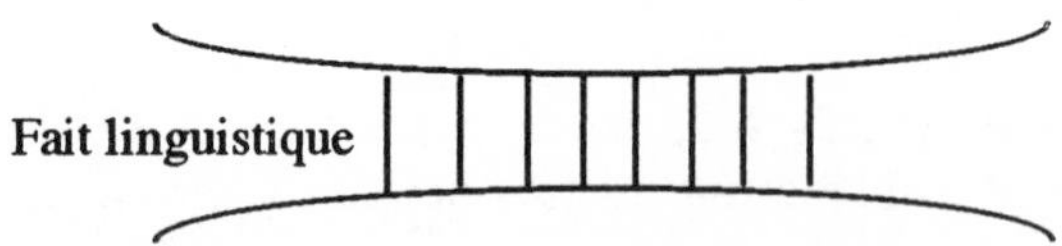

Ce fait <linguistique> donnera naissance à des valeurs qui elles <pour la première fois> seront déterminées, mais qui n'en resteront pas moins des valeurs, avec le sens qu'on peut attacher à ce mot. Il y a même quelque chose à ajouter au fait lui-même, et j'y reviens maintenant. Non seulement ces deux domaines entre lesquels se passe le fait linguistique sont amorphes, <mais le choix du lien entre les deux,> le mariage <(entre les deux)> qui créera la valeur est parfaitement arbitraire.

Sans cela, les valeurs seraient dans une certaine mesure absolues. <Si ce n'était pas arbitraire, il y aurait à restreindre cette idée de la valeur, il y aurait un élément absolu.>

Mais puisque ce contrat est parfaitement arbitraire, les valeurs seront parfaitement relatives.

probably do not exist. Or in a form that may be described as amorphous. We should probably be unable <according to philosophers and linguists> to distinguish two ideas <clearly> without the help of a language (internal language naturally).

Consequently, in itself, the purely conceptual mass of our ideas, the mass separated from the language, is like a kind of shapeless nebula, in which it is impossible to distinguish anything initially. The same goes, then, for the language: the different ideas represent nothing pre-existing. There are no: a) ideas already established and quite distinct from one another, b) signs for these ideas. But there is nothing at all distinct in thought before the linguistic sign. This is the main thing. On the other hand, it is also worth asking if, beside this entirely indistinct realm of ideas, the realm of sound offers <in advance> quite distinct ideas (taken in itself apart from the idea).

There are no distinct units of sound either, delimited in advance.

The linguistic fact is situated in between the two:

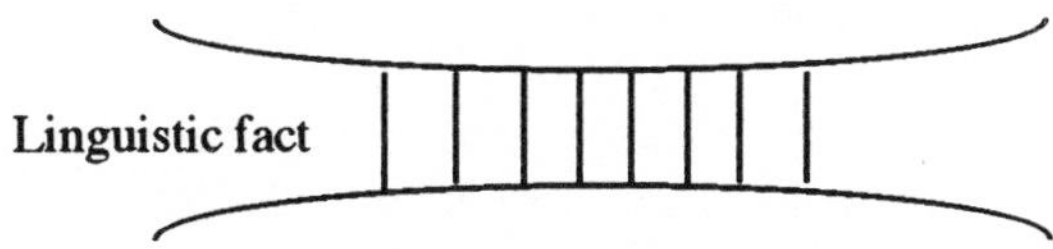

This <linguistic> fact will engender values which <for the first time> will be determinate, but which nevertheless will remain values, in the sense that can be attached to that word. There is even something to add to the fact itself, and I come back to it now. Not only are these two domains between which the linguistic fact is situated amorphous, <but the choice of connexion between the two,> the marriage <(of the two)> which will create value is perfectly arbitrary.

Otherwise the values would be to some extent absolute. <If it were not arbitrary, this idea of value would have to be restricted, there would be an absolute element.>

But since this contract is entirely arbitrary, the values will be entirely relative.

Si l'on revient maintenant à la figure qui représentait le signifié en regard du signifiant

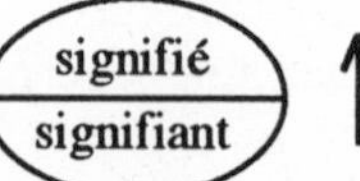

on voit qu'elle a sans doute sa raison d'être mais qu'elle n'est qu'un produit secondaire de la valeur. Le signifié seul n'est rien, il se confond dans une masse informe. De même pour le signifiant.

Mais le signifiant <et> le signifié contractent un lien en vertu des valeurs déterminées qui sont nées de la combinaison de tant et tant de signes acoustiques avec tant et tant <de coupures> qu'on peut faire dans la masse. Que faudrait-il pour <que> ce rapport <entre> le signifiant et le signifié fût donné en soi[?] Il faudrait avant tout que l'idée soit déterminée <par avance> et elle ne l'est pas. <Il faudrait avant tout que le signifié fût par avance une chose déterminée et elle ne l'est pas.>

<C'est pourquoi> ce rapport n'est qu'une autre expression des valeurs prises dans leur opposition <(dans leur système)>. <Cela est vrai dans n'importe quel ordre de langue.>

<Quelques exemples.> Si les idées étaient prédéterminées dans l'esprit humain avant d'être valeurs de langue, une des choses qui arriverait forcément, c'est que les termes d'une langue dans une autre se correspondraient exactement.

français	allemand
cher	*lieb, teuer* <(aussi moral)>

Il n'y a pas correspondance exacte.

juger, estimer	*urteilen, erachten* <ont un ensemble de significations qui ne coïncident qu'en partie avec français *juger, estimer*>

Nous voyons qu'il n'y a pas avant la langue quelque chose qui soit la notion «cher» en soi. Donc nous voyons que cette représentation:

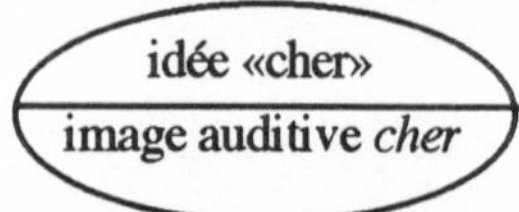

tout en pouvant avoir son usage n'est qu'une façon d'exprimer qu'il y a en français une <certaine> valeur *cher* <circonscrite dans système français> par opposition à d'autres termes.

If we go back now to the diagram representing the signified and signifying elements together

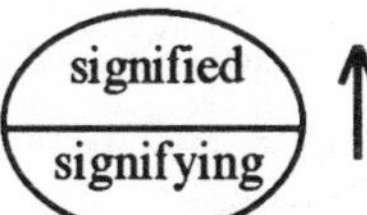

we see that it is doubtless justified but is only a secondary product of value. The signified element alone is nothing, it blurs into a shapeless mass. Likewise the signifying element.

But the signifying <and> signified elements contract a bond in virtue of the determinate values that are engendered by the combination of such and such acoustic signs with such and such <cuts> that can be made in the mass. What would have to be the case in order to have this relation <between> signified and signifying elements given in itself [?] It would above all be necessary that the idea should be determinate <in advance>, and it is not. <It would above all be necessary that the signified element should be something determined in advance, and it is not.>

<That is why> this relation is only another expression of values in contrast <(in the system)>. <That is true on any linguistic level.>

<A few examples.> If ideas were predetermined in the human mind before being linguistic values, one thing that would necessarily happen is that terms would correspond exactly as between one language and another.

French	German
cher ['dear']	*lieb, teuer* <(also moral)>

There is no exact correspondence.

juger, estimer ['judge, estimate']	*urteilen, erachten* <have a set of meanings only partly coinciding with French *juger, estimer*>

We see that in advance of the language there is nothing which is the notion 'cher' in itself. So we see that this representation:

idea 'cher'
auditory image *cher*

although useful, is only a way of expressing the fact that there is in French a <certain> value *cher* <delimited in French system> by contrast with other terms.

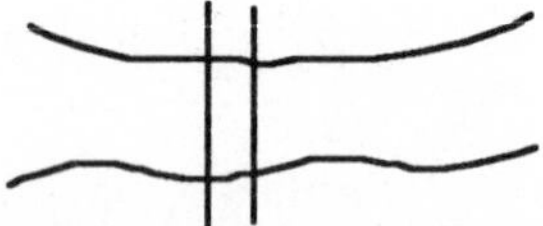

<Ce sera une certaine combinaison d'une certaine quantité de concepts avec une certaine quantité de sons.>

<Le schéma n'est donc pas initial dans la langue.>

La valeur *cher* est déterminée des deux côtés. Les contours de l'idée <elle-même>, voilà ce que nous donne la distribution des idées dans les mots d'une langue. <Une fois que nous avons les contours, ce schéma

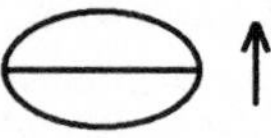

peut entrer en jeu.>

Cet exemple était pris du vocabulaire, mais il s'agit de n'importe quoi.

<Autre exemple. Idée des différents temps, qui nous est toute naturelle, est très étrangère à certaines langues.> <Comme> dans le système sémitique (hébreu) il n'y a de distinction, comme celles <de présent>, de futur, <et de passé>; c'est-à-dire que ces idées <de temps> ne sont pas prédéterminées, mais n'existent qu'à l'état de valeur dans telle ou telle langue.

L'ancien germanique ne possède pas de futur, <de forme propre pour le futur>. Il l'exprime par le présent. Mais c'est une manière de dire. <Donc valeur du présent ancien germanique n'est pas la même que dans futur français.>

De même si nous pensons dans les langues slaves, différence entre l'aspect perfectif du verbe et l'aspect imperfectif (difficulté dans l'étude de ces langues). <Dans langues slaves, distinction perpétuelle entre les aspects du verbe: action en dehors de question de temps ou en train de se faire. Nous avons de la difficulté avec ces distinctions parce que ces catégories nous échappent. Donc pas prédéterminé, mais valeur.>

Cette valeur résultera de l'opposition de termes dans la langue.

<Donc ce que nous venons de dire:> La notion de valeur était déduite de l'indétermination des concepts. Le schéma qui va du signifié au

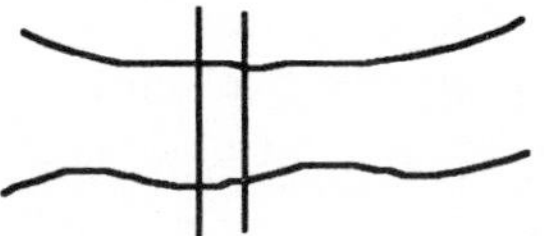

<It will be a certain combination of a certain quantity of concepts with a certain quantity of sounds.>

<So the schema is not the starting point in the language.>

The value *cher* is determined on both sides. The contours of the idea <itself> is what we are given by the distribution of ideas in the words of a language. <Once we have the contours, the schema

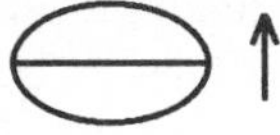

can come into play.>

This example was taken from vocabulary, but anything will do.

<Another example. Idea of different tenses, which seems quite natural to us, is quite alien to certain languages.> <As> in the Semitic system (Hebrew) there is no distinction, as between <present>, future <and past>; that is to say these ideas <of tense> are not predetermined, but exist only as values in one language or another.

Old German has no future, <no proper form for the future>. It expresses it by means of the present. But this is a manner of speaking. <Hence Old German present value is not the same as in French future.>

Similarly if we take the difference between the perfective aspect of the verb and the imperfective aspect in the Slavic languages (difficulty in the study of these languages). <In Slavic languages, constant distinction between aspects of the verb: action outside any question of time or in process of accomplishment. We find these distinctions difficult because the categories are unfamiliar. So not predetermined, but value.>

This value will result from the opposition of terms in the language.

<Hence what I have just said:> The notion of value was deduced from the indeterminacy of concepts. The schema linking the signified to the

signifiant n'est pas un schéma primitif. <La valeur ne peut pas être déterminée plus par le linguiste que dans d'autres domaines; nous la prenons avec tout ce qu'il a de clair et d'obscur.>

En résumé, le mot n'existe pas sans un signifié aussi bien qu'un signifiant. Mais le signifié n'est que le résumé de la valeur linguistique supposant le jeu des termes entre eux, dans chaque système de langue.

Chapitre [...]

<Dans un chapitre suivant, si nous avons le temps:> On peut exprimer autrement encore ce que nous avons dit en groupant autour du terme *valeur*, en posant ce principe: il n'y a dans la langue (c'est-à-dire dans un état de langue) que des différences. Différence implique pour notre esprit deux termes positifs entre lesquels s'établit la différence. <Mais le paradoxe est que:> Dans la langue, il n'y a que des différences sans termes positifs. Là est la vérité paradoxale. Il n'y a du moins [que *(b.)*] de différences [que les différences *(b.)*] que si l'on parle soit des significations, soit des signifiés ou des signifiants.

<Quand on arrivera aux termes eux-mêmes, résultat de rapports entre signifiant et signifié> on pourra parler d'*oppositions*.

Il n'y a pas à proprement parler des signes mais des différences entre les signes.

Exemple en tchèque: *žena*, 'la femme', génitif pluriel *žen*.

Il est clair que dans la langue un signe est aussi bon qu'un autre. Ici il n'y en a pas.

(*žena, žen* fonctionne tout aussi bien que *žena*, gen. plur. *ženŭ* qui existait avant.)

[Cet exemple fait voir que *(b.)*] Seule la différence des signes est en jeu.

ženŭ vaut parce qu'il est différent de *žena*
žen vaut parce qu'il est différent de *žena*.

<Il n'y a que des différences; pas le moindre terme positif.>

Ici, c'est une différence du signifiant dont nous parlons.

signifying element is not a primary schema. <Value cannot be determined by the linguist any more than in other domains: we take it with all its clarity and obscurity.>

To sum up, the word does not exist without a signified as well as a signifying element. But the signified element is only a summary of the linguistic value, presupposing the mutual interaction of terms, in each language system.

Chapter [...]

<In a later chapter, if I have time:> What I have said by focussing on the term *value* can be alternatively expressed by laying down the following principle: in the language (that is, a language state) there are only differences. Difference implies to our mind two positive terms between which the difference is established. <But the paradox is that:> In the language, there are only differences, without positive terms. That is the paradoxical truth. At least, there are only differences if you are speaking either of meanings, or of signified or signifying elements.

<When you come to the terms themselves, resulting from relations between signifying and signified elements> you can speak of *oppositions.*

Strictly speaking there are no signs but differences between signs.

Example in Czech: *žena*, 'woman'; genitive plural, *žen*.

It is clear that in the language one sign is as good as another. Here there is none.

(*žena*, *žen* functions as well as *žena,* gen. pl. *ženů* which existed previously.)

[This example shows that *(corr.)*] Only the difference between signs is operative.

ženů works because it is different from *žena.*
žen works because it is different from *žena.*

<There are only differences; no positive term at all.>

Here I am speaking of a difference in the signifying element.

Le jeu des signifiants est fondé sur différences.

De même pour les signifiés il n'y a que des différences qui seront conditionnées par les différences de l'ordre acoustique. L'idée de futur existera plus ou moins suivant que les différences formées par signes de la langue <(entre futur et le reste)> seront plus ou moins marquées.

Aller fonctionne parce qu'il est différent de *allant*, de *allons*.

aller | *allons* | *allant*

anglais *going* = *aller*, *allant*

<Sans trancher, par le fait qu'il n'y a plus différence acoustique entre deux idées, les idées elles-mêmes ne seront plus différenciées, en tout cas autant qu'en français.>

Donc on peut envisager tout le système de la langue comme des différences de sons se combinant avec des différences d'idées.

Il n'y a point d'idées positives données, et il n'y a point de signes acoustiques déterminés hors de l'idée. Grâce à ce que les différences se conditionnent les unes les autres, nous aurons quelque chose pouvant ressembler à des termes positifs par la mise en regard de telle différence de l'idée avec telle différence du signe. On pourra <alors> parler de l'opposition des termes et donc ne <pas> maintenir qu'il n'y a que des différences <(à cause de cet élément positif de la combinaison)>.

Le principe finalement auquel revient la chose est le principe fondamental de l'arbitraire du signe.

Ce n'est que par la différence des signes qu'il sera possible de leur donner une fonction, une valeur.

<Si le signe n'était pas arbitraire, on ne pourrait dire qu'il n'y a dans la langue que des différences.>

<Le> lien avec le chapitre intitulé L'arbitraire absolu, l'arbitraire relatif <est celui-ci:> Nous avons considéré le mot comme <terme> placé dans un système, <c'est-à-dire comme valeur>. <Or> la solidarité des

The mechanism of signifying elements is based on differences.

Likewise for signified elements, there are only differences that will be governed by differences of an acoustic nature. The idea of a future will exist more or less, depending on whether the differences established by signs of the language <(between the future and the rest)> are more or less marked.

Aller ['to go'] functions because it is different from *allant* ['going'] and *allons* ['(we) go'].

aller | *allons* | *allant*

English *going* = *aller, allant*

<Unsegmented, given no acoustic difference between two ideas, the ideas themselves will not be differentiated, at any rate as much as in French.>

So the whole language system can be envisaged as sound differences combined with differences between ideas.

There are no positive ideas given, and there are no determinate acoustic signs that are independent of ideas. Thanks to the fact that the differences are mutually dependent, we shall get something looking like positive terms through the matching of a certain difference of ideas with a certain difference in signs. We shall <then> be able to speak of the opposition of terms and so not claim that there are only differences <(because of this positive element in the combination)>.

In the end, the principle it comes down to is the fundamental principle of the arbitrariness of the sign.

It is only through the differences between signs that it will be possible to give them a function, a value.

<If the sign were not arbitrary, one would not be able to say that in the language there are only differences.>

<The> link with the chapter entitled Absolute arbitrariness, relative arbitrariness <is this:> I have considered the word as <a term> placed in a system, <that is to say as a value>. <Now> the interconnexion of

termes dans le système peut être conçue comme une limitation de l'arbitraire, soit la solidarité syntagmatique, soit la solidarité associative.

Ainsi: Dans *couperet* syntagme entre racine et suffixe par opposition à *hache*.

(Solidarité, lien syntagmatique entre les deux éléments.)

Hache est absolument arbitraire, *couperet* est relativement motivé (association syntagmatique avec *coupe*).

<*couperet*	limitation syntagmatique
hache	absolument arbitraire.>
plu / *plaire* }	limitation associatrice

Dans ce cours nous n'avons d'à peu près complet que la partie externe.

Dans la partie interne, la linguistique évolutive est laissée de côté <pour la linguistique synchronique et nous avons pris seulement quelques> principes généraux dans la linguistique.

C'est en se basant sur ces principes généraux qu'on abordera avec fruit le détail d'un état statique ou la loi des états statiques.

terms in the system can be conceived as a limitation on arbitrariness, whether through syntagmatic interconnexion or associative interconnexion.

So: In *couperet* syntagma between root and suffix, as opposed to *hache*.

(Interconnexion, syntagmatic link between the two elements.)

Hache ['axe'] is absolutely arbitrary, *couperet* ['chopper'] is relatively motivated (syntagmatic association with *coupe* ['chop']).

<*couperet*	syntagmatic limitation
hache	absolutely arbitrary.>

plu ['pleased'] / *plaire* ['to please']	} associative limitation

---

In this course only the external part is more or less complete.

In the internal part, evolutionary linguistics has been neglected <in favour of synchronic linguistics and I have dealt only with a few> general principles of linguistics.

These general principles provide the basis for a productive approach to the details of a static state or the law of static states.

Selective index of French terminology